f civille Religieux
Augustin deschauffé

L 15.12.

LES DELICES DE LA FRANCE

AVEC UNE DESCRIPTION
des Provinces & des Villes
du Royaume.

Par Mr SAVINIEN d'ALQVIE'.

A PARIS,
Chez GVILLAVME DE LVYNE, Libraire-
Iuré, au Palais, dans la Salle des Merciers,
fous la montée de la Cour des
Aydes, à la Iustice.

M. DC. LXX.

A SON EXCELLENCE
MONSEIGNEUR
ARNAVD,
SEIGNEVR
DE POMPONE, &c.

CONSEILLER DV ROY tres-Chrestien, en tous ses Conseils, & Ambassadeur extraordinaire de sa Majesté auprés des Estats Generaux des Provinces Unies des Pays-bas.

ONSEIGNEVR,

L'empressement où j'ay veu depuis quelque temps toutes les Nations de l'Europe à faire voir la grandeur de leurs Souverains, la gloire de leurs

ã.iij

EPISTRE.

Estats, & les douceurs de leurs pays; m'ayant mis la plume à la main pour décrire les delices de nostre incomparable France; j'ay crû MONSEIGNEUR, qu'il estoit de mon devoir de les consacrer à vostre EXCELLENCE, & de leur procurer par ce moyen la protection dont elles pourroient avoir besoin contre les insultes de leurs envieux, & les efforts de leurs ennemis. Cette Auguste qualité d'Ambassadeur que vous portés avec tant de gloire dans cette Republique, & dont vous avez fait la fonction si utilement en Suede; cette ame si accomplie que j'appelle le temple & le throsne de toutes les vertus; cét esprit solide & brillant qui vous fait admirer également de tout le monde; cette politique sans égale qui vous rend un appuy si necessaire à l'Estat; ce cœur ardant & zelé pour la gloire de nostre celebre Empire, & tant d'autres belles qualités qui vous mettent avec justice au rang des hommes illustres de nostre siecle, m'obligent si necessairement à prendre vostre

EPISTRE.

EXCELLENCE pour mon Mæcenas, qu'il n'a pas esté en mon pouvoir d'en choisir d'autre que vous. En effet, MONSEIGNEVR, à qui pourrois-je dedier les delices de la France qu'à celuy qui travaille le plus à les faire naistre dans le sein de cette Reine de l'Europe ; qui contribuë davantage à leur donner les agreables attraits qu'ils ont, & qui ne cesse jamais d'en augmenter les douceurs par ses soins & ses peines ? à qui dis-je pourrois-je consacrer plus justement les agreables charmes d'un pays qu'à celuy qui est un de ses plus beaux ornemens, & qui s'employe le plus à son bon-heur & à sa gloire, & à qui, enfin, pourrois-je presenter un semblable bouquet qu'à celuy qui en a fait naistre les fleurs. Quoy, MONSEIGNEVR, ne sçait-on pas que vos Ambassades & vos negociations dans les Cours étrangeres ont esté & sont mesme encore à present des sources fecondes de l'Estat fleurissant de notre Nation, & peut-on douter que vos sages avis n'ayent beaucoup contribué à

EPISTRE.

ses triomphes; puis que sa Majesté vous donne un si glorieux rang dans tous ses Conseils, & qu'elle vous confie en un mot un des plus importans emplois de sa couronne. Comme il n'est donc pas possible, MONSEIGNEVR, de pouvoir vous disputer tant de gloire, il n'est pas possible aussi de se dispenser de couronner tant de merites en vous; c'est pourquoy, connoissant mon devoir, je viens offrir à VOSTRE EXCELLENCE la France chargée de palmes & de lauriers, de fleurs & de fruits, & d'une infinité de delices par un sentiment d'estime & de respect, esperant, MONSEIGNEVR, que cét hommage que je rends à vos éclatantes vertus, aura cét avantage d'estre agreé de VOSTRE EXCELLENCE, & qu'il me rendra digne de pouvoir porter tout le temps de ma vie la glorieuse qualité,

MONSEIGNEVR,

De Vostre Excellence,

Le plus humble, & le plus obeïssant de ses serviteurs,

Fr. Sa. DALQUIE.

AV LECTEVR.

COMME la France est maintenant un Royaume si fleurissant que toutes les Nations de la terre la regardent comme l'Empire du monde, à cause de ses victoires & de ses triomphes & comme il n'y a point d'ame bien faite, ny de cœur porté de desir pour l'honneur, qui ne tâche de voir cét incomparable Estat, je me suis persuadé que mon travail ne seroit pas odieux aux Nations, si je faisois un racourcy de ses delices, comme les histoires font une ample description de ses combats & de sa gloire : afin de donner à connoistre à tout l'univers, que si nostre France est le siege des vertus, & la demeure de la force & du courage, elle n'est

AV LECTEVR.

pas moins le sejour de delices & le paradis terrestre de la terre. Mon dessein est de faire voir à tous les curieux, que nostre aymable France n'est pas seulement redoutable dans la guerre à ses ennemis, par la valeur de ses soldats, & le courage de ses peuples: mais encore qu'elle est une terre de promission, où le lait & le miel ont des sources nombreuses & fecondes, & qu'on doit l'appeller la mere du plaisir: ce que je prouve diversement dans les 4. parties de mon livre, montrant dans la 1. comme quoy elle est le thrône de la gloire, & le champ de l'honneur, où toute sorte d'Estats peuvent moissonner des couronnes; dans la 2. que les plaisirs des sens & de l'esprit y sont dans toute l'abondance possible, & dans toute la pureté imaginable; dans la 3. que les biens s'y trouvent comme dans leur centre; & dans la 4. qu'elle est comme le cabinet des beautés & des raretés de la nature & de l'art. J'ay mis au reste la genealogie des Roys, le nombre des Archeveschés, des Eves-

AU LECTEUR.

chés, des Paroisses, des Parlemens, des Generalités, des Presidiaux, des Cours & des sommes immenses que ce grand Estat donne tous les ans à ses Monarques & y ay adjouté la route des chemins pour ayder les curieux. Je sçay que comme tous les hommes ont des sentimens différents, il ne manquera pas de s'en trouver qui blâmeront mon dessein ou mon langage, d'autres qui trouveront à redire à la verité qu'ils ne sçauroient croire, & d'autres enfin qui loüeront ou du mains qui ne mépriseront pas tout à fait mon livre. Je sçay, dis-je, que l'envie ou la presomption, la grande delicatesse des uns, & le trop grand esprit des autres, pourroient m'exposer à la rude censure de leurs jugemens, ainsi je les prie avant que de me blâmer de faire cette reflection qu'on peut plus facilement trouver à redire, qu'on ne peut faire, qu'il n'y a rien de parfait que Dieu, & que l'on doit excuser une personne qui ne craint pas de paroistre imparfait aux yeux de tout un monde,

AV LECTEVR.

pourveu que sa patrie en retire quelque advantage. J'espere, mon cher Lecteur, qu'estant juste & raisonnable au point que je te crois, tu excuseras mes défauts, & que pardonnant les excés de mon zele, tu diras que si je ne merite pas des couronnes, je ne suis pas du moins digne de châtiment: Voila ce que j'ay à te dire. A Dieu joüis long-temps & en repos des douceurs que je te presente: cependant que je travailleray à te donner quelque autre ouvrage pour ta satisfaction.

TABLE DES CHAPITRES
contenus en ce Livre.

PREMIERE PARTIE.

Ch.   page
I. La descript'õ de la France 1
II. La France est le Theatre de l'honneur & le champ de la gloire. 8
III. La France est le champ de la gloire 23
IV. La France est le champ de Mars pour les guerriers. 25
V. La France est le delice des braves & des genereux 41
VI. La France est l'école des sciences, la montagne des Muses & l'azile des Arts 44
VII. La France est le delice des doctes & des personnes qui aiment les Muses & les Arts 63
VIII. La France est le climat où se trouvent les plus augustes faveurs de la fortune 68
IX. La France est le Temple de la memoire, & l'autel de l'immortalité 78

SECONDE PARTIE.

I. La France est le delice de ceux qui aiment le bien & qui veulent devenir riches 87
II. La France est une source de bien en elle-mesme 88
III. La France devient maintenant le centre du commerce 101
IV. Les beaux moyens qu'on a pris pour executer heureusement le dessein que l'on a d'établir le commerce 106
V. Réponse à quelques objections que l'on fait contre l'establissement du commerce 116
VI. La France ne sçauroit manquer d'estre riche, veu les démarches du Roy pour soulager son peuple 121

TROISIESME PARTIE.

I. La France est le Paradis des delices de ceux qui veulent passer agreablemens leurs jours 125
II. La France a des peuples doux, affables, bons, & civils 126
III. La France est le Para-

Table des Chapitres.

dis terrestre du monde & de la nature 131

IV. La France est un Paradis pour les personnes qui recherchent les plaisirs de l'esprit 151

V. La France est le païs du monde le plus propre pour les gens devots 160

VI. La France est un lieu de delices pour les curieux 171

VII. Tous les âges & tous les Estats trouvent leur contentement en France 181

VIII. La France est le Paradis des femmes & des filles 199

IX. Les femmes ont tous les plaisirs imaginables en France 214

X. La France est le delice des sens, l'ouye y est satisfaite 215

XI. L'odorat est entierement satisfait en France 217

XII. La France est le magasin des objets qui peuvent contenter la veüe 222

XIII. Le goust est entierement satisfait en France 231

XIV. L'attouchement n'est pas moins satisfait en France que les autres sens 236

XV. Quelques douceurs particulieres que la France donne aux personnes du sexe 241

XVI. La France est un pais de liberté pour toutes sortes de personnes 245

XVII. Trois raisons convainquantes qui prouvent comme quoy toute sorte de gens peuvent estre contens en France 251

XVIII. Trois inventions merveilleuses que la France a trouvées pour rendre son peuple heureux & content 259

XIX. L'ordre que l'on tient en France pour rendre la Justice, & de combien de sortes de tribunaux il y a pour la rendre 267

XX. La Police generale de France & les maximes ordinaires de l'Estat 273

XXI. Les Officiers qui regardent la Couronne de France 284

XXII. La conduite de France touchant le gouvernement des peuples & par rapport à ses sujets 292

Description des Routes qu'il faut tenir pour aller de Paris dans toutes les Villes principales des Royaumes voisins.

De Paris à Gan, ville de Flandres & Parlement.

LA Chapelle.	l. 1.	Courtray. v.	l. 2.
S. Denis.	l.1.	Pairimguem. v.	l. 3.
Pierre-fitte.	l. 2.		
Cercelles.	l…d.	*Passe la rivière du Lis.*	
Villiers le bel.	l..l.	Gand v.Ch.par.	l. 4.
Le Mesnil.	l.1.d	En tout 80. lieuës.	
Luzarche. Ch.	l.1.		
Morlaye. v. Ch.	l…d	*De Paris à Francfort.*	
Gouvieux grand estang.		Claye.	l. 6.
	l.1.	Meaux.	l. 4.
S. Leu de Serrans.	l.1.	Trille porte bac.	l. 1.
Montataire.	l.1.	S. Iean de Meaux outre	
Russ:len.v.	l.1.d.	Marne.	l 1.
Crambonne. v.	l 1.	Fay sur Marne.	l.1.d.
Clermont.v.Ch.	l.1.	La Ferté au Col, dit sous	
S. Iust.	l. 4.	Iollarre.	l….d.
Bertelsil.v.abb.	l. 4.	La Sancy sur Marne.	l 1.
Le Quesnoy.v.	l..d.	Nantoy sur Marne.	l. d.
Montagalay.	l.1.	Charly sur Marne.	l. 1.
Flex.	l.1 d.	Mont de Bonnay.	l. 1.
S. Saulieu.	1.	Esseaulme Abbaye.	l. 1.
Le Dieu de Pitié.	l.1.d.	Chasteau-Thierry. v. Ch.	
Haucourt.	l.d.		l…d.
Dury.	l.1.	Parcy.	l. 2.
Amiens.	l.1.	Sauigny sur Marne.	l. 1.
Bauvury.	l.1.	Dormans. v.	l 1.
Violenne.	l.1.	Le port d Pisson.	l.1.
La Bassée.v.	l 1.	La Cave Ligny.	l 1.
Haut-Bourdin.	l.1.	Pont selet sur Boursaus.	
L'Isle.v.Ch.	l. 3.		l.1..
Le Pontroncard.	l.d.	Mardeu.	l.1.

Espernay. v. Abb.	l.1.	Vaurauc.	l.1.
Tilon.	l.2.	Le Pont Ag: Mon.	l.3.d.
Mattouge.	l.2.	Montargis. v. Ch.	l.3.d.
Pluvot	l.2.	Marmant. 6.	l.3.
Châlons sur Marne.	l.2.	Noyan.	l.2.
Nostre-Dame de l'espine.		Les Besars m.	l.1.
	l.2.	La Bustiere.	l.2.
Foy.	l.2.	Briare sur Loire.	l.2.d.
Bar.	l.6.	Bonny.	l.4.d.
Ligny en Barrois. v. Ch.		Neuvy.	l.1.d.
	l.4.	La Selle.	l.1.
Vaucouleur. v.	l.4.	Colne sur Loire. v. Ch.	
Fou. v. Ch.	l.4.		l.2.d.
Toul. v.	l.4.	Male-taverne.	l.1.d.
Nancy. v. capitale de Lor-		Pouilly.	l.2.d.
raine.	l.5.	Le Mesnil.	l.1.
Repersville.	l.7.	La Charité. v.	l.2.
Saverne. v. Ch.	l.6.	Garugny.	l.2.
Strasbourg.	l.3	Le Chesnay.	l.d.
Hagh. Nav. v.	l.4.	Nevers. v. Ch. Ev	l.3.d.
Veissembourg. v.	l.4	Magny.	l.3.
Lautauville.	l.3.	S. Pierre le Moustier.	l.v.
Spire. v. Electorale.	l.4		l.4.
Ogersée v.	l.2.	Ville-neufve.	l.4.
Franc Xental.	l.2.	Moulins. v. Ch.	l.3.
Vormes v.	l.3.	Fulon.	l.1.
Oppenhen. v.	l.4	Bessay.	l.2.
Mayence. v. Archev.	l.3.	S. Loup.	l.2.
Francfort.	l.4.	Varennes croix	l.1.
En tout	116.l	S Geran.	l.2.
		l'erigny	l.1.l.
De Paris à Turin.		La Palisse.	l.1.d.
Ville-Iuifve.	l.2.	La Tour.	l.1.d.
La Saussaye.	l. d.	S. Martin.	l.2.
Iuuify.	l.3.d.	La Peraudiere.	l.1.
Ris	l.1.	Germain l'e pinasse.	l.2.
Essaune.	l.3.	Royanne.	l.2.
Choisy.	l.1.	L'Hospital	l.1.d.
Les Vernaux.	l.1.	S. Saphorin de lay.	l.1.d.
Milly en Gastinois. v. Ch.		La Fontaine	l.1.d.
	l.2.d.	La Chapelle.	l.d.
La Chapelle la Reyne.	l.2	Tarrare.	l.1.

S. Antoine.	l.1.	De Paris à S. Sebastien, par	
La Br. sts.	l.2.	la Guyenne.	
La Tour.	l.1.d.	Le Bourg la Reyne.	l.2.
Lyon Arch.	l.1.d.	Le Pont Anthony.	l.1.
S. Laurens.	l.3.	Longjumeau 6 2.	l.2.
La Verpiliere.	l.2.	Linas.	
Bourgoin.	l.2.	Mont le Hery. v. Ch.	l.2.
La Tour du Pin.	l 2	Chastre sous Mont le	
Le Pont de Beauvoisin.	l.3.	H:ry. v.	l.2.
La Gabelette.	l.2	Toursou	l.1.d.
		Estrechy le larron.	l.1.d.
Passez le Mont.		Estampes. v Ch.	l.1.
Chamberry.	l 2.	Ville sauvage.	l.1.
Montmelian. v Ch.	l.3.	Monervil à dextre.	l 3.
Aiguebelle. v. Ch.	l 4.	Engerville la Gaste.	l 2.
Argentine.	l 1	Champ à Lorry.	l.3.
La Chambre v. Ch.	l.3	Toury v. Ch.	l.1.d.
3. Ponts sur la riviere		Chasteau Gaillard.	l.2.
d'Ar, & puis à S. Iean		Artenay. 6.	l.2.
de Mortane. v Ev.	l 4.	La Croix de Briquet.	l.1.
S. Iulien.	l.1.	Langeniere.	l.2.
S. André.	l.2	Sercotes.	l.1.
Tremignon.	l 3	Orleans. v. Ch. Ev. Vniv.	
Lanebourg.	l.1.l.		l.3.
		Nostre - Dame de Clery.	
Passez le Mont Senis.			l.5.
La Poste.	l.2.d.	S Laurens des eaux.	l.5.
L'hospital.	l.d.	S. Dier.	l 4.
La Ferriere.	l.1.		
Nevalese	l.1.	Chambort Maison Royale à	
		main gauche.	
On commence icy à compter		Montlivault.	l.1.
par milles, dont les 3.		Blois.	l.2.
font une l. Fran.		Chousy.	l 3.
Suze. v. Ch.	m.2.	Icoures.	l 2.
S. Ambroise & S. Michel		Amboise.	l.5.
au dessus.	m 4.	Monlouys.	l.4.
Avillane. v Ch.	m. d.	La ville aux Dames.	l.1.
S. Antoine Abb.	m.1	Tours v. Arch.	l.2.
Thurin. v. Archev. & Ca-		S Avertin.	l.1.
pitale de Piedmont	m.3.	Montbason.	l.2.
En tout	147. l.	Sainte Catherine.	l.2.

Sainte Mote.	l.5.	Roche d'Eslaux.	l.a.
Chastelleraut.v.	l.4	Monferrant.	l.2.
La Trichetie.	l.1.	Blancfort.	l.1.
Le Pont Daufance.	l.1.	Bordeaux. v. Ch. Archev.	l.2.
Poitiers.v Ev Vniv.	l.1.		
Colombiers.	l.2	Tauliers.	l.1.
Lusignan.v.	l.1.	Le petit Bordeaux.	l.1.
Chevais.	l.2.	Aubart.	l.d.
Cheray.	l.1.	l'elin.	l.2.
La Barre.	l.1.	Muret.	l.2.d.
S. Leger de Masse.	l.1.	Lyporet.	l.2 d.
Brion.	l.2	La Bauhere. v.	l.2.d.
La Ville. Dieu d'Aunois.	l.2.	Ianvillet.	l.2.d.
		La Harie	l.2.d.
Aulnois.	l.2	L'Esperon.	l.1.d.
Taillier.	l.1	Castels.	l.2.d.
Brieleu.	l.2.	Mayese.	l.2 d.
Escoursur.	l.1.	Saint Vincent de Tiresse.	
Veneran.	l.1.		l.2.d.
Xaintes v. Eu.	l.1.	Le Barac de la Donne.	l.2.
Ponts d Recose.	l.2	S. Martin.	l.2.
S Gervais.	l.1.	Bayonne. v. Ev.	l.1.
Pressac.6.	l.1.	Basses.	l.1.
La Tenaille.6 Abb.	l.1.	BIdard.	l.1.
S Duysan.	l.1.	Saint Iean de Luz & Ciboure	l.1.
Millambaux.	l.1.		
Petit Bauvoir.	l..d.	Aurogne.	l.2.
Plaine Seve.	l.1	Riviere de Bidassoa.	l.1.d.
S. Aubin.	l.2.	Fontarabie.	l.1.d.
Le pays des senestres.	l.1.	Nostre-Dame d'Iron.	l.d.
Estauliers.	l.1.	S.Sebastien.	l.4.
Gigot.	l.2.	En tout	176.
Blaye, Forteresse.	l.1.		

LES DELICES DE LA FRANCE.

PREMIERE PARTIE
La Description de la France.

CHAPITRE I.

LA France est un Païs si beau, un Royaume si fleurissant, un Estat si Illustre, & un Empire si accompli dans son tout, & dans toutes les parties qui le composent, qu'il n'est pas au pouvoir de l'homme d'en faire la description comme il faut, ny en la puissance des plus eloquens Orateurs d'en bien deduire les grandeurs, & les merveilles. Son air est si doux & si pur; son Païs si abondant & si fertile; ses campagnes si fort peuplées de Villes, de Bourgs, & de villages; ses Provinces si admirablement arrousées de fleuves & de rivieres; ses côtes si bien pourveuës de bons Havres & de rares Ports, son étenduë si vaste, & son peuple si doux, si civil, si benin, si affable, si parfait, & si accomply, qu'on ne sçauroit luy disputer la gloire d'estre la plus noble partie de l'univers, & la plus excellente portion du monde. C'est le commun sentiment parmy toutes les nations qui habitent la terre, que l'Europe est la plus polie, la plus spirituelle, la plus guerriere, & la plus adroite dans toute sorte d'arts, & la plus habile aux sciences; que ny l'Asie, ny l'Afrique, ny l'Amerique, qui sont incomparablement plus grandes qu'elle: de sorte que tous les Escrivains n'ont pas fait difficulté de l'appeller la Reyne du monde & la Souveraine des autres: en effet, n'est-il pas vray qu'elle leur a imposé son joug, qu'elle les a soubmises à son Empire, & qu'elle les a renduës ses tributaires & ses esclaves; & peut-on douter qu'elle ne les ait également contraintes toutes trois de recevoir ses ordres, d'obeïr à ses loix, & de luy offrir tout ce qu'elles ont de plus precieux, & de plus rare dans leur sein. Nous en avons des preuves convainquantes en ce que de tout temps les Nations Asiatiques, Africaines, & Americaines, ont obey aux Europeens, & puisque nous les voyons encore soubmis à nostre pouvoir, & dependans de nos ordres. S'il est donc hors de doute que l'Europe est la plus noble partie de l'univers, qui doutera que la France ne soit les delices de la terre: si je fais voir qu'elle est le Paradis de l'Europe, & si je moustre evidemment qu'elle est la Reyne de cette Souveraine, & que c'est enfin elle seule qui fait toute sa gloire, son honneur & son bonheur. Peut-on douter que ce que je dis ne soit pas veritable, & y a-t'il personne au monde qui puisse me disputer ce point ny me contredire dans ce rencontre; les Italiens avec

DE LA FRANCE.

leurs insulaires oseroient-ils disputer la Couronne à la France, parce qu'ils ont un pays fertile & abondant ; les Espagnols seroient-ils si hardis que de pretendre à cette gloire ; parce qu'ils ont de la fierté & de l'opiniâtreté dans le combat ; les Anglois voudroient-ils bien se flatter de meriter cét honneur ; parce qu'ils se vantent de dompter les flots & de commander aux vents, & à l'ocean ; les Allemands seroient ils capables d'aspirer à un titre qui ne leur appartient pas, quoy qu'ils se disent invincibles en bataille ; les Polonois & les Moscovites ; les Suedois & les Danois ; les Tartares & les Hongrois, les Turcs & les Grecs, &c. seroient-ils bien capables, de vouloir entrer en comparaison avec la France ; & seroient ils si temeraires d'oser luy refuser la couronne & la gloire qu'elle pretend, l'honneur qui luy appartient & le respect qu'on luy doit. Non non, pas une de ces Nations n'est en estat de luy disputer ce que je luy attribuë, pas trois raisons qui ne souffrent point de replique & qui sont sans repartie.

La 1. c'est que la France est la mieux scituée de toute l'Europe. La 2. c'est qu'elle est la plus genereuse & la plus guerriere, & la 3. c'est qu'elle est la plus docte & la mieux faite de toutes les Nations qni l'habitent ; par sa scituation elle prevaut infiniment la Grece & l'Italie, l'Espagne & le Portugal : & par ce temperammment de climat où elle se trouve, elle peut se vanter d'avoir & de posseder tout ce que les autres ont, & mesmes ce qu'elles n'ont pas: voila pour la richesse. Quant à la force, elle est la plus guerriere, la plus puissante & la plus invincible, comme on le verra dans la suitte; & pour ce qui est de sa politesse, de sa science, & de ses arts, elle est incomparablement au dessus des autres: ainsi elle est la veritable Reyne, & la legitime Souveraine du monde; parce qu'elle l'est de l'Europe: quand bien ces trois raisons (que je prouveray dans les chap. suivans) ne seroient pas suffisantes pour convaincre les Esprits, il ne faut qu'avoir recours aux nations estrangeres, & s'en aller en Asie, en Afrique, ou dans l'Amerique, pour sçavoir leur sentiment, & ils nous diront que la France est le plus fleurissant Empire de l'Europe, & que c'est elle qui offusque, & qui ecclipse les autres Estats: aussi ne font-ils point mention d'aucun autre peuple que des Francs, & c'est pour cette raison qu'ils appellent, les Anglois & les Allemands, les Espagnols & les Italiens ainsi, ne croyant pas leur faire plus de grace, ny les combler de plus d'honneur, que de les nommer de la sorte.

Venons maintenant à la description de ce grand Empire, & disons, qu'il est comme au milieu de la terre; parce qu'il se trouve enfermé de deux costés de l'ocean, & de la mediterranée, & des deux autres de l'Espagne & de l'Italie, de l'Allemagne & du Rhin. Son climat est le plus temperé qu'on puisse trouver, à cause qu'il est dans le plus bel aspect du

DE LA FRANCE.

ciel, & dans une juste distance du Zodiaque, ce qui fait que tout y abonde, & que toute sorte de fruicts, de grains, de vin, d'animaux, & de metaux s'y trouvent en quantité: de sorte que ce Royaume, qui n'a pas plus de 25. journées de cheval pour aller d'une extremité à l'autre, peut se vanter de trouver dans son sein tout ce qui est necessaire à la vie, sans avoir recours à ses voisins, & d'en avoir en si grande quantité, qu'il peut en fournir abondamment à tous les estrangers. Son assiete est entre le 42. & 51. degré de latitude, & le 15. & le 19. de longitude, & ses Provinces qui sont au nombre de 12. principales, qu'on nomme Champagne, Isle de France, Picardie, Normandie (qui sont au deça du Loire) Bretagne, Bourgogne, Orleanois, & Lyonois, qui sont sur la mesme riviere, & Guyenne, Languedoc, Dauphiné & la Provence, qui sont au delà, lesquelles en enferment trente autres qui sont moindres à la verité ; quoy qu'elles soient extrémement grandes : sçavoir le Maine, l'Anjou, la Touraine, le Poitou, la Xaintonge, le Perigort, le Limosin, le Quercy, le Rouergue, l'Auvergne, le Gevodan, l'Albigeois, le Bearn, la Bigorre, Foix, Comminges, l'Armagnac, le Vivarez, le Forest, le Beaujolois, le Bugay, le Valromay, la Bresse, le Nivernois, le Bourbonnois, le Berri, la Sologne, le Gastinois, la Beausse. Dans le païs conquis, l'Alsace, l'Artois, une partie du Hainaut, presque la moitié de la Flandre & du Luxembourg, les Principautés de Sedan, & de Charleville, la Comté de Roussillon. le Bailliages de Gers, & les environs de Geneve, la Principauté de Dombes, qui est à Mademoiselle, & celle d'Orange qui appartient aux Princes de ce nom, le Comtat d'Avignon, que les Rois Tres-Chrestiens ont donné aux Papes pour les mettre à couvert de l'oppression de leurs ennemis, & le Duché de Lorraine, qui doit estre uny à la couronne apres la mort du Duc qui le tient à present, comme aussi plusieurs autres Pays que je ne mets pas icy; quoy qu'ils soient des membres de ce grand corps & des dépendances de ce grand Empire. Toutes ces Provinces (dis-je) sont si vastes, si bien peuplées, si fertiles, si agreables, si bien arrousées de fleuves & de rivieres, si remplies de Villes, de Bourgs, de Villages, de Chasteaux, & de maisons : qu'on diroit que c'est un Paradis, ou l'abregé du monde, jamais on n'a veu tant de peuple, ny tant d'Artisans, tant de Marchands, ny tant de Bourgeois, ny si grande quantité de Nobles & de Gens de qualité que dans cét Estat, chaque ville fait une cour, & l'on diroit que Tolose, Lyon, Bourdeaux, Poitiers, Tours, Rennes, Blois, Orleans, Agen, Montpellier, Dijon, Troyes, Roüen, & une infinité d'autres sont le sejour de quelque Prince, ou de quelque Souverain : tant on y voit de beau monde & de braves gens. Mais enfin si on vient à découvrir cette grande Ville qu'Henry le Grand appelloit un monde & si on vient à voir Paris, à considerer ses magnifiques Palais, la longueur & la largeur de ses ruës, les deux perspectives admirables de la riviere qui sont en haut & en bas, & qui sont sans égales au monde, ce Louvre qui est la premiere Maison de l'univers, cette Cour pompeuse, cét éclat & ce faste qui l'accompagnent, ce superbe embarras de chaises & de carosses, ce nombre d'estafiers qui les suivent, cette foule innombrable de gens aux avenuës du Palais, sur les ponts & aux theatres, cette multitude infinie d'habitans, & ce concours incroyable d'estrangers qui accourent de tous les coins de la terre & de tous les endroits de l'Europe, & quand enfin on a veu rouler toutes les pieces de cette grande machine, sans confusion, sans bruit, & sans desordre; on se persuade aisément, qu'on a veu en France tout ce qu'on peut voir de plus beau & de plus admirable sous le Ciel.

Ie laisse à part l'inclination des hommes & des peuples divers qui habitent cét aymable Pays, qui peut passer pour la plus douce, la plus traitable, la plus civile, la plus obligeante, la plus laborieuse, & la plus capable des belles choses qui soit sur toute la terre : pour dire que la France est en un mot le champ où l'on cueillit les plus illustres couronnes de l'honneur & de la gloire; qu'elle est le thresor de la fortune & le magazin de tous les biens du monde; & qu'elle est enfin le Paradis des hommes: c'est ce que je feray voir dans la suitte de mon discours & dans la continuation de mon ouvrage.

CHAPITRE II.

La France est le Theatre de l'honneur & le Champ de la gloire.

QV'on ne m'accuse pas d'estre un injuste partisan de la France, & qu'on prenne bien garde de ne m'appeller pas un homme aveuglé d'amour & d'inclination pour ma patrie, & de me blasmer de prevention pour mon Païs, si je la nomme le Theatre de l'honneur, & le temple de la gloire. Ie sçay que tout ce qu'il y a de Nations estrangeres, & de peuples divers sur la terre, s'esleveront contre moy, & me disputeront cét advantage : parce que la complaisance qu'ils auroient d'estre naiz dans un Royaume, tout à fait illustre, & tout à fait fleurissant, leur inspirera peut-estre cette flateuse pensée, que la chose est comme ils la desirent, sans considerer que comme il n'y a qu'un Soleil dans le monde, il n'y a aussi qu'une France dans l'univers, laquelle peut elle seule porter ce titre, & se glorifier d'estre ce que je dis.

Pour voir la verité de ma These, il ne faut que remarquer trois particularités, & trois privileges de cét illustre Empire. Le 1. qu'il est le veritable Theatre de la gloire : parce que comme le Theatre donne une evidence parfaite d'une chose rare ; & comme il en facilite la veuë, & la consideration par son eslevation à toute sorte de personnes ; la France a cét advantage, qu'elle fait paroiftre avec efclat la grandeur des chofes, & qu'elle rehauffe & donne une nouvelle majefté aux couronnes qu'elle diftribuë & aux honneurs qu'elle rend. La 2. c'eft que cét incomparable Royaume eft un champ fertile & abondant de palmes & de lauriers, de thrones & de couronnes, où un chacun peut s'eternifer & fe rendre recommandable à la pofterité ; & la 3. c'eft qu'il eft un Temple où la fortune a fixé fa rouë, attaché fes pas, determiné fa demeure, & rogné fes aifles pour refter eternellement dans cét augufte Empire : en quoy nous voyons que les Provinces voifines & les Monarchies eftrangeres ne fçauroient efgaler cét aymable Païs, n'ayant pas de femblables privileges, & ne pouvant pas poffeder de femblables graces.

La France eft un Theatre d'honneur, qui en doute ? qui en a jamais douté ? ou qui pourroit le faire ? où eft-ce que la gloire paroift avec plus de pompe & de majefté qu'icy : n'eft-ce pas dans cét Eftat qu'elle fe monftre dans toute fa magnificence, fon efclat, & fon luftre ? Comparons de grace les endroits où elle femble avoir paru avec plus de gloire, & voyons fi elle jamais eu tant de Majefté que dans la France? Nous trouverons que la Grece a efté extrémement pompeufe, & qu'Alexandre femble l'avoir portée au comble de fa grandeur. Nous verrons que les Romains ont porté plus avant leurs conqueftes, & qu'ils ont enfin rendu leur Rome la plus glorieuse du monde; mais tout cela n'est rien en comparaison de la France, laquelle a ramassé la grandeur des Romains & la superbe des Grecs dans le moindre de ses trophées & paroist plus dans le moindre de ses carrousels que ces deux Maistresses de la terre avec leurs Triomphes & leurs victoires; il ne faut que voir la superbe d'un Louvre, la beauté de cette Cour qui est la plus belle, la plus riche, la plus galante, la mieux faite & la plus guerriere de l'univers: pour dire que cét aymable Empire a plus d'honneur que tous les Romains n'en ont jamais eu, & qu'il le fait paroistre avec un éclat extraordinaire, pour ne dire pas tout divin.

La seule entrée de nôtre incomparable Imperatrice, & de nôtre aymable Reyne dans sa Capitale, a fait voir à quel point de gloire les François portent l'honneur: puisque selon le sentiment des plus doctes dans l'histoire, & des plus curieux du temps, elle a eclipsé tous les plus glorieux triomphes de l'antiquité: parce qu'en renfermant dans sa magnificence tout ce qu'ils avoient de beau sans aucun mélange d'imperfection, ils y ont adjouté de nouveaux éclats & de nouvelles grandeurs, qui n'ont jamais esté connuë que de la France, & qui ne pouvoient estre inventées que par elle seule. J'appelle à témoin tous les estrangers, & je les prie de nous dire leur sentiment sur ce sujet; il m'importe fort peu qu'ils soient de secrets envieux de nostre petite Europe, ou qu'ils soient ennemis jurés de sa gloire. La chose est trop evidente pour pouvoir estre déniée : c'est pourquoy je les conjure de nous declarer leurs sentimens touchant cette action, & ils nous diront (pressés par la verité) que jamais rien n'a pû égaler la pompe de cette action & la magnificence de cette entrée. I'ay toûjours esté du sentiment de ce grand homme qui disoit que l'éloquence & la vertu, l'honneur & la bonne grace paroissoient incomparablement plus dans de certains sujets que dãs d'autres; comme un bel habit paroist plus sur un homme de condition que sur un rustique ou un paysan : en effet la France à cela de propre, qu'elle donne un certain tour a ses actions qui luy est en tout à fait propre, & par le moyen duquel elle rehausse infiniment la beauté de ce qu'elle fait, & l'éclat de sa gloire. Ie veux que les autres Nations fassent leurs efforts d'imiter le plus parfaitement qu'il leur sera possible ce que les François sont, je consens qu'ils instituent des Quadrilles, qu'ils fassent des Montres generales de leurs trouppes : qu'ils ordonnent des Chevaliers, & qu'ils soiët les singes de leurs actions en tout ce qu'ils voudront, jamais ils ne pourront esgaler, ny mesme approcher que de bien loin leur grace & leur aymable façon d'agir, qui semble rehausser l'éclat de l'honneur, & donner de l'agrément à la beauté & à la grandeur méme.

Les François ont cela de propre que comme leur esprit est subtil & galant, ils ont rendu leur Patrie le rendez-vous de tout ce que les Nations estrangeres avoient de bon, & ils ont comme purifié ce bien, & raffiné cét or, qui estoit presque sans éclat à cause de sa rouilleure, je ne veux que la voix commune de tout le monde qui appelle cét illustre Empire le creuset où l'honneur & la gloire ont esté purifiées à l'extréme, & le thrône, où la majesté, & la grandeur se font voir dans toute leur magnificence & leur pompe: qu'on prenne la peine de voir un moment de quelle façon on rend la justice dans cét Estat, & comment les Rois de cét illustre Empire tiennent leur Cour, & se montrent à tous les peuples de la terre, & on verra que la Iustice est infiniment majestueuse dans ses Arrests, & que ses decrets ont je ne sçay quoy de divin, que les Empereurs mesmes sont obligés de reverer, & de recounoistre pour la plus glorieuse de l'univers. Ces augustes Parlemens sont si venerables & leurs membres si majestueux, que leur veuë exige un profond respect de tous ceux qui les regardent: ce qui ne pourroit estre, si l'honneur mesme ne paroissoit sur leur visage, & si la majesté ne les rendoit dignes des soubmissions qu'on leur rend. Les Areopages ont passé autrefois pour estre le plus illustre Senat de l'univers: mais s'il subsistoit maintenant, il advoüeroit, que sa gloire seroit eclipsée à la veuë de cét admirable Parlement de Paris, qui est le Tuteur de nos Rois, le maintien de son Estat, & la conservation de son Empire, & je dis bien plus que quand bien celuy de Rome voudroit luy disputer cette gloire, nous avons de quoy luy faire voir le contraire, non seulement par la grandeur des personnes qui les composent, qui sont des abismes de science, des Argus dans toute sorte de matieres, & qui peuvent meriter le nom des plus grands hommes de l'univers : mais encore, parce que leur assemblée est incomparablement plus nombreuse, & est bien mieux capable de gouverner des Estats qu'ils n'ont pas gouverné le leur.

Venons enfin à cette Cour, presque toute divine du Roy Trés-Chrestien, & disons que c'est icy où l'honneur a establi son Thrône, & sa demeure : prenons la peine de voir cét invincible Monarque au milieu de sa Cour, ou lors qu'il donne audiance à des Ambassadeurs, ou bien quand il est dans son lit de justice, & considerons attentivement si on ne prendroit pas sa personne pour celle de l'honneur, & sa Cour pour la Majesté qui l'environne. On donne le nom de Majesté à tous les Princes qui ont des Couronnes, & à qui Dieu a commis des peuples à gouverner : & c'est avec raison qu'on leur donne ce titre; parce que celuy qui les a mis sur le Thrône, qui leur a donné quelque marque de sa grandeur, & quelque trait de sa Divinité; c'est pourquoy on ne peut jamais les approcher sans crainte, & sans respect : mais comme il est vray, qu'il y a des images moins naturelles & moins approchantes de leur prototype, & de leur original les uns que les autres; de sorte que quelques-uns sont plus fideles & plus naïfs: il arrive aussi que Dieu a donné plus de traits de sa grâdeur à quelques Souverains qu'à d'autres, & c'est ce que je remarque en la personne du Roy de France, que j'appelle un parfait image & une veritable copie de la Divinité: parce que sa personne a je ne sçay quoy de si adorable par dessus les autres Monarques qu'on ne peut pas s'empécher de le proclamer pour le plus grand Roy de la terre, & le plus admirable Prince du monde.

Tout ce qu'il fait porte un caractere de grandeur, & l'on peut l'appeller justement le Soleil de l'univers, & le Prince des Princes de la terre, aussi a-t'il le Soleil pour devise: estant hors de doute que ces qualités Royales sont incomparables & que pas un autre Monarque ne peut porter plus haut la Majesté de Roy, qu'il la porte en sa personne. Sa fierté, son port, sa démarche, son regard, son maintien & ses actions sont si conformes à sa Dignité, qu'on peut, & qu'on doit le prendre pour le modelle & pour l'exemplaire de tous les autres; il a fait un mélange si doux, si aymable, & si beau de la severité avec la douceur, & de la fierté avec la familiarité, qu'il n'y a que luy seul capable de faire cette alliance si difficile, & cette union si extraordinaire: Voyons-le au milieu de sa Cour, & nous dirons que c'est un Soleil au milieu des Astres, la Lune à ses costés, & un Astre naissant à sa gauche; je ne veux pas que les estrangers, qui ne l'ont jamais veu, viennent lors qu'il est assis sur son Thrône, afin de le connoistre; il me suffit qu'ils puissent le voir sans aucune marque de Royauté avec ses Courtisans, pour sçavoir qui il est: je suis certain que sa personne sera un puissant heros de ce qu'il est, & qu'on le connoistra sans sceptre & sans couronne : parce qu'il est vray que la Majesté est sur son visage & que la gloire paroist au travers de sa personne, comme les rayons de la face de Moyse en descendant du haut de la montagne avec la Loy.

Sa Cour n'augmente pas peu sa gloire, & il n'est pas peu honoré de ses Courtisans; I'avouë que c'est beaucoup quand un Roy porte bien sa qualité: mais ce seroit une beauté imparfaite, s'il n'avoit pas des Sujets qui fissent paroistre la puissance de son Estat, & la force de son Royaume : il faut donc que les Souverains ayent des cours, & que leurs personnes soient des Soleils & leurs Courtisans des Astres: selon cette necessité, je dis que s'il est vray que les Roys sont plus grands que leurs Cours sont plus nombreuses & mieux faites, plus puissantes & plus redoutables : il n'y a point de Cour au monde qui puisse esgaler celle de France; ne croyés pas que je me flatte, ny que je vous déguise la verité en ce point: prenez la peine ou de la voir ou de vous informer de ce que je dis, & vous trouverez que celle de ses voisins, ny même celle du Turc qui a trente mille Ianissaires pour sa garde n'est rien, ny pour le nombre, ny

pour la valeur, ny pour la richesse, ny pour la bravoure & le courage. Quant au nombre, du doute que la Cour ne soit pas plus nombreuse de l'univers; je ne parle des gens de guerre; parce que ce n'est pas en cecy que consiste la grandeur d'une Cour: mais des personnes de qualité, & des Officiers qui suivent ordinairement le Prince, & c'est de ceux-cy que la qualité surpasse de beaucoup celle des autres, sans en excepter celle du grand Seigneur: parce qu'à compter seulement les carosses qui sont à Paris, & qui suivent pour l'ordinaire le Roy, il n'y en a jamais moins de 40. ou 50. mille, qui est une chose incroyable; en quoy l'on peut bien juger qu'il faut qu'il y ait un nombre presque infini de Courtisans; puis qu'il y en a la moitié qui n'ont que des chaires, & qui se contentent d'aller mesme à pied avec des Lacquais pour reserver cette dépence pour d'autres rencontres, ou parce que la guerre ou même leurs Aynés ne veulent que leur donner le moins qu'ils peuvent, sans considerer que leur naissance demanderoit un plus grand train pour pouvoir maintenir leur qualité: ainsi il se trouvera que le Louvre n'est pas seulement la retraite d'un Prince, accompagné d'une Cour mediocre: mais qu'il est tout un monde de gens de grande condition, & un ramas de tout ce qu'il y a de plus illustre dans le monde: l'on dit qu'il n'est pas au pouvoir des hommes, de compter toutes les estoilles du firmament, & les grains de sable de la Mer:
mais

mais j'en dis de mesme des Courtisans de France : car bien loin de pouvoir connoistre les particuliers & les simples Gentils-hommes qui y sont, & les Officiers qui la servent: c'est qu'on ne sçauroit nombrer les Comtes & les Barons, les Chevaliers & les Marquis, les Abbés & les Evesques, ny presque les Ducs & Pairs qui sont les principaux Astres de la Cour, & les Principaux Seigneurs du Royaume. Au reste, combien d'Officiers y a-t'il au Louvre, combien d'Intendans des Provinces, de Maistres des Requestes, de Conseillers d'Estat, de Lieutenans Generaux, de Capitaines & d'Officiers, de Gouverneurs de places & de Provinces, de Lieutenans de Roy, de Mareschaux de France, de Princes & de Souverains, combien d'Ambassadeurs des Royaumes estrangers, combien de Thresoriers & de Partisans, de Nobles & de Seigneurs, & de Deputés des Provinces pour faire leur Cour, & pour s'acquiter de leur devoir envers leur Roy : où est ce qu'on trouvera une Cour, ou un Palais si bien frequenté que celuy cy ? sera-ce en Espagne, où les carrosses sont traisnés par des mules avec des cordes de demy lieuë de long, où dix ou douze Seigneurs sont aux portes du Palais avec sept ou huict marchands de lunettes dans la Cour? sera-ce en Angleterre, où le Roy n'est pas Maistre, & où le Parlement gouverne tout ; j'advouë, que Londres pourroit approcher de plus prés la France que tous les autres Villes, à raison de la quantité de sa brave noblesse & de la beauté de ses Dames, si elle avoit un peu plus de gétillesse & un peu moins de cette humeur insulaire, qui les rend moins sociables que les François; quoy qu'ils taschent de se vaincre en ce point, & si le Roy estoit plus absolu, & moins dependant : mais parce que tout cela luy manque; aussi ne peut-elle pas approcher que de bien loin la beauté de celle de France. Sera-ce en Allemagne où mille petits Souverains demembrent ce grand corps, & où chaque Ville à sa cour particuliere; sera-ce l'Empereur qui est bridé par la Diete, qui n'a rien à donner & qui demande tousjours; sera ce en Pologne, qui n'est ny Royaume ny Republique ? sera ce la Suede, qui ne subsiste que par le moyen de la France; sera-ce le Danemarc, qui a plus de titres que de Païs; sera-ce la Moscovie, ou la Tartarie, qui n'ont que des Loups & des Ours dans leurs Païs; sera-ce enfin la Turquie, qui n'a que des Renegats pour Courtisans, & des Bandits pour des Gentilshommes ? Non non, rien ne peut esgaler la France en ce point.

Si le nombre de ses Courtisans rend la France illustre; leur valeur ne la rend pas moins considerable : ce n'est pas icy, où je veux apporter de grandes raisons pour faire voir que les gens du monde les plus hardis, les plus vaillans, & les plus genereux, sont les Gentilshommes François ; je ne veux que renouveller icy le souvenir de cette derniere action, qu'ils ont fait en Hongrie, laquelle a abbatu le Croissant, dissipé ses forces, & maintenu le Christianisme, qui estoit sur le point de sa ruine: pour convaincre les esprits, je ne veux que remettre devant les yeux cette genereuse resolution, qu'ils ont prise de s'en aller en Candie, pour deffendre ce boulevard de la Chrestienté, & reprimer l'insolence du Turban. Ce sang genereux qui court à pas de geant à toutes les occasions où il y a des couronnes à gagner, & de quoy marquer leur courage; donne assés à connoistre, que comme elle est la seule qui suit volontairement la guerre par tout où on la fait justement: elle est aussi la plus noble Race de Mars, & la plus genereuse Noblesse du monde; aussi est-elle cause, qu'on prefere generalement par tout la Cavalerie Françoise à celle des autres Nations, & qu'on l'appelle la plus brave du monde.

Quant à la richesse qu'elle possede, on peut juger qu'il n'y a point de gens de qualité sur la terre, qui soient si riches, que ceux de cet Empire. C'est dans cette Cour, où on ne voit que des perles & des diamans, où les tours de cou de perles, sont les plus ordinaires, où l'or roule le plus communement, & où l'argent se donne à poignées: c'est dans cette Cour, où on ne fait pas difficulté de joüer des cent mille escus pour un soir, de mettre des thresors sur une carte, d'achepter des passemens, des rabats, des manchettes ou des canons de 12. ou 15.

mille escus & de bailler des sommes immenses pour leurs habits: c'est icy où les despences sont extremes, & où les liberalités sont inconcevables, on a fait de tout temps grand estat du festin de Marc-Antoine,& de Cleopatre, & on a fort estimé celuy du Roy Assuerus qui dura plusieurs jours: mais que ne dira-t'on pas des moindres regales de France, qui ont tout ce qui est rare au monde, & de delicat dans la nature? qu'elle estime ne sera-on pas du festin de Mr. Fouquet; où la somptuosité a paru dans toute sa magnificence, où la richesse a fait voir tous ses thresors, où l'art a épuisé son industrie, & où la nature a donné tout ce qu'elle avoit de plus rare & de meilleur pour satisfaire l'esprit, & le corps, & pour charmer tous les deux ensemble. Ces belles maisons de plaisance, ces beaux Palais, ces riches meubles, ces grands trains, & toutes ces grandes traisnées d'Officiers, font bien voir que le revenu de ces maisons doit estre inépuisable, & que leurs rentes sont plus abondantes que le Perou: où est-ce qu'on trouvera de simples Gentilshommes de cinquante mille escus de revenu comme en France? où est-ce qu'on trouvera des Princes de deux millions de rente comme dans cét Estat? où est-ce qu'on trouvera des Ducs de douze, de quinze, & de dixhuict cent mille livres à manger chaque année, que dans ce Royaume? & où verra-t'on de simples Financiers riches de six ou sept millions de biens qu'icy. Enfin où est-ce qu'on pourroit rencontrer des Courtisans qu'en France, puis qu'ils sont cause que tout abonde à la Cour, & que le moindre brouëtier a plus d'argent quelques fois que les plus riches marchands des Villes maritimes. Tout cecy uni ensemble, avec tant de thresors & un si grand nombre de Seigneurs, & de Courtisans tout à fait polis & genereux comme des lions, ne pouvons-nous pas dire que la France est le throne de l'honneur, & que rien ne peut esgaler sa gloire ?

Mais voyons de grace, le Roy dans son lict de justice, couronné d'vne couronne spherique pour marquer sa veritable qualité d'Empereur, armé d'un sceptre & d'une main de justice, couvert d'un manteau Royal d'un prix inestimable, portant son Ordre du S. Esprit, avec un Majesté qui a quelque chose de surnaturel, & qui approche du divin, son Chancelier & son Chambellan à ses pieds, ses gardes aux environs de sa personne couverts d'or & de diamans, Mrs les Princes à ses costés, quoy qu'un peu plus bas & dans une distance respectueuse, les Ducs & les Pairs, les Comtes & les Barons, & la Noblesse en suitte, qui prononce & ordonne ce qu'il veut: ah ! c'est pour lors qu'il faut dire que ce n'est pas une Cour : mais une assemblée de Dieux, & qu'il ne se peut rien voir d'esgal, ny d'approchant sur la terre : de façon qu'il n'est pas au pouvoir de l'homme de l'exprimer, ny mesme de le concevoir.

J'en dis de mesme de ces audiances Royales qu'il donne aux Ambassadeurs des Princes estrangers, des Sacres qu'on fait de nos Monarques, & de la tenuë des Estats Generaux de ce glorieux Empire. Ces trois Assemblées sont si augustes, que l'on ne peut rien voir de semblable sous le Ciel, & il faut estre bien asseuré pour oser paroistre dans de telles rencontres. Comme mon dessein n'est pas de m'estendre beaucoup sur l'éclat de ces actions surprenantes, parce que je n'aurois jamais fait : & parce que plusieurs grands personnages ont escrit sur ce sujet ; je me contenteray de vous dire seulement, que jamais la pompe, la magnificence, l'éclat, la grandeur, & la Majesté, n'ont paru comme elles ont fait, & comme elles font dans ces rencontres: aussi l'on voit qu'il n'y a que les seuls François capables de voir tous ces brillans, sans admiration & sans estonnement, & qu'il n'y a que ces aigles Royales, qui puissent envisager sans cligner leurs paupieres, les splendeurs admirables & insupportables de ce Soleil, qui se monstre au milieu de ses assemblées, & qui paroist comme une source de lumiere au milieu d'un Ciel parsemé d'Astres esclatants & majestueux. C'est pour cette mesme raison, que les Ambassadeurs estrangers sont comme ravis à la veuë de tant de prodiges, & que les nouveaux venus deviennent extatiques en considerant tant de merveilles, qui font passer justement la France pour le Throne de l'honneur & le Centre de la gloire.

Ne croyez pas que la France soit le seul lieu où elle fait éclatter ses rayons, & où elle fait paroistre ses grandeurs : c'est un Astre qui ne peut pas souffrir des bornes, ny se limiter dans un petit espace : il faut que l'Europe soit remplie de ses brillants, & que toute la terre soit pleine de ses merveilles; c'est pourquoy elle se donne à connoistre aux autres Peuples, & aux autres Nations, par ses Ambassades pompeuses ; lesquelles font voir par tout que la splendeur, & la magnificence, la liberalité & la somptuosité, sont le propre de ces cœurs invincibles, qui ressemblent à ces oyseaux de Paradis, lesquels ne touchent jamais la terre, & qui imitent les Aigles Royales, lesquelles ne terminent jamais leur vol, qu'aprés avoir poussé iusques à la sphere du Soleil, & iusques aux rayons de ce bel Astre du jour, & de ce Pere de la lumiere : voyez ce qu'en disent les autres Nations, & jugez ensuite si l'on peut douter que la France ne soit pas le Throne de l'honneur & le Centre de la gloire.

CHAPITRE III.

La France est le Champ de la gloire.

LE deuxiéme advantage que la France a au dessus des autres Nations du monde ; c'est qu'elle est un Champ de gloire, je veux dire qu'elle offre une moisson abondante & fertile de mille couronnes à tous ceux qui pretendent eterniser leur memoire, & se rendre immortels dans l'histoire, & qu'elle presente de telles recompenses sans beaucoup de peine à toute sorte de gens, & parce qu'elle est presque la seule qui produit de semblables fruicts, & qui peut combler d honneur ses favoris & ses courtisans.

Cette verité ne sera pas fort difficile à croire, si on remarque que la France abonde en palmes & en lauriers, & que toute sorte de conditions s'en peuvent charger sans peine, & sans crainte.

Ie remarque, que pour rendre un Païs le veritable champ de l'honneur, il faut qu'il aye des couronnes pour quatre sorte de conditions, & qu'on les puisse obtenir sans difficulté & sans restriction de gloire; c'est aussi pour cela sans doute qu'on charge la fortune de quatre recompenses differentes, & c'est à mon advis pour ce sujet, qu'on luy met en main quatre diverses couronnes qu'elle distribuë à un chacun, selon sa qualité, son merite, & sa condition. La 1. est une couronne de laurier qu'on donne aux Conquerans & aux Victorieux. La 2. est une couronne de fleurs qu'on donne aux Doctes & aux Sçavans. La 3. est une couronne d'or qu'on donne aux amis de la fortune, & à ceux qu'elle esleve aux charges & aux dignités. Et la 4. est vne couronne de reputation, & d'immortalité, qui n'appartient & qu'on ne donne qu'à la seule vertu & à la saincteté : de sorte que pour rendre la

France

France un veritable champ d'honneur & de gloire. Il faut que ces 4. sortes de couronnes s'y trouvent, qu'on les puisse cueillir sans peine, & qu'il y en aye pour tous: autrement ce ne seroit qu'une chose imparfaite & qu'un beau titre sans effet; ainsi il est necessaire que je mohtre ces trois choses en faveur de nostre illustre Empire, & c'est ce que je fais evidemment. *En vous prouvant qu'elle est le Champ de Mars, l'Escole des sciences, le thresor du monde, & l'Escole de la vertu.* Voyés en la conviction dans la suitte de ce discours.

CHAPITRE IV.

La France est le Champ de Mars pour les Guerriers.

JE vous ay desja dit qu'il n'y avoit que quatre sortes de couronnes, & qu'il ne se trouvoit que quatre mains differentes pour en faire la distribution. La 1. est une couronne de laurier que personne ne peut donner que Mars, qui est le Dieu de la guerre. C'est luy seul qui a ce pouvoir, & c'est à luy qu'appartient cette gloire, comme estant la divinité de la force, & du courage. Il faut donc que les pretendans de cette couronne s'adressent à luy pour l'obtenir: & c'est à ses autels qu'il faut offrir de l'encens & des Sacrifices, faire des prieres, & immoler des victimes pour meriter cette grace comme ils le desirent. C'est une verité si connuë que ce seroit se

Tome I. C

rendre ridicule d'en oser douter : c'est pourquoy, il reste à sçavoir l'endroit où ce Dieu a établi son champ, où il a planté ses lauriers, & ou enfin il a mis toutes ses couronnes : afin que nous puissions nous en charger & nous rendre par ce moyen immortels, & recommandables à la posterité. Ie sçay que tous les Païs se ventent d'estre glorieux par terre ; j'entens tous les jours & à tous momens que chaque nation se vante d'estre les favorites de ce foudre de la guerre, & qu'elles sont par preference à toutes les autres les heritieres de son courage & de sa force ; Ie sçay que les Turcs font bravoure de s'en aller avec plus de sottise que de courage à la gueule des canons & au dessus des mines, dans cette pensée qu'ils sont les enfans de Mars ; Ie suis convaincu que les Polonois font gloire d'estre ses veritables fils ; Ie ne doute pas que les Danois, les Moscovites, & les Suedois ne disputent ensemble qui est le plus legitime possesseur de ce titre : l'histoire m'apprend assés que les Allemands se disent la nation du monde la plus genereuse, que les Anglois, & les Hollandois se vantent d'estre les Rois de l'occean, que l'Espagnol se glorifie d'estre le plus courageux & le plus invincible du monde, & que les Grecs & les Latins, les Affricains & les Asiatiques, les Insulaires & les Americains, les Chinois & les Tartares, les Arabes & les Perses se flattent également qu'ils sont les plus braves dans le combat & les plus redoutables dans la bataille, mais qu'importe-t-il, que tant de peuples disputent à la France ce qui luy appartient depuis si long-temps par preference à tout le monde. On doit pardonner à leur aveuglement ou à leur vanité de semblables sentimens, & on doit porter compassion à leur foiblesse, & leur ouvrir cependant les yeux, pour les tirer de l'horreur où ils sont ensevelis. Trois choses les dissuaderont sans doute, & leur feront croire que la France seule est le champ de Mars, dont je parle, s'ils prennent la peine de les considerer. La 1. que le courage & la force sont leur demeure dans ce glorieux Empire; La 2. que les recompenses y sont plus frequentes, les victoires plus ordinaires, & les triomphes plus éclatans que dans les autres Estats: & la troisiéme c'est qu'il y a plus de moyens & d'occasions de s'eterniser que dans les autres Royaumes.

La France est le païs de la force & le sejour du courage, c'est la 1. marque de sa gloire & la preuve de ce qu'elle est. Trois effets font voir un grand cœur & donnent à connoistre parfaitement la noblesse d'une ame, disent les sçavans. Le 1. est quand on a un grand desir de se signaler & d'acquerir de la gloire. Le 2. quand on embrasse les occasions avec joye & avec ardeur, & le 3. quand on ne se lasse jamais de souffrir & de travailler pour accumuler couronnes sur couronnes; ce sont les caracteres qui ont rendu illustres les Alexandres & les Cesars, & qui nous ont fait connoistre les Augustes: & les Pompées, les

C ij

Marcs-Anthoines, & les autres Heros de l'antiquité pour ce qu'ils estoient. Cela estant ainsi, voyons maintenant s'il y a une Nation au monde qui aye tant de courage que la Françoise, & si ce n'est pas elle seule qui peut se vanter d'avoir succedé au courage de Mars, & d'avoir eu en partage le cœur de ce Dieu de la guerre.

Quel desir n'a pas cette noble Nation de se signaler dans les rencontres, où il y a de la gloire à acquerir ; & quelle impatience n'a-t'elle pas, lors qu'elle ne peut pas trouver des occasions pour cet effet ? les souhaits qu'ils font pour la guerre, & les desirs ardens qu'ils ont d'avoir les armes à la main, lors qu'ils sont dans une profonde paix, & qu'ils joüissent d'un profond repos, ne sont-ce pas des preuves infaillibles de mon dire ? Y a-t'il de Nation au monde & de Peuple sur la terre, qui n'ayme plus la paix que la guerre, & qui ne prefere la tranquillité de son esprit à tous les embarras du combat : ne voyons-nous pas que tout leur but n'est qu'à travailler pour ce sujet, que tous leurs soins ne se terminent qu'à cela, & que toutes leurs prieres & leurs vœux, ne demandent autre chose : au contraire ne remarquons-nous pas des empressemens extremes, & des desirs ardens en la personne des François pour la guerre, & peut-on douter que leur plus forte inclination ne soit d'entendre plutost une trompette, des tymballes, ou des tambours, que des flutes, & des violons ; a-t'on jamais veu des gens marquer tant d'inclination pour en venir aux mains avec des ennemis, qu'ils ont tesmoigné de tout temps ? Ces armées nombreuses, & ces escadrons innombrables de Volontaires, de Nobles, de Seigneurs & de Princes qui courent du milieu de la France sur les extremités de la Hongrie, & de l'Empire contre le Turc pour y cueillir des couronnes ; Ces sorties de leur Païs pour aller deffendre la Hollande accablée de ses ennemis ; pour courir en Candie deffendre le boulevard de la Chrestienté ; Ces troupes qui s'en vont prendre party dans tous les Estats de l'Europe, & qui font le plus grand nombre & les meilleurs soldats de leurs armées sans autre motif que de se signaler ; ne sont-ce pas des arguments convainquants de leur courage, que ce sont les enfans de Mars, & les fils du Dieu de la guerre ?

Leur joye au temps de la bataille, n'est-elle pas extreme ? n'est-ce pas cette Nation qui a appris aux autres l'art & la coustume de chanter en allant au combat ? n'est-ce pas elle qui a mis en usage ces cris de réjouïssance qu'on entend aux approches des ennemis, & à la veuë de leur armée ? n'a-t'elle pas toûjours ce mot en bouche. *Courage, donnons hardiment, à quoy tient-il* ; n'est-ce pas elle qui tressaillit de joye & qui porte la réjouïssance sur le front, lors qu'on donne la charge & qu'on anime le cœur par les oreilles : il faudroit voir ce peuple dans un semblable rencontre pour dire avec les plus sages du temps,

C iij

qu'il n'y a que les François qui marquent avoir du courage dans ce rencontre : & que c'est le propre des autres Nations de porter l'image de la crainte & de la frayeur : & d'avoir le visage pasle & à demi mort, lors qu'il faut mettre l'espée à la main. Les autres Estats ne trouvent des soldats qu'avec peine, & ne les peuvent garder que trés-difficilement : mais en France, un coup de tambour en fait venir des millions, & il ne faut qu'un seul mot pour en faire trouver plus qu'on n'en veut ; ainsi il ne faut pas trouver étrange, si les armées sont si nombreuses ; puis qu'il y a tant de gens qui y veulent venir, & qui ne peuvent y avoir place qu'à la faveur de leur bonne mine & à la priere de quelque personne considerable : de sorte que comme ils sont maintenant les seuls amis de la guerre, & les uniques advanturiers du monde: puisque pas un des autres Princes ny des autres Nations n'a le pouvoir d'arracher son peuple ny sa Noblesse d'auprés de leurs femmes, & de la fumée de leur pot, pour aller secourir les pauvres Veniticns (qui porte tout le fardeau du Christianisme) que la seule France ; qu'on ne me parle plus de ces lions de l'Angleterre, & qu'on ne me fasse plus d'estat de leur fierté, qu'on ne m'entretienne plus de la bravoure des Hollandois sur mer, ny de la valeur des Suedois, & des Allemands sur terre ; puis que je ne les vois courageux que quand on les attaque dans leurs terres, & lors qu'on les va forcer dans leur Païs : laissons donc la gloire aux braves François, & disons qu'ils sont les uniques avanturiers du monde, les seuls desireux de la gloire, & les veritables enfans de Mars, quant au cœur & au courage.

Ce n'est pas tout pour un grand cœur, d'estre ardant & joyeux, lors qu'il s'agit de combattre il faut encore avoir de la constance, & de la force dans le Champ de bataille : c'est la derniere preuve d'un grand cœur, & le veritable caractere des ames genereuses. En effet, il suffiroit fort peu d'estre joyeux quand il faut se battre, & desirer ardemment d'en venir aux mains, si on ne pouvoit pas soûtenir les assauts d'un ennemy, resister à ses attaques, & le vaincre en suite. Il faut donc joindre la force au courage, & accompagner la valeur de la constance, & de la fermeté. Voila le propre des grands cœurs, & voicy les qualitez ineffaçables des François : Ils sont hardis aux entreprises, mais ce n'est pas sans sujet ; parce qu'ils ont dequoy seconder ce feu & ce courage, & parce qu'ils ont de la force & du pouvoir, de l'adresse & de la constance : les frequentes victoires qu'ils remportent sur leurs ennemis, la deffaite de leurs armées, la prise de leurs Villes, le ravage de leurs Pays, les combats particuliers, leur resolution inébranlable, & leur attache extréme à poursuivre leurs conquêtes : la qualité de foudre de guerre qu'on leur attribuë, sont des convictions evidentes qu'ils sont en verité les fils de Mars: car je remarque que comme la foudre a deux qualités qui luy sont propres, sçavoir de faire plus de ravage où il trouve plus de resistance, & de vaincre tout ce qui se presente à luy; de mesme les François sont des foudres, ausquels rien ne peut resister, & qui ne donnent jamais des preuves si fortes de leur pouvoir, que quand on veut leur disputer par la force ce qu'ils pretendent. Qu'on s'informe en Turquie, en Hongrie, en Allemagne, aux Païs Bas, en Suisse, en Italie, en Espagne, & en Angleterre, quelle est la force de cette Nation, & ils vous diront que c'est un Peuple invincible, & que chaque homme de cét Estat, est un Heros & un Hercule, qui vient à bout de tout ce qu'il y a de plus affreux, & de plus redoutable dans la nature. S'il falloit mettre icy toutes les batailles qu'ils ont gagnées, toutes les victoires qu'ils ont remportées; tous les Soldats qu'ils ont defaits; toutes les Villes qu'ils ont prises, toutes les fois qu'ils ont fait la loy aux Royaumes & aux Empires; qu'ils ont fait trembler les Grecs, les Romains & brûlé leurs Villes; saccagé Rome, pillé l'Italie, sauvé l'Espagne, redonné les couronnes à leurs legitimes Roys, fait des Souverains, restabli des Monarques, remis des Princes dans leurs Estats, deffendu des innocens, reprimé l'insolence des aggresseurs de leurs alliés, soustenu le S. Siege, & mis à couvert les Souverains Pontifes, & les Vicaires de Iesus-Christ de la violence des ennemis de l'Eglise, subjugué des Estats, soubmis des Nations, gagné des Royaumes, fondé des Empires, & deffendu la Chrestienté : n'este pas un effet d'une puissance extraordinaire ? qui pourroit jamais croire qu'un si petit Païs fut capable de faire trembler toute l'Europe, de faire la loy à l'Espagne, qui possede dix fois plus de terre que la France; de se faire caresser par l'Angleterre, qui se qualifie d'estre Empereur, & qui en porte la couronne ; parce qu'il est Souverain de 3. Royaumes, de se faire craindre des Suisses & des Hollandois, de se faire faire la cour par les Allemands, les Suedois, les Danois, les Hongrois, de se faire rechercher d'amitié du Persan, & du Turc, du Pape, & de toute l'Italie, & de faire que tous ensemble l'apprehendent ? n'est-ce pas une marque que les soldats sont des Hercules, que ses peuples sont des Mars, & que c'est avec justice qu'on les appelle les foudres de la guerre. Je me mocque de ce partage que les estrangers font des qualités, qui sont propres aux Nations de l'Europe ; je me soucie bien peu qu'on nomme les Allemands des Taureaux en force, les Anglois des Lions en courage, & les Espagnols des Elephans en constance & en generosité dans leurs batailles, & il ne m'importe point du tout qu'on donne la qualité de l'Aigle aux François ; je sçay qu'ils croyent leur faire injure en les appellant prompts, precipités, & faciles à demordre de ce qu'ils ont resolu : je pourrois leur monstrer que l'Aigle a la force du Taureau, sans avoir sa sottise, le courage du Lion sans sa rage & sa fierté, & la constance de l'Elephant, sans sa cruauté, s'il ne me suffisoit pas de leur proposer la France, comme une terre abondante & fertile en Heros, & laquelle communique de tels courages, & donne de si grands cœurs à ses enfans, qu'elle veut mesme que les filles & les femmes soient des Heroïnes, & qu'elles terrassent ces braves soldats qu'on appelle les Lions de l'Europe: Il me suffit de leur faire voir une Pucelle d'Orleans, qui les vainc, & les chasse honteusement d'un Pays où ils n'estoient entrez qu'à la faveur de la distinction du Royaume. Qu'on ne m'oppose pas icy, que les Romains ont subjugué les Gaules, & que Cesar leur a imposé le joug de sa domination : qu'on sçache qu'au rapport mesme de ce Conquerant, il n'en seroit jamais venu à bout, s'il n'y avoit pas eu tant de Roytelets, & si la ruse ne les avoit desunis d'ensemble. On sçait bien que les simples Villes luy ont fait la nique, & se sont moquées de ses Legions : on ne doute pas qu'un simple Chasteau ne luy ait fait lever le siege, & l'on est assez convaincu que Marseille se seroit raillée de tout l'Empire ; comme elle fit pendant trois ans qu'elle soûtint le siege, si le Ciel n'avoit voulu établir les Romains sur toutes les Nations du monde, comme il a paru dans tous les combats qu'ils ont donné contre ce Peuple guerrier, où les Corvinus auroient esté deffaits sans l'assistance des oyseaux qui leur ont fait gagner la bataille ; & si les corbeaux n'avoient pris leur defense : Enfin, que peut-on dire d'un Peuple, qui a tout autant d'Hercules, d'Alexandres, de Cesars, de Heros, & de Mars, qu'il a d'hommes, & dont les femmes sont de veritables Amazones, & des parfaites Heroïnes ; si ce n'est qu'il est le Champ de Mars, & la demeure de ce Dieu ?

La 2. raison qui oblige les Nations étrangeres de proclamer la France le Champ de Mars, c'est qu'elle est le Theatre des victoires, le Pays des triomphes, & l'endroit où l'on moissonne le plus de couronnes : vous avez veu quelque échantillon de sa gloire par ses hauts faits & par ses conquêtes, dans ce que vous venez de lire : mais ce n'est pas tout, & je pourrois vous dire que les plus habiles Ecrivains ne sçauroient vous tracer le moindre abregé de ses couronnes, & qu'ils travailleroient en vain, s'ils pretendoient en faire une grossiere peinture. Il suffit de mettre ce mot en passant, que de toutes les Monarchies du monde, il n'y en a jamais eu une si ancienne, si peu sujette au changement, & si victorieuse que celle-cy. La Fortune a esté tout à fait inconstante pour les autres peuples de l'univers ; de sorte qu'elle a tantost favorisé les Parthes, maintenant les Medes, apres les Assyriens : maintenant elle a quitté ceux-cy pour s'en aller en Grece, où elle sembloit avoir cloüé sa Roüe : en suite de quoy elle prit son vol vers Rome, où elle fit un sejour si long qu'on jugeoit cét Empire eternel, ou du moins d'aussi longue dutée que le monde; parce qu'on croyoit qu'aprés avoir soubmis toute la terre à cette Nation, on ne croyoit pas que leur domination peût jamais finir: Mais, chose estrange! ce ne fut que pour l'abaisser davantage, que cette capricieuse l'esleva à ce haut feste de grandeur: dautant qu'elle transporta sa magnificence & sa gloire, tantost au Gots, tantost aux Vandales, maintenant aux Allemands, & aprés aux Espagnols: sans que du depuis elle aye pû s'arrester, ny fixer son inconstance: c'est de la façon que cette Divinité s'est joüée des Mornachies, & qu'elle s'est mocquée des Peuples, & des Empires de l'univers: pensez-vous qu'il en aye esté de mesme de la France? & croyez-vous qu'elle en aye esté son joüet & son divertissement? Non non, c'est un Païs sacré, où elle n'a pas pû causer de revolution, & un Estat, où elle n'a pas pû exercer ses caprices ordinaires; au contraire nous remarquons qu'elle a fixé ses pas, rogné ses aisles, cloüé sa roüe, & arresté sa demeure dans cet aymable Royaume? parce qu'elle a toûjours vaincu, qu'elle a toûjours triomphé, & qu'elle n'a jamais esté sans palmes & sans couronnes: remontons jusques à Pharamon, suivons les Clovis & les Charles-Magnes, les François, & les Henris, les Loüis, & les autres Monarques, qui ont gouverné; venons à nostre invincible Dieu-donné, & disons que jamais on n'a veu tant de Conquerans, ny de Roys victorieux qu'en France: parce qu'il est vray que c'est la demeure de Mars, & le Champ de ce Dieu de la guerre.

Où voulez-vous trouver tant d'occasions à vous rendre recommandable qu'en France? n'est-ce pas le rendez-vous de tout ce qu'il y a de brave dans les Estats voisins, & dans les Royaumes étrangers? n'est-ce pas le lieu où les Princes ambitieux d'acquerir de la gloire se rendent? pour avoir des couronnes; n'est-ce pas là que courent les enfans des Roys, & les grands Princes de l'Europe, pour apprendre à faire la guerre, & pour partager avec les François les couronnes qu'ils obtiennent, & les lauriers qu'ils moissonnent?

Les Estats les plus fleurissants du monde, ont-ils besoin de vaillans hommes pour leur conservation & leur deffence? veulent-ils avoir des excellens Generaux pour conduire leurs armées, des habiles Capitaines pour les commander, des experts Gouverneurs pour deffendre leurs places; qu'ils ayent recours à la France, & ils trouveront des Princes de S. Paul, des Ducs de Beaufort, des Colignis, de Chomberts, des André-Mombruns, des Ducs de Rohanés, des Navailles, & une infinité d'autres, qui les mettront à couvert de la violence de leurs ennemis, & qui feront que les Turcs se morfondront avec leurs millions d'hommes, & que tous leurs efforts se reduiront à rien. Ie ne parle pas icy des Condez, ny des Turennes, des Harcours, ny des autres Heros de noftre fiecle; lefquels furpaffent les Pyrrus & les Cefars, les Alexandres, & les Pompées; & qui enfin eclypfent tout ce qu'il y a eu de grand dans l'antiquité. N'eft-ce pas en France où vous trouvez mille belles occafions d'aller avec ces grands Hommes par toute la terre, & où les guerres font affez ordinaires pour fe fignaler? Voulez-vous aller fur mer, il y a toûjours des flottes nombreufes, qui offrent mille belles occafions pour faire paroiftre le cœur que l'on a, lefquelles font toûjours en courfe, pour reprimer l'infolence des Pyrates, & des Turcs, & pour defendre les pauvres Chrétiens de la rage de leurs ennemis? N'eft-ce pas la France, qui a donné l'illuftre & l'incomparable Ordre des Chevaliers de Malthe, & qui a procuré à tant de braves étrangers, la gloire d'eftre la terreur des infidelles, & l'appuy des gens de leur patrie. Enfin peut-on douter que la France ne foit le Champ de la gloire, & la Campagne de Mars: puifque l'honneur y regne dans cet excés de puiffance, que pour un feul mot, un foûris, une grimace, ou un foupçon, il faut avoir l'épée à la main, laver de fon fang l'injure qu'on a fait, ou mourir genereufement pour en avoir fatisfaction; jufques-là que les campagnes rougiffent du plus brave fang de l'Europe; parce que Mars n'y regne que trop, & parce que l'honneur n'y eft que trop delicat, & fenfible dans l'excés: Où eft-ce qu'on trouve-

DE LA FRANCE.

rà de simples Lacquais capables de faire de si sanglants combats qu'en France, où les Païsans sont des Lions, & où les Dames ayent tant de courage, que de se battre à pied & à cheval, à l'épée & au pistolet, & qui contre l'ordinaire de leur sexe, n'ont point d'horreur de leur sang, & ne pallissent pas aux approches de la mort : ô France que tu es genereuse! ô Estat que tu es vaillant! ô Empire que tu es invincible; puisque tes plus foibles habitans affrontent le peril & la mort, & vont chercher des couronnes & des lauriers au peril de leur vie & au prix de leur sang. Changez, changez donc de sentiment ô envieux ; ô estrangers & advouez (forcés par la verité) que la France, est le seul & l'unique champ de Mars, & que c'est à elle seule que peut appartenir la justice de ce titre.

Si la quantité de couronnes se trouve dans cét Estat par les frequentes occasions qu'on y rencontre de s'eterniser, la commodité & la facilité de les moissonner & de les acquerir, ne sont pas moins grandes, & ne le rendent pas moins recommandable. L'on nous asseure que l'exemple est un puissant motif pour nous animer au combat; que l'adresse de ceux qui nous conduisent est un moyen tres-certain pour nous faire vaincre, & que el bon-heur d'une Nation semble appeller la victoire de bien loin : de sorte que les hommes peuvent s'asseurer de la vaincre, quand ils ont ces trois secours, & lors qu'ils sont favorisés de ces trois advantages : cela estant ainsi, voyez, de grace, qui peut plus facilement obtenir des couronnes, meriter des triomphes, & devenir victorieux, que ceux qui sont en France, & qui combattent sous son estendart: puisqu'il est hors de doute que c'est le lieu où on a le plus d'exemples de force & de courage qu'en quelque autre Estat du monde que ce soit, comme nous venons de dire: puisque les plus grands hommes de l'univers pour la guerre sont ses enfans: puis que les plus doctes Mathematiciens, les plus adroits aux armes, & les plus habiles Ingenieurs, prennent naissance dans ce Pays; puis que le Ciel favorise si fort ses entreprises; & puis qu'elle fait enfin prosperer si glorieusement ses armes. Mille traits d'Histoires portent témoignage, comme quoy la Divinité prend un soin particulier de sa conservation & de sa gloire: Ie n'aurois qu'à faire voir icy les miracles qu'elle a fait en sa faveur; lors que (selon toutes les apparences du monde) cette Monarchie devoit estre détruite, pour montrer, que si Dieu ne fait pas voir des signes & des croix avec ces mots *in hoc signo vinces*, comme à Constantin, il ne laisse pas de donner la force à ses enfans & de benir sa conduite dans toute sorte de rencontres: ainsi je me contente de finir ce Chapitre en disant, que si la France a des couronnes en abondance, elles sont faciles à acquerir; parce que les actions d'un nombre infini de braves nous animent par leur exemple: parce que les Generaux nous en rendent la possession

sion facile par leur experience & leur sage conduite, & parce qu'en un mot le Ciel nous en promet la joüissance par sa faveur. Ainsi je conclus en faveur de nôtre incomparable Monarchie, qu'elle est le veritable Champ de Mars, & l'unique Theatre de l'honneur & de la gloire.

CHAPITRE V.
La France est les Delices des Braves & des Genereux.

JE conclus de ces trois avantages que j'ay donné à nôtre petite Europe, que les Nobles, & les hardis, les vaillans, & les amoureux de la gloire, ne sçauroient trouver un Païs plus propre à leur humeur, ny plus conforme à leur inclination que celuy-cy ; parce qu'ils peuvent acquerir mille couronnes, eterniser leurs noms, autant qu'ils le desirent, aussi facilement qu'ils le pourroient souhaiter, & avec asseurance d'accomplir leurs desirs. Allez donc braves soldats de fortune, qui voulez acquerir de l'honneur ; courez braves cavaliers qui cherchez les occasions de triompher, & de vaincre, pressez-vous, genereuse Noblesse, & vous aussi grands Princes, qui aspirez à des couronnes, & qui voulez avoir des palmes & des lauriers, & vous aurez en France dequoy vous satisfaire; vous trouverez la verité de ce que je dis, & vous aurez encore la joye de voir des personnes, qui à la nouvelle de vôtre venuë vous offriront leurs services; vous loüeront dans vos desseins, &

deviendront les heros de vos qualités & de vostre courage; ne craignés pas d'estre à la guerre sans amis, sans appuy, sans secours, & sans plaisir. Non, non, vous y trouverez des Princes qui vous aymeront; vous y trouverez des gens de toute sorte de condition, & bien loin d'y vivre inconnu, vous y trouverez une Cour où tout abonde, où le plaisir regne, & où l'honneur triomphe: ce n'est pas un Païs où tout fait horreur comme en Suede, ou en Moscovie, & où on ne trouve que des forets, & des Ours pour habitans: mais un jardin, ou pour mieux dire un parterre; où l'on cueillit les roses sans espines, & où le miel est tout pur sans presque aucun mélange d'amertume. Allez-vous en parti, vous estes avec les plus Nobles, les plus braves du monde, qui font un mélange si beau de la douceur de l'entretien, & de la generosité du combat, qu'il n'est rien au monde de plus charmant & de plus doux? Estes vous de retour au camp, tout le monde vous caresse, on ne parle que de divertissement, & on apprend en joüant comment il faut camper une armée, de quelle façõ il faut faire une retraite, de quelle maniere il faut faire un deffilé dãs un passage; quelle methode il faut garder pour éviter une embuscade, passer un pont, franchir une barriere, sonder un gay, aller à la tranchée, faire un siege, connoistre une place, donner un assaut, battre une Ville, se deffendre quand on y est, dresser un bataillon, ordonner un escadron; commander une armée, prevenir une surprise, attaquer ses ennemis, & enfin apprendre la méthode de moissonner des couronnes. Quoy de plus doux à un grand cœur, que de faire la guerre avec fruit, avec honneur, & dans cette asseurance qu'on se rend habile, pour devenir un jour grand homme : pour moy je ne m'étonne pas si toute l'Europe court en France, pour apprendre à faire la guerre; puisqu'il y a tant de plaisir pour les humeurs guerrieres : & puis qu'il y a tant d'occasions de pouvoir esperer une de ces trois couronnes, que toutes sortes de braves gens peuvent acquerir dans cét Estat. La 1. est une couronne de recompense, qui consiste ou à estre Officier, ou dans l'Infanterie, ou dans la Cavalerie, ou d'estre Lieutenant general, ou méme Maréchal ; comme on a veu une infinité d'estrangers, lesquels sont parvenus à ces grandes charges par un effet de leur bravoure & de leurs belles actions, dont la generosité a merité des pensions considerables dans l'Estat, & les bonnes graces du plus grand Monarque de l'univers. La seconde est une couronne d'immortalité, d'estime, & de loüange, qui fait que comme la reputation des François remplit toute la terre, la renommée de ses Heros retentit par tout l'univers; jusques-là, qu'elle donne occasion à tous les Historiens d'en traiter amplement dans leurs livres, & de rendre leur memoire aussi glorieuse que celle des Annibals de l'antiquité. La troisiéme est, l'avantage d'estre connu de tout ce qu'il y a de plus illustre dans l'Europe, & d'estre estimé des plus grands hommes du monde. O! qu'il est doux de trouver de semblables avantages en faisant la guerre, & qu'il est delicieux de trouver l'honneur, le bien & le plaisir là où les autres Nations ne trouvent que de la peine & du travail, de la honte & de l'infamie, des souffrances & la mort, avec la perte de leurs biens & de leur vie. Dites-donc hautement avec moy que la France est le Champ de Mars & de la gloire, & vous direz ce que la justice & la verité vous obligent de chanter à sa loüange.

Tout cecy nous fait assés bien connoistre que l'on ne sçauroit disputer le titre que je donne à la France, sans paroistre ou passionné, ou ignorant, ou malicieux; parce qu'il est hors de doute que les qualités que je luy donne, luy sont tellement propres, qu'elles ne peuvent convenir qu'à elle seule; c'est pourquoy je laisse tout ce que j'en pourrois dire davantage pour la faire voir l'Eschole des sciences, l'Azile des arts, & la montagne sacrée des Muses, qui est le deuxiéme Champ de gloire pour les ambitieux de la deuxiéme couronne, que les grands cœurs peuvent pretendre.

CHAPITRE VI.

La France est l'Eschole des sciences, la Montagne des Muses, & l'Azile des Arts.

L'Egypte, la Grece, & l'Italie, se sont glorifiées autrefois d'avoir esté les Meres des sciences, & ont disputé chacune à leur tour, laquelle des trois meritoit justement ce titre: l'Helicon & le Parnasse ont toûjours conservé la gloire d'estre le sejour des Muses, & ont esté si heureux que de l'emporter sur les autres lieux, qui leur vouloient dérober ce privilege; L'Allemagne, & la Chine ont creu de tout temps qu'elles estoient les seules Maistresses des Arts & des belles choses; c'est pourquoy elles ont pris une attache extraordinaire de se glorifier de ces advantages, & ont creu qu'en suite de ces privileges, elles pouvoient mépriser les autres Nations. En effet, je trouve que ces gens ont traité les habitâs des autres Royaumes, du nom de rustiques, d'incivils, de barbares, & de grossiers: & nous lisons chez les Historiens, que leur vanité estoit si grande que de s'appeller les Rois de l'esprit, les favoris des Muses, & des mignons des Arts. Ie pardonne de semblables sentimens à des peuples qui ont eu occasion (à la verité) de se flatter dans ce rencontre; parce que leurs soins, leurs travaux, & leurs peines ont merité de semblables titres par preference à des Nations, qui ne songeoient qu'à la guerre, qu'à l'agriculture, qu'à la chasse, ou qu'au plaisir; & qui méprisoient à la verité la possession de tous ces precieux thresors: mais je les blâmerois maintenant d'injustice & d'envie, s'ils vouloient disputer à la France la gloire d'estre l'Escole des sciences, la montagne des Muses, & l'Azile des Arts.

Pour ce qui est du 2. titre que ie luy donne

d'être l'Echole des sciences, je croy que personne n'oseroit nier, que ce ne soit avec fondement, & avec raison que je l'appelle ainsi ; d'autant qu'elle est de tout temps, & parce qu'elle en donne tous les jours des preuves autentiques. Laissons à part son ancienne possession pour en venir au present, & contentons-nous de faire voir dans l'histoire que les Romains mêmes, qui estoient les plus sages & les plus doctes de l'antiquité, sont venus en France, pour acquerir plus de sçavoir qu'ils n'en avoient pas. Disons enfin que Toulouse a esté si renommée parmy eux, qu'ils y envoyoient leurs enfans pour se rendre consommez dans la science, & qu'ils ne croyoient pas pouvoir leur donner des écholes plus augustes ny plus celebres, que celles de cét incomparable Etat, & de cette aimable Ville. Voyons maintenant l'avantage qu'a la France envers les autres Pays du monde, & considerons attentivement, si ce n'est pas avec justice que je luy donne ce nom.

Commençons par la science, & voyons qu'est ce qui peut la rendre parfaitement l'Echole du sçavoir, & nous trouverons que trois choses peuvent la rendre telle. La premiere, c'est l'excellence des Maistres, & la profondeur de leur sçavoir. La deuxiéme, c'est la grande quantité des Echoles, des Academies, & des Vniversitez. Et la troisiéme, c'est la multitude des Echoliers, & des personnes sçavantes qui les frequentent. Quant au 1. il ne faut pas douter que la France ne soit maintenant le Pays du monde le mieux fourny d'habiles hommes pour enseigner, commençons par la Philosophie, & suivons ensuitte toutes les autres sciences, & nous trouverons que le seul Paris est capable de disputer avec tout le monde, & que cette Ville seule peut fournir des Aristotes & des Platons ; dautant que c'est là où on trouve des Esprits si subtils, qu'ils promettent de donner de nouveaux principes à la science ; & c'est dans ce petit abregé de l'univers que l'on voit des Descartes capables de détruire les anciens principes, & d'en donner des nouveaux, fondez sur l'experience & la raison. Je ne veux pas faire icy le dénombrement des grands personnages que la France a donné au monde ; parce que je n'aurois jamais fait : & puis qu'il suffit de dire qu'au lieu de donner des Lions, des Licornes ou des Sauvages pour soûtient des armes de ce superbe Empire, on ne luy baille pour ornement qu'un Apollon & qu'une Minerve : comme voulant dire que l'Allemagne a ses Aigles, l'Espagne & la Hollande ses Lions, l'Angleterre ses Leopards, la Turquie ses Croissans, le Danemarc ses Elephans, & les autres Etats leurs animaux & leurs bêtes : ou parce qu'ils ne font estat que des armes & de la guerre ; ou parce qu'ils sont incivils, grossiers, ou brutaux ; ou bien enfin, parce que dans la verité les Muses & les sciences ne s'y plaisent pas, & n'oseroient y faire leur sejour, à raison que les climats ne sont pas propres pour produire des esprits capables de si nobles emplois.

La Philosophie donc a quitté l'Egypte, & la Grece, pour s'en venir en France; de sorte qu'elle peut se vanter d'avoir des Aristotes en solidité, & des Platons en subtilité: car pour n'aller pas plus loin que nostre veuë, & pour ne sortir pas de nostre siecle, ne trouvons-nous pas ces deux aimables qualités, qui font un Philosophe accompli en la personne de Mr des Cartes? N'est-ce pas luy qui a ouvert les yeux à tout le monde touchant mille erreurs impenetrables à tout autre? N'est-ce pas luy qui a foüillé dans les plus beaux secrets de la nature; qui a penetré ce qui faisoit plus de peine aux sçavans; qui a confondu l'antiquité; qui a donné de l'esprit à Aristote; & qui enfin a subtilisé incomparablement mieux que Platon toutes les sciences dont il a traité? Pouvons-nous douter que ce ne soit le mignon d'Apollon; puis que la gloire de nous donner une doctrine toute nouvelle & toute evidente luy a esté accordée par preference à tant de mondes entiers d'hommes, qui suënt, mais inutilement depuis tant de siecles, pour acquerir cette gloire de donner un nouveau Philosophe au monde. Celuy-là seul ne seroit-il pas capable de donner le glorieux titre de sejour de la science naturelle à la France: c'est maintenant apres luy que courent tant de Nations & de Peuples divers; & puis que toute la terre va apres luy; luy seul pourroit, dis-je, me servir de garant

pour

pour ma propofition, quand bien je n'en aurois point d'autre : mais il n'eſt pas l'unique; de ſorte que s'il peut ſe vanter d'eſtre un Phœnix dans ſes opinions, il ne le ſera que par raport aux étrangers & non pas par raport à ſa Patrie : dautant qu'il y en a dans tous les coins du Royaume en ſi grande quantité que les moindres Villes en ſont preſque remplies : Combien de Docteurs , & combien de Profeſſeurs de cette ſcience ne trouve-t'on pas à Paris, dans les maiſons Religieuſes, & dans les Vniverſités. Les Colleges meſmes des Peres Ieſuites ne nous font ils pas voir de temps en temps des prodiges en ſcience? a-t'on jamais veu des hommes ſi profonds ny en ſi grande quantité que dans ce vaſte Païs, où la ſource feconde de la Philoſophie donne ſi abondamment ſes eaux à tous les membres de cet Eſtat, qu'il n'y a pas juſques aux enfans & meſmes juſques aux perſonnes du ſexe qui n'en ſoient admirablement enyvrées? Où eſt-ce qu'on a veu des jeunes filles ſouſtenir des Theſes Publiques & des problemes ſurprenans avec des ſubtilités admirables & une ſolidité miraculeuſe qu'en France? où eſt ce qu'on trouvera des eſprits enfantins & feminins ſi eſclairés qu'icy, où il ſe trouve de la jeuneſſe des deux ſexes qui ſçavent plus à l'âge de 12. à 15. ans que les anciens Doctes de l'antiquité à 60. & à quatre-vingts. Ie ſçay qu'Alexandrie ſe vaute, avec raiſon, d'avoir donné la vie à une Sainte Catherine, qui a confondu tout l'Empire Romain

Tome I.   E

en la personne de 50. Philosophes, & laquelle a eu la gloire de triompher de tout ce qu'il y avoit de plus sçavant dans l'univers; je sçay dis-je que cette Ville a eu cét illustre advantage de faire voir à toute la terre que le sexe pouvoit acquerir des couronnes par tout où les hommes peuvent en moissonner: mais je sçay bien aussi qu'elle est comme le Phœnix, & qu'il n'y en a eu qu'une seule, & on ne doute pas que si la nature a operé ce prodige que nous avons veu (par l'esprit extrémement éclairé de cette aymable Saincte) la grace n'aye fait le plus grand coup de sa victoire: ainsi revenons à nostre France, & disons qu'il n'appartient qu'à elle seule de produire de semblables effets & de montrer à chaque moment presque de tels prodiges; Qu'on voye les Dames de la Cour, qu'on fasse son possible pour entrer dans ces secretes assemblées; dans ces rendez-vous des Muses, & de penetrer dans ces beaux Cercles d'esprit, où les brillans & les lumieres sont si esclatantes qu'elles éblouïssent les plus sçavans, & l'on trouvera que ce sont des assemblées des Deesses, & non pas des compagnies de simples femmes, & que le Ciel semble avoir donné à ces petites Divinités tout ce qu'il a de plus éclairé. Ainsi qu'on ne trouve pas étrange si je dis que nostre Estat a cet advantage par dessus tous les autres, d'estre l'eschole de la science, & le centre de la Philosophie; puisqu'il a tant de personnes sçavantes & tant d'habiles gens.

Je remarque 2. choses admirables en la personne des Philosophes François que je ne trouve pas aux autres qui se meslent d'écrire, d'enseigner, & de s'appliquer à ces nobles exercices de l'esprit ; 1. c'est qu'ils ont une methode plus belle que les autres, & la 2. c'est qu'ils en sçavent mieux les détours, & en penetrent mieux le fonds. Je veux dire que la France enseigne plus promptement, plus nettement, & plus solidement que les autres Nations. L'on nous blâme de vouloir tout sçavoir, & de ne sçavoir rien ; parce que selon la maxime de la Philosophie, *Pluribus intentus minor est ad singula sensus* : mais on ne remarque pas aussi que l'envie & la jalousie de voir que les François sont comme les Anges qui sçavent de tout sans qu'ils puissent le sçavoir dans la perfection comme Dieu, à qui cette qualité appartient par essence, & qu'on ne peut parler de quoy que ce soit sans que nous n'en disions nostre mot (Ce que les autres ne peuvent pas faire, estant bornés à un seul objet, sans avoir le cœur de pousser plus avant) c'est qu'ils sont faschés de voir qu'avec cette science universelle, ils en sçavent autant de chacune qu'eux n'en peuvent sçavoir avec toutes leurs attaches, leurs soins, & leurs travaux ; de façon que pour parler plus clairement, ils sont faschés de voir que les François commencent à estudier où ils finissent, & que ce qui fait leur inquietude & leurs peines, n'est que le divertissement de ces Esprits celestes ; dont les lumieres & les conceptions ressemblent à l'Aigle qui peut elle seule aller dans le sein du Soleil, pour y voir, à loisir & sans difficulté, les beautés & les merveilles qui sont cachées aux autres oyseaux, pour n'en pouvoir pas supporter comme elle le brillant & la lumiere. L'on dit que le plus noble degré de perfection d'un estre inferieur n'est que le commencement du superieur, & que celuy-cy commence là où l'autre finit : j'en dis de mesme des François par raport aux autres Peuples ; parce qu'outre la science universelle qu'ils possedent, c'est qu'ils ont ce privilege de jetter leurs premiers fondemens sur le sommet des perfections d'autruy ; ainsi il ne faut pas s'estonner, s'ils sont si profonds & si subtils, & si on les nomme par tout des Aigles Royales. Leur netteté, leur belle methode, & leur extréme facilité à s'expliquer sont encore des preuves convainquantes, qu'ils sont les veritables enfans d'Appollon & les parfaits disciples de Minerve ? Qu'on lise les ouvrages de ces illustres ? Que les autres peuples appellent leurs heros, & les miracles de leurs siecles, & on trouvera tant de tenebres, tant d'embroüillemens, & un fatras si confus de paroles, & de matieres, qu'on les estimera justement des Labirintes d'Esprits, & des nœuds gordiens pour la science : s'ils écrivent en Latin, leur langage est si obscur, qu'à peine le peut on entendre ; leur esprit est si porté à faire de la peine, qu'ils sont gloire de chercher des mots nouveaux, & inusités, & leur attache est si grande pour rendre leurs livres des Appocalypses, qu'ils s'estudient incomparablement plus à donner de l'embarras qu'à donner l'intelligence de leurs pensées. Je ne pretends pas mettre toute sorte d'Autheurs dans cette regle generale : parce que je sçay qu'il y en a par tout de trés illustres & de trés sçavans : mais je veux dire, qu'ils sont fort rares, & qu'il n'appartient qu'à la France d'avoir des plumes eloquentes, des esprits clairs, & des hommes capables de faire gouster la science aux plus rustiques, & aux plus grossiers.

L'on dit communement qu'il n'y a point de science sans espines, qu'on ne sçauroit jamais devenir docte sans avoir sué sang & eau, & sans avoir noircy son visage & gasté son poulmon de la fumée de la chandelle : mais cela n'est pas receu en France où l'on gouste sans peine le miel de ces ruches, où l'on cueillit les roses sans se piquer, & où l'on se rend habile sans se beaucoup inquieter ; parce que la netteté des Docteurs, leur methode admirable, & leur profond sçavoir dissipent tous ces nuages, & aneantissent tous ces obstacles qui chassent la science des autres Païs & qui la rendent si familiere & si commune en France : ainsi concluons que nostre Estat est l'escole de la science ; parce qu'elle a de tres habiles Maistres & des Docteurs extrémement profonds en doctrine.

La 2. condition que demande un Païs pour pouvoir porter justement le titre que je donne à nostre France ; c'est qu'il y ait grand nombre d'escholiers qui frequentent ses escholes, & c'est ce que je trouve dans ce Royaume, par preference à tout le reste: car on ne sçauroit aller dans pas un village, où il n'y ait des lieux destinés pour enseigner, ny de Ville pour si petite qu'elle soit, où on ne rencontre des Academies publiques, & où l'on ne trouve des pepinieres d'escholiers qui fourmillent de tous côtés; Une seule chose nous fera comprendre le grand nombre des Estudians de ce grand & de ce vaste Empire; c'est que du temps de Loüis 13. surnommé le Juste, on fut obligé de remplir la Ville de Toulouze de gens de guerre dans le temps qu'on voulut executer le brave Mr. de Mommorency, crainte que les Escholiers (qui maistrisoient le Parlement, quoy qu'il soit le plus severe & le plus rigoureux du monde) ne l'enlevassent d'entre les mains de la Justice, & qu'ils ne l'arrachassent de dessus l'eschaffaut en dépit du Roy & de toute sa Cour; voyés maintenant que doivent estre les autres Villes où il y a tant d'estrangers & tant de personnes de divers Païs, & considerés de grace que doit estre enfin un Paris où toutes les Nations de la terre accourent en foule: puis qu'une seule Ville qui est à l'extremité du Royaume, & qui n'a que les enfans de la plus petite partie de son ressort, a tant d'estudians, qu'il faut les troupes les plus fleurissantes de l'Europe & des armées entieres pour empescher l'execution de leurs desseins; Les moindres Universités n'ont elles pas des nombres infinis d'estudians en toute sorte de sciences, & y a-t'il une Province qui n'ait plusieurs Villes remplies de cette illustre jeunesse? Demandés aux RR. PP. Iesuittes combien ils ont d'enfans dans leurs classes, & ils vous diront que chacune a pour le moins cent ou deux cens personnes & que leurs Colleges sont frequentés tous les jours de plus de 12. ou 14. cent Escoliers. De ce petit nombre vous pouvés venir à une plus particuliere connoissance: puisque ces bons Religieux ont je ne sçay combien de cent Convents dans le Royaume: puisque les Peres de la Doctrine & de l'Oratoire qui font le mesme Mestier, sont dans une infinité de lieux du mesme Empire; puisque chaque corps de Religion fait gloire d'enseigner la Philosophie: mais entre-autres les RR. PP. Cordeliers, & les RR. PP. Iacobins qui ont dans tous leurs Convents des Vniversités illustres & des cours fleurissans ; puisque chaque Ville Capitale a ses Colleges, ses Seminaires, ses Facultés, ses Vniversités, & ses Escholes ; & puis qu'enfin les villages mesmes ont de sçavans Maistres, gagés pour instruire la jeunesse, & pour les rendre des illustres membres de cét Estat ; mais comment voudriés vous que la France ne fut pas peuplée au point qu'elle l'est, & comment se pourroit-il faire que ses escholes ne fussent pas nombreuses comme elles sont ; puis qu'il est vray que toutes les Nations de la terre accourent dans cét aymable sejour des Muses; & puisque les Turcs & les Arabes, les Italiens

E iiij

& les Espagnols, les Anglois & les Allemands, les Polonois, & les Grecs vienent à Paris, à Orleans, à Poitiers, à Bourdeaux, à Bourges, à Toulouse, à Montpellier, & à Cahors, &c. pour s'y instruire comme il faut, & pour y boire à long traits le Nectar des Dieux & le lait des Muses; tant de Colleges bâtis, & tant de maisons fondées par les plus grands hommes des siecles passez ne prouvent-ils pas que ce beau Paradis de la terre a esté toûjours fleurissant & favorisé du Ciel pour le regard des sciences; toutes ces belles impressions qu'on voit dans la Capitale de ce beau Royaume, & dans Lyon où l'on imprime plus de livres que dans toute la Hollande; ce grand soin que l'on a de faire transporter tout ce qu'il y a de beau, de rare & de curieux dans les Païs étrangers, & toutes ces belles correspondances que la France a avec toutes les parties du monde, ne sont-ce pas des convictions manifestes que rien ne la peut égaler en ce point, & qu'il est vray de dire, qu'elle est le centre du sçavoir; parce que tout vient de ce beau Païs, & que tout y retourne?

Il est facile de tirer cette consequence que comme la nature ne manque jamais de fournir le necessaire, selon la maxime de la Philosophie qui dit, que *natura numquam deficit in necessariis*, & comme c'est le propre de la Divinité de ne manquer jamais de donner les suittes de l'estre, aprés avoir donné l'estre & l'existence, selon le sentiment de la mesme Philosophie qui dit que *qui dat esse dat conse-*

quentiam ad esse : ainsi je concluds qu'il est facile à juger que Dieu qui a établi ce trône de la science dans la France, luy a donné aussi le moyen de la communiquer facilement à tous ceux qui y veulent participer : Car en effet, je remarque que les livres y sont à très bon marché: parce que le papier ne leur coûte presque rien, 2. parce que l'abondance des ouvriers qu'on a allés à bon conte, font qu'on les peut donner à moindre prix que dans les autres Païs ; 3. C'est que les vivres y sont à donner, & je puis dire que s'il y a des liberalités à faire dans une Ville, on les fait toûjours à l'endroit des Escoliers. Il n'y a presque point d'honneste Bourgeois qui ne soit bien aise d'avoir un Precepteur pour ses Enfans, ny de Noble, ny de Seigneur qui osât envoyer ses fils au College sans un Maistre qui les conduit, & les gouverne : ainsi il est facile de trouver la possession de la Science dans la France : puis qu'il y a tant de secours, & tant de moyens pour la posseder.

Vous verrés encore de nouvelles preuves de ce que je dis, si vous remarqués deux choses tout à fait extraordinaires, & tout à fait particulieres qui font fleurir l'Empire dont je parle : C'est que la Philosophie n'y treuve pas seulement des Aristotes & des Platons: mais encore, que la Theologie y rencontre ses Oracles & ses Fondateurs (s'il le faut ainsi dire) & de plus, c'est que la Medecine y voit des nouveaux Galliens aussi bien que des vieux & des anciens Hypocrates ; & l'Astrologie y trouve des Ptolomées & des Alfonces &c. la Poësie des Virgiles, & des Ovides, des Martiaux, & des Homeres, la Rethorique des Cicerons, & des Quintiliens ; les Mathemaques des Cluveres, les Canonistes leurs Iustinians, les Peintres leurs Appellés, les statuaires leurs Phidas, les Musiciens & les Méchaniques tout ce qu'il y a jamais eu de plus rare, de plus excellent & de plus grand dans l'antiquité : car pour commencer en peu de mots je voy que la Philosophie a trouvé un esprit aussi subtil en la personne du Brave Mr. Descartes qu'à peine en a-t'on veu dès l'antiquité de semblable ; sa Doctrine le rend assés recommendable, sans que j'en dise d'avantage. La Theologie n'a-t'elle pas son Fondateur dans ce Royaume, & ne sçait-on pas que Pierre Lombart est celuy qui l'a mise dans l'estat qu'elle est maintenant ; peut-on douter, que S. Thomas qu'on appelle justement l'Angelique Docteur, ou autrement l'Ange de l'Eschole, ne soit pas Escholier de cette fleurissante Vniversité de Sorbonne. Vn S. Bonaventure qui est un Cherubin en science & un Seraphin en amour, lequel a cét advantage par dessus les autres Docteurs de l'Eglise d'esclairer & d'embraser tout à la fois ceux qui lisent ses Escrits, & lequel est enfin l'unique dont Rome enseigne la Doctrine à ses escholiers ; n'a-t'il pas puisé une partie de sa science de cette source feconde & inespuisable de Paris? Les Ians Duns Scot dont l'esprit a merité le nom de subtil & dont les opinions sont si particulieres & si belles qu'on peut l'appeler l'aigle des Docteurs, le Pere de la Philosophie & l'unique qui a penetré comme il faut les misteres de la Metaphisique & débroüillé les tenebres de cette science admirable; n'a-t'il pas professé dans la capitale de cét Empire; & n'a-t'il pas merité, que pas un ne pourra passer Docteur de Sorbonne s'il n'a promis de soûtenir la Conception immaculée de la trés sainte Vierge à son exemple; parce qu'il confondit un Pere Iacobin qui faisoit cette injure à la Mere de Dieu de la soüiller du peché originel, à la honte de son Fils; n'est-ce pas là qu'on trouve une infinité d'habiles hommes pour cette science & ne voit-on pas que les Religieux fournissent tous les jours de semblables hommes; allés chez les PP. Cordeliers, ou les Iacobins, chez les Augustins, ou les Carmes, & vous trouverés que leurs Convents sont des lieux sacrés, où la science, & la vertu triomphent merveilleusement avec éclat; voulés vous devenir grand orateur, n'est-ce pas là que vous trouvés les plus habiles hommes du monde? Voulés-vous parler en Ange, combien de personnes n'y a-t'il pas dans cette illustre Académie Françoise capables de vaincre & de confondre les Cicerons; voulés vous avoir un stile coulant pour le Barreau: vous trouverés un Mr. le Maistre & mille autres habiles Advocats dont la langue & le discours confondroit toute l'antiquité, s'il falloit disputer une cause & faire un beau plaidoyé : où trouvera-t'ō des Cauſſins & des Ceriſiers qu'en France; où verra-t'on des Lingendes, des Bous, des Damaſcenes le Bret, & des Cuillens pour la Predication, que dans cét incomparable Eſtat ? où eſt-ce qu'on trouvera des Vaugelas pour l'Eloquence, des Voitures pour l'Eſprit, & la raillerie; des Scarons pour le Burleſque, des Corneilles pour la poëſie, des Mainards pour l'Epigramme, des Baptiſtes pour les inſtrumens & la muſique, des Feruels & des Flamboiſieres pour la Medecine, des du Laurens pour la Chirurgie, des Cujas & des Bartoles pour le droit, & des Freres Lucs Recolet & des Bruns pour la peinture ? Enfin où peut-on voir des Maiſtres pour toutes ſortes de métiers ſi habiles que dans cét Empire ? vous en voyés la preuve dans tous les endroits du monde où vous trouvés les Eſtoffes de France, & leurs modes en vogue. Ie ſçay que la Hollande a ſes camelots, l'Angleterre ſes bas de ſoye, l'Allemagne ſes armes, l'Eſpagne ſes draps, & l'Italie ſes dentelles : mais diſons maintenant que ce n'eſt plus ce qui a eſté ; puiſque la France a maintenant l'advantage d'avoir les meilleures Manufactures qui ſoiét au reſte de l'univers, & que les plus habiles Maiſtres de l'Europe s'y ſont établis par le ſoin de ſa Majeſté trés-Chreſtienne, qui en a fait venir de par tout, & leur a donné de groſſes penſions pour les arreſter, juſques là meſme qu'on a fait venir des femmes de Genes, de Veniſe, & des autres endroits de l'Italie pour apprendre à toutes les filles de ce Royaume le moyen d'égaler & de surpasser l'adresse des autres Pays. Anvers, Cologne & Amsterdam, ont passé pour estre les meilleures impressions du monde, mais maintenant Paris & Lyon les surpassent infiniment ; puis qu'outre le grand nombre d'Imprimeries qu'ils ont, c'est qu'elles sont incomparablement plus belles que toutes les autres : de sorte que Lyon seul imprime plus de livres que toute la Hollande : Iugez maintenant du reste, puisque l'Imprimerie Royale de Paris peut imprimer un Pere de l'Eglise, sans estre obligé de se servir deux fois des mêmes lettres. Les Nautonniers ont-ils besoin de Pilotes & de grands hômes de mer, qu'ils aillent en France, & ils y trouveront des Leonards de Liris Recolet, qui a déja trouvé les longitudes, comme l'experience l'a fait voir par le voyage qu'il a fait, & par le livre qu'il en a dôné au public, qu'il auroit rendu plus intelligible à toutes les Nations, si Dieu ne l'avoit pas retiré de ce monde : Où verra-t'on des gens qui ayent trouvé le secret d'oster la salure à l'eau de la mer, comme on l'a eprouvé devant Mr. Colbert premier Ministre d'Etat de nostre invincible Monarque, & mille autres grands hommes, dont l'adresse a découvert mille caps, mille écueils, mille routes, & mille belles choses necessaires pour le commerce & pour l'intelligence de la marine. Enfin, pour couper court, je dis que les Muses, la Science & les Arts, font leur sejour en France, & que c'est justement qu'on luy donne Appollon & Minerve pour souſtien de ſes armes : parce qu'en effet elle eſt l'Eſcole des Sciences, la Montagne des Muſes, & l'azile des Arts. Allés allés belle & curieuſe Nobleſſe de l'Europe, allés voir ce fleuriſſant Eſtat, & vous y trouverés tout ce qu'il y a de plus ſçavant, de plus galant, de plus gentil, & de plus ſpirituel ſur la terre, & tout ce qu'on peut trouver de plus artificieux & de plus inventif parmi les Meſtiers & les Arts, & vous dirés comme moy, qu'il n'eſt rien de plus vray que ce que je dis, qu'il n'apartient qu'à la France de porter les glorieux titres que je luy donne.

CHAPITRE VII.

La France eſt le Delice des Doctes, & des perſonnes qui ayment les Muſes & les Arts.

LA conſequence que je veux tirer de tous les titres & de tous les privileges que je donne à noſtre glorieux Empire & qu'il poſſede juſtement, eſt aſſés évidente pour dire qu'elle eſt juſte & legitime : dautant que ſi ces trois ſortes de perſonnes ne ſont jamais contentes que dans des lieux conformes à leurs humeurs ; & où ils trouvent les commodités qu'ils deſirent, on ne peut pas douter que la France ne ſoit leur centre, & le lieu de leur bonheur : car de grace qu'eſt-ce qu'il faut pour contenter ces trois ſortes d'esprits ; faut-il des bons Maistres pour les instruire ? n'en ont-ils pas d'exellens & en grand nombre; ont-ils besoin de compagnons pour s'animer ? n'en trouvent-ils pas icy une infinité; une ville leur est elle contraire à cause de son climat, ou de sa situation, n'y en a t'il pas des millions à choisir, où ils trouveront tous les advantages qu'ils desirent; veulent-ils des secours extraordinaires pour favoriser leurs desirs, n'ont pas leurs Colleges & leurs assemblées où ils peuvent aller, & ne voit-on pas des Seigneurs, des Princes & des Roys mesmes qui les assistent de leurs surprenantes liberalités; veulent ils des livres, n'en ont ils pas en abondance; ont-ils besoin des matieres pour mettre en usage, en peuvent-ils manquer; puis qu'on les trouve dans le Païs mesme : enfin les recompences capables de les animer à bien faire n'y sont-elles pas ordinaires, & ne voit-on pas des prix extrémement riches que les plus grandes maisons du Royaume font aux plus habiles ; afin de couronner leur merite, & d'animer leur vertu : l'Honneur, la Recompence, & le Plaisir sõt les trois sources fecondes de l'honneur de ceux qui suivent les sciences, qui cherissent les Muses, & qui ayment les Arts: & c'est pour ces trois raisons que j'appelle la France les delices de ces sortes de personnes: car à la verité il n'y a point de Païs au monde, où l'on honore plus les gens sçavans, où l'on respecte plus les favoris des Muses, & où l'on fasse tant d'estat des bons ouvriers qu'icy : nous voyons que quand on passe un homme Docteur, on le couronne en mille façons, & nous n'entendons que des cris, & des acclamations quand il donne quelque bonne réponse. Que s'il fait paroistre la solidité de son esprit, un chacun le comble de respects, de loüanges & d'applaudissemens. On loüe, on estime, & on cherit les personnes qui se rendent considerables en quelque chose, le plaisir qu'ils ont de se voir applaudis par tant d'illustres est si grand, qu'il n'est pas possible de le comprendre: Et pour moy j'estime que la joye est si excessive, que sans une espece de prodige, on ne sçauroit plus vivre apres tant de douceurs. O! qu'il est doux de sçavoir, disoit un bel Esprit, lors qu'on le combloit d'hôneur le jour de sõ Aureole: Mais qu'il est charmant de se voir comblé de loüanges par un nombre infini de bouches, dont les discours sont des sentences, & les paroles des Oracles. Iugez, de grace, quelle satisfaction ne reçoivent pas ces personnes en France; puisque des millions de sçavans Hommes déviennent les panegyristes de ces beaux Esprits. Les Empereurs s'estimoient heureux autrefois, lorsque leurs armées les saluöient, & les loüoient par leurs cris & par leurs voix confuses: Mais que ne doivent pas faire ces illustres Personnes qu'une armée, non pas de vagabonds & de criminels, de racailles & de bannis; mais de doctes & d'Hommes illustres en science, en naissance, & en vertu, les loüent, les estiment, & les honorent;

honorent; n'est-ce pas estre au comble de son bon-heur? & peut-on desirer quelque chose de plus glorieux & de plus doux? Au reste, faut-il pour comble de la joye, que les parens & les amis participent à nostre gloire? & leur doit-on faire part de nos trophées, de nos couronnes, de nos triomphes, & de nos victoires? Où est-ce qu'on trouvera mieux ces avantages qu'en France, où l'on est salué comme vainqueur de tout un Monde d'honnestes gens; caressé de tous les braves, comme un illustre; aimé d'un chacun, comme une personne dont on faisoit grand cas? Et où est-ce que l'on fait tant d'honneur que dans cet Empire du Sçavoir, où l'on donne mille couronnes & mille aureoles, mille bonnets, & mille toques, où l'on fait des harangues à la loüange du Triomphateur, & où l'on chante des Vers pour rehausser son merite: A-t-on jamais veu rendre tant de visites aux parens de celuy qui se passe Docteur que dans cet Etat? Ces Conseil'ers & ces Presidens, ces Seigneurs & ces Officiers, ces Dames & ces Damoiselles, ces Ducs & Pairs, & tous ces Souverains qui rendent mesmes des visites à ces personnes, & qui congratulent avec des témoignages extrémes d'amitié, les parens & les amis de ces nouveaux Appollons, ne sont-ce pas des marques infaillibles que la France est le Thrône des sciences, & le propre Pays des Muses & des Arts? Ces honneurs qu'on rend aux Personnes sçavantes, soit dans les compagnies privées, ou dans les assemblées publiques, ne montrent-ils pas que les sçavans sont les Dieux des François ; & si cela n'étoit pas ainsi, verroit-on tant de Nobles & de Seigneurs, & generalement tous les grands du Royaume se charger des livres, & se soumettre si long-temps à la ferule & au foüet des Peres Iesuites comme ils font, s'ils n'étoient pas assurez que le plus efficace moyen pour acquerir de l'honneur parmy tous ces peuples, c'est d'estre sçavant, & de ne rien ignorer : mais à quoy bon m'amuser à faire de si longues enumerations des honneurs qu'on leur rend, ne sçait-on pas qu'on leur donne le rang le plus honorable dans les Eglises, parmy les offices, les charges & les dignitez : & tout le monde ne sçait-il pas que les Docteurs de Sorbonne sont reverez de toute la terre, que les Advocats de Toloze passent pour les plus habiles de l'univers, & que les Medecins de Montpelier sont estimez les plus capables du monde : & ne voit-on pas tous les jours les honneurs qu'on leur rend dans les Pays étrangers ? Les recompenses manquent-elles en France ? voyons de grace si le profit ne suit pas l'honneur, & le plaisir, & considerons un peu s'il y a de Nation au monde si liberale à l'endroit des sçavans, & des grands esprits que dans ce Royaume ? combien de places à remplir dans les Villes ? combien de maisons à fournir & de Seigneurs à suivre ? estes-vous Poëte ? excellez-vous pour le burlesque, vous trouverés des Dames à la Cour qu'il vous donneront les deux mille livres de rente pour faire une Gazette de cette nature ? entendés vous bien à faire des Epigrammes ou des Sonnets? estés vous propre pour faire des stances ou des chants Royaux ? Avés vous la plume coulante, l'esprit present, le repart prompt, & l'entretien agreable, allés en France? suivés la Cour, & vous aurés plus de bien que vous n'en voudrés? c'est là où vous trouverés des esprits amoureux des belles choses, & liberaux à l'extréme à l'endroit des honnestes gens, & vous pouvés-vous asseurer de trouver l'accomplissement de vos desirs dans ce lieu, tout autant que vous les pouvés esperer sur la terre ; dautant que cet Estat donne aux hommes sçavans le plaisir, l'honneur, & le bien : ainsi vous pouvés vous asseurer de la verité que j'avance, & croire que c'est avec raison que j'appelle ce glorieux Empire, le Paradis du monde & les delices de l'univers.

Ie me souviens d'avoir dit que pour rendre la France telle que je la propose, il faut deux choses, la 1. Qu'elle abonde en couronnes : & la 2. qu'on les puisse cueillir sans beaucoup de peine & sans grand embarras; & c'est ce que je montre evidamment ; puisque les fleurs de la science y sont si communes; & puisque l'on a l'avantage de se couronner soy mesme & de prendre les Roses sans en sentir les piqueures ny sans verser de sang : Car pour ce qui est du 1. je remarque que de

F ij

quelque costé que vous vous tourniez, vous trouvez des fleurs à poignées, & des courônes immortelles à gagner, & avec une facilité si grande de les acquerir, qu'il ne faut que les vouloir: C'est là qu'on apprend la Philosophie dans un an, dans toute la perfection possible:& c'est dans cette Ecole de science où l'on boit à longs traits les agreables liqueurs des connoissances naturelles & divines. Que peut on desirer maintenant davantage, pour rendre un homme heureux, & tout à fait content? N'est ce pas tout ce qu'on peut desirer? & un homme raisonnable en peut il souhaiter davantage? Non, qu'on ne me parle plus des Royaumes étrangers, ny qu'on n'en fasse plus de comparaison avec la France: mais qu'on dise avec moy (apres avoir veu les avantages qu'y trouvent les gens sçavans) que c'est leur Paradis, leur Centre, & le Lieu de leur felicité temporelle?

CHAPITRE VIII.

La France est le Climat où se trouvent les plus augustes faveurs de la Fortune.

PVisque la France a tous les privileges que je viens de dire, il ne faut pas trouver étrange si je l'appelle le Climat où la Fortune départ ses plus glorieux dons, & où elle fait ses plus augustes, & ses plus venerables largesses: parce qu'outre l'alliance qu'elle a avec cette aveugle Divinité c'est qu'elle en ajustement toutes les conditio & toutes les qualités : car s'il est necessaire, selon le sentiment de tout le monde, que la Fortune contribuë de toutes ses forces à rendre un Païs le veritable champ de l'honneur, & le thrône de la gloire, c'est à dire, qu'il faut qu'elle adjouste ses faveurs à ses grandeurs, & qu'elle en rehausse l'éclat & la Majesté par les dignités & ses presens. Ie dis, que la France porte quatre sortes de couronnes, & qu'elle en a une d'or, que la fortune luy donne. C'est cette j. que je découvre en ses mains & qui offusque mes yeux ; lors que je la considere, & laquelle en sera sans doute le même par rapport à vous, si vous prenés soin d'observer que l'honneur & la gloire, la pompe & l'éclat, la magnificence & la Majesté paroissent plus en France que dans les autres Estats ; je sçay bien qu'il n'y a point d'endroit sur la terre où l'on trouve des charges & des offices, des Dignités & des grandeurs ; & je sçay que c'est une necessité de la vie civile & raisonnable d'establir des differences parmi les hommes, & d'en constituer les uns au dessus des autres ; afin de mettre l'ordre dans la nature, & de conserver la paix dans l'univers ; je ne doute pas encore que tout ce qui porte l'image de la grandeur n'esleve les personnes qui les possedent dans un haut point de gloire, & qu'ainsi les charges que la Fortune distribuë & que

F iij

la Politique ordonne, ne soient des trosnes infiniment eslevés qui font paroistre ceux qui en jouïssent comme des Dieux, & qui les rendent éclatans aux yeux de toute la nature comme des parfaites Divinités; d'où je conclus qu'il est absolument necessaire de montrer que la France a une couronne d'or en ses mains, aussi bien qu'une de laurier & de Roses, autrement elle porteroit à tort le beau titre que nous luy donnons; d'estre le champ de sa gloire & le trône de l'honneur; & c'est ce que je fais voir en peu de mots, montrant en 1. lieu que nostre incomparable Empire a une infinité de charges, de dignités, d'offices, d'honneurs, & de grandeurs à distribuer, & en dernier lieu que chacune de ces charges est un throsne de sa Majesté pour celuy qui les possede: de sorte qu'il peut se vanter d'estre estimé, cheri & reveré comme un Dieu; qui sont tous les advantages qu'on peut souhaiter.

Pour en venir à la preuve, je dis qu'il n'y a point de Païs au monde où il y ait tant d'offices à donner, ny tant de charges à remplir qu'en France: Commençons par le plus noble corps de cet Estat qui est l'Ecclesiastique; suivons le 2. qui est celuy de la Noblesse; poursuivons le 3. qui est celuy des Officiers de la Cour des Parlemens & des autres Tribunaux de la Iustice; continuons de voir ceux du 4. qui concernent les finances, venons aux Bourgeois & finissons enfin par la populace & nous trouverons que tous ces ordres differens, ont une infinité de places à distribuer & un nombre sans nombre d'offices à remplir. Prenés la peine de grace de voir combien de Cures, de Prieurés, d'Archiprestrés, de Canonicats, d'Abbayes, d'Eveschés & d'Archeveschés; Combien d'Officiers doivent suivre ceux-cy, & combien de Vicaires & de chapelains, de pensionaires, & de Prieurs, d'Officiaux & de grands Vicaires: & combien d'autres personnes doivent servir dans les Cours de ces Messieurs ou dans leurs tribunaux; & nous trouverons que puisqu'on conte jusques à 18. cent mille clochers en France, il faut bien qu'il y ait plus de 2. ou trois millions de personnes en exercice & pourveus de tres bons revenus; je laisse à part les Advocats, & les Iuges, les Procureurs & les Notaires Apostoliques, les Gentils-hommes, & les Gouverneurs des places, leurs Thresoriers & leurs Maistres d'hostels qui pouroient faire de nombreuses armées, si on vouloit les assembler pour venir au 2. ordre qui est celuy de la Noblesse, & pour dire que ces Messieurs ne sont pas sans employ; quoy que leur qualité semble estre avilie par l'exercice, & aneantie par les offices; je trouve dis-je que ces belles ames ont dequoy s'ocuper tres noblement & avec honneur dans trois sortes d'Estats ou dans celuy de la Cour qui consiste à servir leur Monarque, ou dans sa Maison, ou dans ses Armées, ou dans ses Provinces, ou mesmes dans ses Parlemens; or voyés de grace combien d'offices;

n'y a-t'il pas chés sa Majesté trés Chrestienne, chés nostre Reyne, chés Monseigneur le Daufin, chés Monsieur le Duc d'Orleans, chés Mademoiselle, chés Monsieur le Prince, & chés Mr. le Duc, & enfin combien y a-il d'occasions d'estre chés les Princes & les Ducs, & combien de rencontres peût-on trouver pour avoir des emplois dignes des plus grands cœurs; puisque ces Maisons sont si nombreuses. Quant à ce qui est de l'armée, ne peut on pas dire qu'il n'y a point de Seigneur, ny de petit Aubereau ou de Noble soy-disant, qui n'aye dequoy satisfaire son ambition sans abaisser sa qualité, n'y a-t'il pas une infinité de charges à donner & sur la mer & sur la terre, dans l'infanterie & dans la cavalerie, combien d'Enseignes & de Lieutenans; combien de Mareschaux de Logis & de Cornettes; combien de Commandans & de Majors, combien de Sergens de bataille & de Mestres de Camp, combien de Lieutenans generaux & de Mareschaux, & combien de personnes ne faut-il pas pour conduire des convois, pour prendre soin de l'artillerie, pour donner ordre aux munitions, pour avoir soin des malades, pour prendre garde que les troupes soient bien payées; & combien enfin ne faut-il pas de Commis, de Tresoriers & d'Intendans pour payer & pour bailler l'argent qui est necessaire pour la subsistance de toute l'armée: si vous considerez le nombre de ces charges, je suis certain que vous direz que cet Estat peut donner de l'employ à plus de

dix

de dix mille Seigneurs du Royaume & à plus de 20. mille Gentils-hommes dans ses seules armées : voyés maintenant si la Noblesse n'a pas bien dequoy s'employer ; puis que sans parler des offices qu'ils peuvent avoir chés le Roy, ou la Reyne, & dans leur illustre famille, comme aussi chés les Princes & les Ducs ou dans les Parlemens, ou par les liberalités & les bienfaits de leur invincible Monarque, qui a une infinité de Gouvernemens de places, & de Villes, de Chasteaux, & de Provinces à donner, ils ont mille belles occasions pour faire fortune par les armes & par le moyen de leur courage : Prenés la peine de voir un peu serieusement dans quel Estat de l'Europe, vous pourrés trouver un Souverain qui aye tant d'offices à donner que celuy de France, sera ce l'Empereur, qui à peine peut-il vivre & à peine a-t'il dequoy porter comme il faut la qualité qu'on luy donne. Il se dit Empereur des Romains: Mais il n'en a que le seul titre, sans en avoir ny les terres ny la puissance. Sera-ce le Roy d'Espagne : parce qu'il a plus d'Estats que pas un autre Souverain de l'Europe; helas ! ses armées sont si petites qu'à peine peut-il mettre une armée de dix mille hommes sur pied pour faire la guerre au Portugal; sera-ce l'Anglois qui se dit Empereur ; parce qu'il a trois Royaumes & un en herbe qui est la France : mais quoy, en est-il le Maistre absolu, & quand il le seroit, ne voit-on pas que ses Estats ne sont pas fort riches, que ses armées ne confissent qu'en 8. ou 10. mille hommes, & ses Parlemens en petit nombre : Estimerez-vous que ces Rois, soit celuy de Pologne, qui n'est qu'un Pensionnaire, & qu'un simple President de son Royaume; ou celuy de Dannemarc, qui n'a que quelques Isles, ou celuy de Suede, dont le Pays est si mauvais; ou bien enfin croyez-vous que ce soit quelqu'autre Souverain de l'Italie, ou de l'Allemagne, qui n'ont que peu ou point de Terres en Souveraineté, ou du moins si peu de revenus, qu'à peine peuvent-ils fournir aux dépenses que demandent leur naissance, & le rang qu'ils tiennent dans le monde. Je ne veux que demander le sentiment des Etrangers, qui ont veu nostre illustre Royaume, touchant ce point, & ils m'avoüeront que Paris est le centre de l'univers, & que la Cour est la Cour du monde où l'on peut mieux faire fortune, & s'enrichir en honneur & en biens.

Ie pourrois apporter icy un nombre infini de Personnes & de Familles entieres, qui apres avoir quitté librement, ou mesme par contrainte leur pays, pour chercher un azile ailleurs, ont non seulement trouvé une favorable retraite en France; mais encore y ont découvert un thresor de fortune & de biens pour leurs personnes & pour leurs enfans : mais parce que je n'aurois jamais fait si je voulois les mettre icy toutes, je me contente de mettre icy la fortune des Chombergs & des Mazarins; puisque l'un est monté si haut, que de pouvoir estre Mareschal de France, s'il eust voulu, & puisque l'autre a esté Ministre absolu, pour ne dire pas Roy de nostre Monarchie : Ie laisse à part tous les Princes Etrangers, qui estant pauvres chez eux, n'ont pas esté si tost en France, que la fortune leur a esté si favorable, qu'elle les a enrichis de Charges importantes, par un effet de la liberalité du Prince qui a l'intendance de ses thresors : Ie suis certain que la France peut se vanter d'avoir plus de Princes Etrangers dans son sein, que tous les autres Etats de l'Europe n'en ont dans leurs Cours : parce qu'ils sont plus assurez de faire leur Maison dans cet Etat, que non pas ailleurs; & parce que la vie y est plus douce, & l'honneur qu'on leur rend plus grand & plus considerable : ainsi je conclus que le Royaume des Lys est le centre de la fortune pour les Gens de qualité, s'ils veulent s'adonner à faire la guerre, ou à servir le Prince dans sa Maison, ou de faire leur cour, ou bien s'ils veulent s'attacher à l'Eglise ; parce qu'il est infaillible qu'ils seront pourveus de tres-bons benefices.

Venons maintenant aux Officiers de Iustice ; & faisons cette remarque en passant, que la France a douze Parlemens, dont le moindre a plus de trois ou quatre cent personnes à pourvoir; sans parler des bas Offices qui les accompagnent : de sorte que tous ces nombres joints à celuy de Procureurs d'offices, de Lieutenans, de Iuges, de Prevosts, de Baillis, de Seneschaux, de Conseillers, & de Presidens, d'Advocats & de Procureurs du Roy, de Iuges & de Lieutenans Criminels, &c. seront assés grands pour contenter les personnes qui voudront prendre le parti de la robe. Voyons un peu combien de charges il y a à pourvoir dans les Finances, & nous trouverons une infinité de Commis, & de Receveurs, d'Intendans & de Thresoriers, qui donnent occasion par leur mort ou par leur changement d'office à plus de dix mille personnes d'estre en office. Les Bourgeois n'ont-ils pas la liberté de devenir Eschevins ou Consuls, Iurats ou Capitouls, & de se pourvoir d'une infinité de belles commissions, qui se presentent dâs les Villes, pour être Deputez ou pour être Officiers de leurs Corps : Mais, enfin, la simple populace n'a-t'elle pas mille places à remplir, & une infinité d'Offices conformes à sa qualité, à posseder, & à donner? & a-t'on jamais veu tant de dignitez, ny tant de Charges differentes que dans cet Etat, où un chacun peut se satisfaire & s'enrichir selon sa condition ? On croira sans doute que la complaisance que j'ay de voir mon Pays si fleurissant & si beau, me fait exagerer dans les loüanges que je luy donne : mais je prie ces incredules de lire un peu l'Etat present de la France, & de prendre soin de considerer la grandeur de son Pays, la multitude de ses Villages, de ses Bourgs, & de ses Villes, de consulter la diversité des Officiers qu'il y a en France pour toute sorte de choses, & de s'informer des Etrangers, qui ont assez curieusement veu cet Empire, de la verité; & ils diront que bien loin d'extravaguer, je dérobe un grand nombre d'Officiers à la supputation que j'en ay faite à demy : afin de ne donner pas trop d'occasion de douter de ce que je dis en manifestant trop evidemment une chose, qui pour estre veritable, ne laisse pas d'estre surprenante & comme incroyable à ceux qui ne l'ont pas veuë.

La 2. condition que je remarque à la France, & qui la rend un veritable Theatre de la fortune; c'est que ses biens & ses faveurs ne sont pas insipides & sans goust, mais qu'elle les distribuë avec un certain mélange de grandeur qui les fait incomparablement plus rechercher que dans les autres Païs. Je puis dire avec verité que comme il n'y a point de Nation au monde mieux faite, ny plus civile que la Françoise, il n'y a point aussi de Peuple qui honore davantage toute sorte de gens; mais sur tout les personnes élevées en dignité que celuy-cy: Je ne sçay si c'est ou parce qu'il est naturellement civil & respectueux, ou parce qu'il connoist l'obligation qu'il a de rendre ces marques de respect à ces offices, ou bien parce que ceux qui en sont pourveus donnent un éclat si majestueux à leurs charges, qu'ils se font estimer par une douce violence: Quoy qu'il en soit, je soutiens qu'on n'a jamais veu rédre plus de respect, ny plus de veneration aux Officiers, soit de sa Majesté, ou de l'Armée, ou de la Iustice, ou des Finances, &c. que dans cet Etat; parce qu'outre qu'ils sont considerez generalement des grands & des petits, c'est que leur seul nom leur fait rendre des honneurs par tout où ils passent: jusques là mesme qu'on leur baille les premieres places dans les Assemblées, & les rangs les plus considerables dans les Eglises. De sorte que pour le dire en un mot, j'estime qu'on en fait trop, en ce qu'on les revere comme des Divinitez, quoy que ce ne soit quelquefois que des buches & des idoles, & en ce qu'on les nomme même les Souverains de l'univers; quoy qu'ils ne soient par malheur assez souvent que des monstres d'imperfections. Tirez maintenant la consequence de tout ce que je viens de dire, & vous trouverez que la France est le veritable climat où la Fortune depart ses plus augustes faveurs.

CHAPITRE IX.

La France est le Temple de la Memoire, & l'Autel de l'Immortalité.

VN Ancien demandoit autrefois aux Dieux de luy donner un lieu hors du monde, pour pouvoir bâtir un Temple & dresser un Autel, où il pust écrire les choses qu'il desiroit, sans craindre que le Temps ou la Fortune pussent les changer par leur vicissitude, & dans lequel il luy fust permis de remettre ses couronnes pour les rendre eternelles. Pour moy j'estime que ce desir estoit tout à fait loüable; parce qu'il marquoit un grand cœur, une ame noble, & de grands desseins en cet homme: mais je blâmerois les personnes qui feroient le même souhait, si elles avoient la connoissance de l'Empire dont je parle, & si elles connoissoient la facilité qu'il y a d'y immortaliser son nom. Lorsque les Philosophes veulent prouver une proposition, ils n'ont point d'autre regle generale que de côsiderer la cause, la nature, ou les effets de ce dont ils pretendent discourir, & ils disent qu'on ne peut se servir que de deux sortes d'argumens pour ce sujet ; sçavoir à *Parte ante, vel à parte post*. A suivre cette mesme maxime, je dis que la France ne sçauroit pas manquer d'estre le Temple de la Memoire, & l'Autel de l'Immortalité : puis qu'à considerer ce qu'elle est, & ce qu'elle fait, je trouve qu'elle porte justement ces deux titres, & que c'est avec fondement que je luy attribuë ces avantages.

Ie croy que personne n'a jamais douté, que de tous les Pays qui sont au monde, il n'y en a point qui ait si fort aimé l'honneur, ny qui le cherisse davantage que nostre Paradis de delices: car à porter nostre veuë sur ce qu'elle a fait par le passé, & sur ce qu'elle fait encore, je trouve que c'est un privilege special que personne ne luy peut disputer, sans vouloir passer pour ignorant dans l'histoire, ou pour fort envieux de son bonheur. Ie dis qu'il faut estre fort ignorât dans les histoires; parce que selon les asseurances que nous en donnent mesmes les Etrangers, je remarque que les François ont toûjours fait tant d'estime de cette Divinité, que tous les autres Dieux n'estoient rien par rapport à cette Deesse : de sorte qu'à bien raisonner, il faut dire à leur loüange, qu'il y avoit cette difference entr'eux & les Romains, que ceux-cy n'avoient qu'un Temple de l'hôneur qui estoit à Rome; au lieu que ceux-là en avoient tout autant qu'il y avoit de cœurs & de personnes dans leur Etat. Ie ne diray rien des belles actions qu'ils ont faites, ny des maximes qu'ils ont donné de tout temps à leurs enfans, pour prouver ce que je dis : parce que je n'aurois jamais achevé ; afin d'avoir plus d'occasion de montrer ce que la France fait à present, & de faire voir ensuite les fideles rapports qu'elle a avec le Temple & l'Autel dont nous parlons: toutefois avant que de passer plus avant, je m'attacheray a établir cette verité incontestable, sçavoir que les mortels ne sçauroient trouver un Royaume où ils puissent si bien eterniser leurs noms que dans celuy-cy, comme estant une chose importante. La 1. raison que j'ay pour montrer cecy, c'est que la France est si amoureuse des belles actions,& si aise de voir que ses enfans en font, qu'elle s'en couronne elle-même, pour faire mieux voir la gloire de celuy qui luy procure cet honneur: Elle imite en cecy les Peres, qui aiment de faire paroistre les dépoüilles qu'ont remporté leurs enfans, & lesquels s'en chargent eux-mesmes pour en faire mieux voir l'éclat à toute sorte de personnes, pour leur acquerir plus de reputation : car cette Reyne de l'univers a cette maxime de faire écrire tout ce que ses grands hommes font, son attache d'en rendre le souvenir eternel est si grand, qu'elle met un nombre infini de plumes eloquentes en campagne, qui avec un stile d'or en marquent le prix & la valeur. Cecy estant hors de doute, je tire une consequence qui me paroist tres-bonne & tres-legitime ; c'est que s'il est vray que la France est un Etat lequel doit durer autant que le monde, & s'il est hors de doute que les Histoires sont les seules depositaires de l'immortalité ; je dis que puis qu'elle met tant de plumes en exercice, & qu'elle a son Trône si bien affermy, on ne sçauroit manquer d'avoir la memoire immortalisée; pourveu que les noms soient écrits dans son livre. La 2. raison que j'ay pour prouver ce que j'avance, c'est qu'il y a plus d'occasions de faire les actions necessaires pour acquerir cette gloire dans cet Empire que dans les autres : parce que, comme j'ay déja remarqué, la fortune & la science, l'honneur & la faveur, les dignitez & les grandeurs y sont plus communes que dans les autres Etats : Et la 3. c'est que la facilité d'entrer dans ce Temple, & d'approcher de cet Autel est plus grande icy qu'ailleurs; comme vous verrez evidemment, si vous prenez la peine de suivre mon raisonnement.

Les Anciens avoient accoustumé de nous

representer l'immortalité sous la figure de la palme & du laurier, & de luy donner un Temple & un Autel, également chargez d'une infinité de couronnes, dont l'accés estoit tres-difficile à raison de la situation extrémement haute, à cause des routes inaccessibles qu'il falloit tenir pour y aller. Si vous me demandez la raison pourquoy ces rares Esprits se servoient de la palme & du laurier, du Temple & d'un Autel, & qu'ils donnoient des approches si difficiles à un si aimable sejour : je vous diray que ce n'estoit que pour nous donner à connoistre que personne ne peut eterniser sa memoire, qu'en faisant des actions qui meritent des couronnes, qu'en pratiquant la vertu, & qu'en faisant un mélange de courage & de vertu, de force & de sainteté (ce qui nous est figuré par le Temple & l'Autel) & que ces routes ne sont si difficiles, si étroites, si raboteuses & si impossibles à tenir, que parce que la pratique des belles & des saintes actions sont si rares & si contrariées par la corruption des mœurs de tous les hommes, & par la difficulté qui les accompagne ordinairement, que tous ces obstacles unis ensemble, en rendent l'execution tres-rare, & font que bien peu de gens peuvent parvenir à cette gloire. Toutes ces raisons ont esté la cause pourquoy les anciens Romains nous ont donné une semblable peinture : Mais j'estime qu'ils auroient un peu mieux applany ce chemin, abaissé davantage cette haute montagne, & moins donné de ronces & d'épines à ces routes qu'ils n'ont fait, s'ils avoient veu nostre France comme elle est : Car j'estime que pour representer comme il faut nostre Empire, il est necessaire d'en faire la peinture de la sorte. Ie dis donc, qu'il faut representer la France sous la figure d'un Temple, au milieu d'une rase campagne, pleine de couronnes, de palmes & de lauriers, où l'on peut arriver de quel costé qu'on le prenne, & dont les routes qui y conduisent sont fort larges, fort spatieuses, & pleines de gens de toutes sortes d'états & de conditions, qui sollicitent par effet & par paroles les Nations étrangeres, & generalement tout le monde, de mettre leurs noms dans les livres de ce Temple, afin de s'immortaliser comme eux. La raison de cecy, c'est qu'on peut sans beaucoup de peine, se faire mettre dans l'histoire; pourveu que l'on ait fait des actions dignes de cet honneur, & parce qu'on a tant d'occasions de se rendre recommandable dans cet Etat, qu'on ne sçauroit le croire si on ne l'avoit veu. Mars semble devenir prodigue de ses faveurs. Si Appollon est si liberal des siennes, qu'il semble n'en avoir plus, Pallas, Mercure, & les Dieux des Sciences & des Arts font tant de largesse des leurs, que pas un d'eux n'en est avare : au contraire, il semble que ce qu'ils donnent à regret aux autres Peuples, ils les prodiguent icy avec des boutez excessives.

Vn bel esprit disoit autrefois que le

desert estoit le sejour de la vertu: parce qu'elle s'y plaisoit extrémement, & parce qu'on pouvoit devenir plus facilement Saint dans ces retraites solitaires, hors de l'embaras & de la confusion du monde; la raison de cecy dit le mesme, c'est que toutes les vertus sont aux avenuës de ces aimables sejours de la paix & du repos, & qu'elles paroissent sur ces chemins avec plus d'éclat & de Majesté, que dans les Villes & les Empires: J'en dis de même de nostre France, & je la compare à cette aimable & charmante plaine qui sert de retraite & d'azile à l'immortalité, qui ne produit que des triomphes & des couronnes, & qui ne donne que des palmes & des lauriers; parce que la Renommée & la Reputation ont comme abandonné les autres Pays pour s'établir en celuy-cy, & parce que les Vertus, qui sont les Heros de cette Déesse, semblent estre plus propres à persuader par leurs charmes, leurs agrémens, & leurs beautez, tous les mortels à venir offrir de l'encens à cette Divinité, & à graver leurs noms dans ce Temple & sur cet Autel, qu'elles n'en ont dans Athenes ou dans Rome. Venons en à la preuve, de grace, & considerons un peu si ce que je dis n'est pas véritable: N'est il pas vray que si l'Honneur, la Vertu, le Courage, &c. sont les moyens les plus assurés pour acquerir une memoire eternelle parmy les hommes, il faut avoüer que la France est maintenant la dispensatrice d'un thresor si precieux: dautant que, comme nous avons déja dit, elle est le centre du courage, de l'honneur & de la vertu : Mais encore en ce que ces mesmes vertus paroissent avec tant d'éclat dans cét Empire, qu'elles semblent pousser & contraindre mesme toute sorte de personnes de les suivre par les beaux & les frequens exemples que donnent une infinité de Prélats & de Religieux, de Princes & de Seigneurs, de Bourgeois & de Marchands, d'Artisans & de Rustiques qui font triompher la vertu en leurs personnes & qui s'immortalisent par le moyen de la vertu. Ie ne veux pas apporter icy les histoires de tous ceux qui se sont rendus recommendables : parce que le nombre en est trop grand : c'est pourquoy je m'attacheray seulement à faire cette remarque, que si on fait comparaison de la France aux autres Païs, on trouvera que si ceux-la produisent un S. pour la vertu, celle-cy en donne autant pour le moins, que si ceux-là ont un Mars pour la guerre, des Appollons pour la science, & des miracles pour les Arts, celle-cy en a en plus grande quantité, & de beaucoup plus parfaits que ceux-là. I'en laisse le jugement aux personnes qui ont parcouru cét Empire, & je suis certain qu'ils seront de ce sentiment, qu'il y a de plus grands hommes en France qu'on ne sçauroit s'imaginer, & que si on vouloit donner des couronnes d'or & de lauriers à tous ceux qui les meritent, les Indes, & le Perou n'auroient pas assés de matieres pour en faire, & tout le monde n'auroit pas dequoy fournir à une si grande quantité: Car il est vray que les artisans & les simples rustiques ont porté si haut leur gloire, qu'ils ont obligé l'immortalité de leur donner un Livre & Autel dans son Temple, pour y graver leurs noms & y rendre leur memoire eternelle. Et je remarque que le nombre en est si grand, qu'il faut faire de nouveaux catalogues pour ne priver pas les personnes de la gloire qu'ils meritent, dans lesquels on trouve aussi bien des Païsans Heros, que des Princes & des Nobles, & on y lit aussi bien le nom des Artisans & des Laboureurs, que des Prelats & des Docteurs : je n'en dis pas davantage dans la certitude ou je suis que toutes les Nations n'oseroient disputer à la France la gloire que je luy donne; sur tout si l'histoire leur est familiere, & si ce Temple de la Renommée leur est connu: ainsi je conclus que cét illustre Empire est le Paradis des delices du monde : parce qu'outre la gloire qu'elle procure & qu'elle donne aux personnes qui le meritent ; c'est qu'elle la rend eternelle : & parce qu'elle est justement le Temple de l'immortalité, & l'Autel de la Renommée.

Fin de la premiere Partie.

SECONDE PARTIE.

CHAPITRE I.

La France est le delice de ceux qui ayment le bien, & qui veulent devenir riches.

JE serois un miracle bien étonnant, dans le sentiment des ennemis de la France, si je pouvois leur persuader que nostre illustre Etat est le lieu du monde le plus propre à s'enrichir, & le plus commode pour favoriser le dessein de ceux qui font leur Dieu des richesses. Ie sçay que presque tous les étrangers, sur tout ceux qui souffrent avec peine que nostre Etat prospere si fort, m'appelleront extravagant & peu connu dans les affaires, de donner à ma patrie une qualité qu'ils estiment ne luy devoir pas appartenir, & je ne doute pas qu'ils ne tâchent d'annuler mes raisons tout autant qu'il leur sera possible; parce qu'ils s'attachent trop à ce qui flate leur pensée, & y ajoûtent trop de foy, sans considerer d'assés prés la justice & la raison: Neantmoins comme je ne croy pas estre si fort preoccupé d'inclination pour mon Païs, que je ne suive les lumieres que la verité me donne; je suis d'un sentiment contraire au leur: & soûtiens avec fondement que pas un homme raisonable ne peut douter de la proposition que j'avance; puisque trois raisons invincibles en font voir l'évidence à toute sorte d'esprits. La 1. c'est que la France de soy est un Païs riche, abondant, & fertile. La 2. c'est qu'elle devient le centre du commerce. Et la 3. c'est que nostre invincible Monarque ne songe qu'à l'enrichir, & n'a d'autre dessein que de la rendre le thresor du monde par les moyens qu'il prend, & par le soulagement qu'il veut donner à son Peuple. On ne doute pas que si je fais voir la verité de ces trois propositions, je n'aye parfaitement bien reüssi dans mon dessein. c'est pourquoy, je m'attacheray dans cette seconde partie de convaincre sur ce sujet les esprits incredules qui ne donnent rien à la justice, & qui consacrent tout à leur passion.

CHAPITRE II.

La France est une source de bien en elle mesme.

C'Est le propre des Nations d'aymer, d'estimer, de loüer & de preferer leur Païs à tous ceux de la terre : parce que la nature ensuitte de leur naissance leur inspire ce sentiment, c'est pourquoy le proverbe est si commun dans le monde, que chaque oyseau trouve son nid beau. Les Moscovites & les Suedois s'estiment plus heureux dans leur neige & sur leur glaçons, parmi leurs frimats & dans leur froid, que les Negres & les Abissins parmi les ardeurs d'une chaleur étouffante,

&

& tous deux ensemble chantent les delices de leur climat, & s'estiment heureux d'estre nais sous un Ciel si favorable & si doux. Je sçay que les Suisses sont leur Paradis des montagnes, & qu'ils ne voudroient pas quitter ce repaire des ours & des loups pour vivre dans un Païs aussi plain, que l'Arabie & aussi fertile que l'Egypte. Et je ne vois jamais d'Hollandois qui ne prefere la mer aux plus agreables parterres de l'univers ; de sorte qu'ils s'estiment malheureux si on leur en oste la veuë, & si on les arrache pour un moment de cét element qui fait leur beatitude : Enfin je sçay que chaque Païs a ses advantages & ses incommoditès ; & ainsi je ne trouve pas mauvais qu'on ayme en eux les advantages qu'ils possedent ; au contraire, j'approuve de semblables sentimens : Mais je blâme le mépris qu'on fait des autres climats, & je condamne l'injustice que l'on commet de vouloir les preferer à ceux qui sont plus aymables, & qui meritent mieux d'estre estimés que les leurs. Je pretens me servir de ce blâme que je leur donne pour rehausser d'avantage la prudence des François qui ne méprisent jamais les Païs étrangers : mais qui apres avoir bien consideré toutes choses, adoüent que la France est à la verité ce qu'en disoit autrefois un Empereur Turc, sçavoir un Iardin agreable, & un Parterre charmant: parce qu'en effet je remarque qu'elle a toutes les qualités requises à une terre promise : & qu'elle a l'advantage d'estre une

Tome I. H

source inépuisable de biens pour elle mesme, aussi bien que pour toute l'Europe.

Plusieurs motifs m'engagent à luy donner tous ces noms, & me donnent sujet de croire que toute sorte de gens seront de mon sentiment, s'ils considerent trois proprietés admirables de nostre Etat. La 1. que son terroir est extremement abondant. La 2. qu'il a des fleuves & des rivieres en abondance pour arrouser ses campagnes & pour transporter ses denrées. Et la 3. qu'il est sous le climat le plus temperé du Ciel. Ie sçay que tous les Royaumes ont quelque petit recoin que le soin & la nature rendent abondants; & je n'ignore pas que les sables de l'Arabie, & les glaces du Nord n'ayent leurs fertilités aussi bien que les plaines d'Egypte & de la Palestine. I'estime neantmoins qu'à parler raisonnablement de nostre France, on ne peut pas luy dérober cette gloire, d'estre le Païs du monde le plus fertile en tout, & d'avoir cét avantage au dessus des autres Etats qu'il n'abonde pas seulement en une chose, mais qu'il regorge de toute sorte de biens: Car, de grace, qu'y-a-t'il à desirer, soit pour la necessité ou pour les delices de la vie, qui ne s'y trouve en abondance: faut-il du bled pour nourir tout un monde d'hommes, la Beausse, & la Champagne qui sont de simples Provinces ne peuvent elles pas le faire, & n'a-t'on pas sujet de les appeller des Pologues en grain, sans avoir recours aux autres qui pourroient nourir des Royaumes entiers ? l'Angleterre, & la Hollande, les Païs-bas, & la Suede, le Danemarc, & la Moscovie & en un mot toutes les Nations du Nord & mesmes du monde veulent elles avoir du Vin pour leur boisson, & de l'eau de vie pour s'échaufer au milieu de leurs glaçons ? qu'elles viennent en France, & elles auront dequoy se satisfaire; comme l'experience nous le fait voir tous les jours. Veut-on avoir des Chastaignes, des Noix, & des fruits delicieux, le Limosin, & le Perigort, le Languedoc, & le Quercy, la Guyenne, & la Limoge, le Lyonnois & le Poitou, &c. peuvent en fournir à toute l'Europe, aprés s'en estre reservées leur provision: faut-il des Huiles, & des vins Muscats, du Rossoli & des Liqueurs, des Olives & des Cytrons, des Oranges & des Capres, des Amandes & des Raisins, des Prunes & du Syrop, &c. la Provence, & le Languedoc, le Roussillon, & les Isles de S. Martin de Ré, en ont assés pour eux & pour les Païs étrangers ? a-t'on besoin de bois pour des Navires; veut-on faire des flotes capables de dompter tout l'univers, on n'a qu'à suivre tous les coins du Royaume pour en trouver plus qu'il n'en faut pour bruler, pour vendre, pour bastir sur la terre & sur l'eau, & enfin pour faire tout ce qu'on pourroit desirer. Le fer n'y est pas moins commun que le marbre & le grés; puisque les Pirenées & le Perigort, le Limosin, & les autres Provinces en ont abondamment, & du meilleur qu'on en puisse trouver, l'or & l'argent & les autres métaux y sont en aussi grande quantité que dans les Indes & le Perou, si nous en croyons les plus habiles hommes du siecle tant Allemands, qu'Italiens qui ont promis à sa Majesté de luy découvrir des mines inépuisables dans son Etat, s'il vouloit en faire la dépance, & si enfin nous faisons reflection qu'en mille endroits on voit des sources fecondes dont les eaux entrainent mille paillettes de fin or, comme à Pamiers en Languedoc & à S. Ceré en Querci, lesquelles nous découvrent évidamment qu'il est bien commun dans ce Royaume; puisque les eaux en donnent en si grande quantité que sans aller foüiller dans le sein de la terre & sans s'exposer à souffrir mille morts; on peut tous les jours en amasser d'aussi fin & d'aussi pur qu'il y en aye dans le monde & en assés grande quantité pour payer abondamment un homme qui s'employera à cét exercice; faut-il des Draps, des Laines, des Etoffes, des Toiles, des Chapeaux, des Chevaux, des Bufs, des Asnes, des Mulets, des Pourceaux; des Sangliers, des Serfs, des Dains, des Chevrcüils, des Lapins, des Lievres, & des Chappons, & des Poules, des Tours, & des Merles, des Aloüetes & des Cailles, des Perdrix & des Beccasses, des Signes & des Canards, des Ortollans & des Faisans, des Aigles & des Ducs, & enfin de tout ce qui peut servir ou nourir l'homme, se rencontre dans ce Païs delicieux. On dit que le Roy de la Chine peut faire servir à sa table des fruits des 2. zones, sçavoir de la torride & de la glaciale, & l'on nous assure en effet que l'on luy en presente à tous les repas pour marquer la puissance de son Etat & la vaste étenduë de son Empire : mais je ne trouve pas que ce soit un miracle si grand qu'on le fait: puisque la France qui n'est pas si grāde a les mesmes advantages,& puisque son Monarque peut se vanter d'avoir un Empire capable de luy fournir tout ce que l'on sçauroit desirer, si l'on en excepte les perles & les épiceries, les diamans & le baume, qui sont des miracles de la Nature à qui Dieu n'en a confié le thresor qu'à des abismes & qu'à des Païs inaccessibles à raison de leurs brûlantes ardeurs & des insurmontables difficultés qu'il y a à vaincre. J'advouë que l'Asie a quelque chose de plus precieux que la France, & je ne doute pas que son Encens, que sa Mirre, & ses odeurs ne soient des richesses qui ne naissent point dans nostre Paradis de delices : mais aussi il faut advoüer qu'il y a tant de difficultés à surmonter ; tant de monstres à vaincre; tant de perils à passer; tant de risques à courir, tant de Lions, de Leopards, de Tigres, de Crocodiles, de Grifons, & de Dragons à combatre, que c'est un miracle quand on en peut avoir : au reste on peut dire que nous avons des Diamans à Alençon & à Pompadour qui sont presque aussi beaux que peuvent estre ceux du Gange & des autres fleuves de l'Asie: que si on n'a pas le plaisir de voir pescher les perles dans nos rivieres & sur les costes de

H iij

nos Mers, nous avons la satisfaction de sçavoir qu'on les pesche dans la belle Isle de Madagascar, qui est une dépendance de nostre Empire, & ainsi nous avons l'advantage d'avoir dans nos terres ce que les autres ont par mendicité ou par achat.

Si la France est un Païs si fertile en elle mesme, à cause des biens qu'elle possede, elle ne l'est pas moins par raport aux thresors qu'on luy apporte de tous les endroits du monde (comme je le feray voir dans la suitte de ce discours) ny à raison du climat & de l'air temperé où elle est située : car à raisonner selon toutes les maximes, & les principes des sciences, il faut avoüer que nostre Etat doit estre le plus parfait de tous les Païs, & le plus abondant de toutes les regions de la terre: La raison que j'en ay, c'est qu'estant dans le climat le plus temperé de tout le Ciel, & sa situation étant entre les deux Tropiques, il faut que tout y soit dans la moderation & par consequent dans l'abondance; parce que le milieu des deux extrémes est la source du bien naturel, aussi bien que de la vertu : car il ne faut pas douter que le Soleil qui est le l'ete de la vie, qui produit tout ce que nous avons sur la terre, n'influë d'autant plus efficacement ses qualités, qu'il communique sa presence & sa lumiere. L'experience nous prouve assés clairement que les effets sont d'autant plus nobles, & plus parfaits, qu'ils participent de la nature de leurs causes, & qu'ils en reçoivent les impressions & les vertus : mais je sçay bien aussi qu'il y a des agens si nobles & si parfaits, si agissans & si actifs, qu'ils ne sçauroient agir de toute l'étenduë de leur pouvoir sur leurs effets, sans les détruire entierement. Le Soleil & le feu sont de ce nombre d'autant qu'ils brulent & consomment les choses qui leur sont trop proches & qui ne sont pas dans une juste distance de leurs activités, d'où je conclus, que la France doit l'emporter par cette raison sur tous les Païs du monde, & j'estime qu'on doit l'appeller le Theatre de la Fertilité, la Source de l'Abondance, & le Thresor des Liberalitez de la nature : parce qu'elle possede cette proportion d'esloignement du Soleil, & cette juste distance qui est requise pour la rendre un Paradis de delices ; Venez en de grace aux preuves convainquantes, & vous trouverez la verité de ce que je dis. Vous ne me disputerez pas sans doute, que la Tartarie, & la Moscovie, la Pologne, & la Suede, le Danemarc, & la Hollande, l'Angleterre & l'Yrlande, l'Escosse, & la Suisse, ne cedent à la France pour la bonté du terroir ; puisque ce ne sont que des Païs pestes, où rien ne produit qu'avec des peines & des travaux incroyables; & puisque les glaçons & les frimats sont les cueillettes ordinaires de ces Regions Il ne reste donc que l'Italie, & l'Espagne, la Grece, la Palestine, & l'Egypte, & ces Païs orientaux & meridionaux qui peuvent luy disputer ces avantages à quoy je réponds que

tous ces climats ne sçauroient produire à mesme temps des choses si contraires & si opposées que nostre Royaume: car s'ils abondent en tout ce que le chaud produit, ils n'ont pas ce que le froid donne, au lieu que ce temperament d'air, cette moderation de chaleur, & ce doux meslange de froid & de chaud si necessaire pour produire des effets merveilleux, & pour donner au corps cét aymable temperament qui maintient la nature dans sa perfection, & qui conserve tous les estres dans l'existence, se trouve si juste dans ce Païs, qu'il n'est pas possible de le croire. J'en laisse le jugement aux sçavans, & à tous ceux qui ont veu ces zones torrides, où il faut s'ensevelir tout en vie pour n'estre pas bruslé par ce bel astre du jour, & où la peau devient aussi noire que du charbon pour estre trop prés du pere de la vie ; afin de dire avec moy que l'Empire des Lis est un parterre de fleurs, où tout est en joye, & où tout jouit d'une profonde paix, & d'un aymable repos ; je prevois bien qu'on me dira que la France n'est pas la seule qui est entre les deux tropiques & qu'ainsi, selon mes propres principes, il faut conclure qu'elle ne sera pas la seule qui jouïra de tous ces beaux Privileges dont je la couronne, puis que d'autres Païs ont le mesme advantage. J'avouë que cette objection est la plus forte qu'on puisse faire contre moy dans ce rencontre : & je confesse que j'aurois de la peine à y répondre, si la nature ne luy avoit pas fait des graces qu'elle a
refu-

refusées aux autres climats : mais parce qu'elle a fait celle-cy un abregé de l'univers ; je dis que si les autres Provinces participent au mesme aspect du Ciel que nostre *Paradis des Plaisirs*, elles n'ont pas un terroir si bien meslé de rivieres & de fontaines, de fleuves & de lacs, de plaines & de colines, de hautes montagnes & de tres-agreables plaines qu'elle l'est : ainsi il faut dire qu'elle l'emporte toûjours, & que c'est avec raison que je luy attribuë la gloire, dont je la couronne.

La 2. raison qui m'oblige à estre si zelé à soustenir cette proposition ; c'est que nostre France est comme la source des richesses. Pour comprendre cecy, il faut sçavoir que tous ceux qui desirent de devenir riches, en ont de tres-belles occasions dans cet Estat, & c'est en ce sens que je luy donne ce nom : La 1. c'est que l'abondance y met toutes choses à vil prix, & fait que l'on y vit presque pour rien. La 2. c'est que la vanité ny le faste des habits n'y est pas fort grand, si nous considerons la Hollande, où le moindre broüeteur est quelquefois mieux ajusté que les Bourgmestres. La 3. c'est qu'on est fort estimé, & on trouve facilement à credit, quand on a quelque reputation d'estre homme de bien, ce qui est un grand avantage. Et la 4. enfin, c'est qu'on ne court pas si fort risque de perdre son bien que dans les autres Païs, tant à raison qu'il y a moins de banqueroutes & moins de peril sur mer que dans les autres Royaumes où l'on hazarde tout pour le trafic.

Tome I.   I

La troisiéme raison qui m'oblige à appeller la France, les Indes de l'Europe ; c'est que tous les Etats ont besoin d'elle, au lieu qu'elle peut se passer de tous les autres ; & il y a cette difference, qu'on ne court aucun risque de perdre la vie pour remplir ses coffres d'or & d'argent, & que c'est sans aucun danger d'estre écrasé sous la terre, en foüillant dans ses entrailles, comme les Espagnols, ny d'estre devoré par des monstres marins pour l'aller chercher par le moyen du trafic, comme font les Hollandois : parce qu'il ne faut qu'un arpent de terre ou de bois, de vigne ou de pré, pour en tirer des sommes immenses. La mer mesme qui devore tant de biens, & qui enferme tant de richesses, est prodigue à l'égard de cet Etat, par le sel qu'elle luy donne en si grande quantité, qu'elle est capable d'en fournir à tous les étrangers sans s'incommoder du tout, comme nous voyons qu'elle fait tous les jours. Ie pourrois apporter icy d'autres preuves tres convainquantes de mon dire, si je ne croyois pas devenir ennuyeux en voulant trop longuement prouver une verité connuë de tout le monde : ainsi, je finis par ces paroles, que la France est un Païs abondant & une source de bien par raport à elle mesme.

CHAPITRE III.

La France devient maintenant le centre de tout le commerce.

IL ne faut pas douter qu'un Païs si bien situé, si fertile en bien, & si fort peuplé de gens d'esprit comme est la France, ne puisse reüssir dans le trafic, si elle veut s'y attacher tant soit peu, & si elle veut prendre la moindre peine pour l'attirer, comme ont fait les autres Nations de l'Europe. Trois choses nous font voir evidemment, qu'elle ne sçauroit jamais manquer de venir à bout de ce dessein. La premiere, c'est qu'elle est dans le plus bel endroit de l'Europe pour ce sujet. La seconde, c'est qu'elle attire tous les marchands des autres Païs, & la troisiéme, c'est qu'elle a des commoditez particulieres pour la favoriser dans cette entreprise, que les autres n'ont pas.

Sa situation est avantageuse: puisqu'elle est libre sur la Mediterranée & sur l'Ocean; puisqu'elle a les meilleurs ports de l'Europe; & puisqu'elle a l'avantage de marier les deux Mers ensemble par le moyen d'un canal, qui enrichira le Royaume en faisant un miracle dans la nature. Elle est entre l'Espagne & la Hollande, l'Italie & l'Angleterre, l'Alemagne & la Savoye, & on peut dire : qu'elle est le cœur de tous ces divers Royaumes, & qu'elle est en état de se communiquer à tous ces Païs sans aucune difficulté. On ne doute pas pour le moins qu'il n'y ait autant de facilité & autant de commoditez dans cet Estat pour le commerce, que les autres Nations en peuvent avoir dans les leurs. Il reste donc à sçavoir maintenant, s'il n'est pas hors de doute, qu'on voit acourir tous les Marchands de l'Europe en France, pour avoir dequoy satisfaire à leurs besoins. Ie dis bien davantage que quand nostre Royaume ne voudroit pas s'attacher à estre Marchand, il faudroit qu'il le fût de necessité, parce que les autres peuples ne peuvent pas se passer de trois choses qui leur sont absolument necessaires, & dont il abonde extraordinairement. La 1. c'est le Sel. La 2. c'est le vin, & la 3. c'est le chanvre : ainsi il faut qu'elle soit le centre du commerce pour ces trois raisons, & qu'elle attire par consequent les Estrangers quand elle ne voudroit pas leur porter ce qu'ils viennent chercher par une pure contrainte : Mais enfin voyons de grace les avantages particuliers qu'a cet Estat sur les autres, & nous trouverons qu'il en a trois principaux au dessus de tout ce que les Nations voisines pourroient avoir; 1. c'est que la France n'a point de Païs à conquerir pour établir son commerce. La 2. c'est qu'elle a le meilleur Païs du monde sous sa domination ; & le 3. c'est qu'outre les richesses qu'elle en tire, elle est en occasion de trafiquer commodement dans tous les autres Païs de l'univers.

Ce n'est pas un petit avantage quand on a la possession d'un bien, lors qu'on veut établir le commerce : parce qu'outre les dépenses excessives que l'on est obligé de faire pour le gagner, outre les grandes armées & les puissantes flotes qu'il faut mettre sur pied pour en devenir le Maistre, l'on court risque de ne rien faire, & de perdre plusieurs batailles sans rien gagner. Le malheur qui a esté si ordinaire aux autres Nations ne nous touche point du tout : car nous nous voyons en possession des meilleures Isles de l'Affrique, d'où nous tirons le sucre, le tabac, &c. Et nous sommes si heureux d'estre les Maistres, non seulement de la nouvelle France, dont nous tirons les plus riches peaux de l'univers : mais encore de Madagascar, qui est le lieu où l'on pesche les perles, & où l'on trouve les plus grandes richesses de l'Ocean. Il n'y a donc rien à risquer pour la possession de ces places, & on ne doit rien craindre sur ce sujet ; puisque l'on n'a pas mesme raison d'appréhender d'en estre chassé par aucune puissance estrangere : n'y ayant que des François naturels dans ce Pays ou bien des peuples si amis de nostre Nation, qu'ils seroient marris de ne les avoir pas pour leurs Souverains : enfin la France a cet avantage, qu'elle est seule dans ces nouvelles conquestes, si vous en tirez quelque poignée d'Anglois ramassez, qui sont dans Saint Christofe, lesquels n'oseroient plus groüiller contre nous, depuis que nos gens, ayant sçeu l'ordre qu'ils avoient de faire main basse sur tout sans en excepter personne, punirent leur funeste dessein par une entiere deffaite de leurs gens, & par un bannissement general hors de l'Isle, où ils ne seroient pas rentrés, si le Roy ne leur en avoit accordé la permission par un effet de sa bonté.

Quant à ce qui est de la facilité que nous avons d'y aller, on sçait bien qu'elle est plus grande que celle des Anglois qui doivent passer à travers de mille glaces, & que les Hollandois qui sôt obligez de faire un grand détour de plus de deux mois, s'ils sont en guerre avec les Anglois, ou de perir sur les costes de leurs ennemis, si la tempeste les agite ; ou de s'échoüer sur nos sables par un semblable malheur : au lieu que nous avons une mer libre & sans aucun danger, dés que nous sommes sortis de nos Ports, & que nous avons perdu la Rochelle de veuë. Au reste, c'est que nous en sommes plus proches qu'eux, & nous avons l'avantage de trouver une retraitte à Madagascar, qui nous appartient, laquelle rafraischit nos Marchands de tout ce qui leur est necessaire, & qui leur fournit tout ce dont ils ont besoin pour aller en Perse, aux Indes, au Iapon, & aux autres Païs où ils veulent trafiquer. Il faut remarquer icy, que cette Isle que j'appelle un grand Royaume ; parce qu'elle est du moins aussi vaste que la France ; est si bien située, qu'elle est entre les Indes & nous ; de sorte que les

Hollandois sont obligez de passer devant nos portes pour s'en aller à Batavia, & de rafraischir chez nous, s'ils ne veulent pas bien souvent perir de faim ou de soif sur la mer : Ainsi nous sommes en état de faire commodement un tel voyage, où les autres ne peuvent aller qu'avec des peines & des fatigues inconcevables, & mesme sans nostre secours.

En un mot, nous voyons que le canal, qu'on a déja fait, ruinera tous les commerces étrangers ; parce que l'on pourra donner presque pour rien ce que les autres Nations ne peuvent laisser qu'à un prix relevé, sans se ruiner entierement : dautant qu'il leur faut entretenir des convois considerables, dont les frais consomment des sommes immenses, & dont les voyages sont de trés longue haleine & tres dangereux, à cause qu'il faut passer par le détroit, bien souvent dans un temps orageux, ou bien se resoudre, à sejourner les mois entiers dans les ports de leurs alliés, attendant une saison favorable; cependant que nos gens vogueront heureusement dans toutes les deux mers, & qu'ils communiqueront sans peine ce que les autres leur donnent aprés tant de sueurs & de travaux. Ie puis dire encore que les marchandises ne nous coûtent que peu de chose, à raison qu'on les tire du Païs mesme, comme la laine pour faire toute sorte de draps, comme de soyes, de satins, de velous, de rubans, &c. & generalement tout ce qui est necessaire pour charger les navires, on ne sera jamais si cher dans les ventes qu'on en fera, par consequent comme un chacun court au bon marché; il ne faut pas douter qu'ils n'attirent tout le monde à eux, & qu'ainsi ils n'enlevent toutes les richesses estrangeres. Ie sçay bien qu'on me dira que tout ce que je dis est veritable : mais que l'execution ne sera jamais conforme au projet : & qu'ainsi, c'est donner une gloire à la France, qu'elle n'aura jamais, & que c'est la flater d'un bien, dont elle n'aura jamais la jouïssance. Mais je réponds à cecy par un Chapitre particulier : parce que la matiere est importante, & que le sujet le merite.

CHAPITRE VI.

Les beaux moyens qu'on a pris pour executer heureusement le dessein qu'on a d'établir le Commerce.

C'Est une ruse des Politiques, qui est aussi vieille que le monde, & aussi connuë par les gens d'esprit que le jour ; sçavoir de décrier tout autant que l'on peut les avantages des autres pour en avoir soy-mesme tout le profit. Les Espagnols méprisent tout ce que les François font, les Italiens ne font point d'estat des Allemands. Les Turcs foulent aux pieds tout ce qui appartient aux Chrestiens, & les Nations sont si ennemies en ce point, qu'elles se déchirent les unes les autres, pour estre plus considerées. J'en voy tous les jours des preuves dans les Bourses d'Amsterdam, de Londres, de Venise, de Seville, de Coppenaghen & d'Hambourg : mais je le remarque tres-particulierement au sujet de nostre France, que tous les peuples tâchent de décrier dans l'esprit de tous les Estrangers, & de dégoûter par rapport à elle-mesme, par l'envie qu'on luy partie, qui est si grande, que quelques-uns ne font pas difficulté de dire qu'ils estimeroient mieux avoir une sanglante guerre contr'elle, que de permettre l'établissement de son commerce ; en quoy nous devons remarquer deux sentimens bien differens, qui nous doivent encourager à poursuivre, & nous assurer que nous ferons quelque chose d'avantageux : parce que nous sommes si fort enviez de nos voisins, & puis qu'ils ont tant de peur que nous ne leur ostions ce qu'ils possedent : car les paroles de mépris qu'ils ont toûjours en bouche contre cette compagnie naissante, sont des marques infaillibles d'une forte passion, & nous devons croire que ces paroles de mépris qui sortent de leur bouche, ne sont que des effets de dépit & de bile, qui arment leurs esprits de toutes ces pensées, pour prevenir le mal qu'ils craignent & pour s'opposer au danger qui les menace.

Ie pourrois me servir de ces deux passions comme de deux argumens convainquans du bonheur qui doit arriver à cette illustre compagnie, & à tout ce grand Estat, si je manquois de raisons pour faire voir l'évidance de ce que je dis : mais parce que j'en ay de plus fortes, je laisse celles-là pour prendre celles-cy.

La premiere qui m'oblige à croire que le commerce ne manquera jamais de s'établir parfaitement en France, c'est 1. que le Roy s'attache fortement à cela. La 2. c'est qu'on prend tous les moyens pour bien réüssir, & la 3. c'est que l'esperance du gain & l'appas qu'on a déja au profit qu'on y fait, est un attrait bien puissant pour animer tous les François de travailler assiduëment à une si importante affaire.

On sçait assés que les Roys sont les Dieux de la terre & que tout obeït à leurs loix. On n'ignore pas que toutes leurs paroles ne soient des *fiats* & que leur puissance ne puisse applanir les montagnes, sonder les abismes, & faire des prodiges dans la nature : en un mot l'on est assez convaincu, que rien ne semble impossible à un Prince resolu, & qui se voit Souverain d'un puissant Empire, sans que je m'attache particulierement à faire voir icy tout ce qu'ils peuvent faire. Je prie seulement toute sorte de gens de considerer, qu'est un Roy de France en pouvoir, & qu'est un Louis XIV. en resolution & en fermeté, pour dire qu'il est hors de doute, qu'un tel affaire doit reüssir, quand tous ses voisins s'y opposeroient; hors que Dieu ne se range de leur parti : parce que, comme je viens de dire, il ne

DE LA FRANCE.

manque ny de constance ny de pouvoir. Au reste, quand il seroit si facile à changer, comment est-ce que sa fierté & son grand cœur pourroient souffrir qu'on l'accusât d'une semblable inégalité d'esprit, & d'une si honteuse legereté: puis qu'il donneroit occasion à tous les Etats de l'Europe de se rire de luy, & de son Conseil, & d'attribuer aux belliqueuses Nations, dont il est le Monarque; le proverbe ancien qui dit, que les *Montagnes firent grand bruit de leur grossesse pour n'enfanter en fin qu'un petit rat.* Il suffit donc de dire, que ce grand Prince est resolu d'enrichir ses Estats par ce moyen, sans qu'il y ayt occasion de croire aucun changement dans son humeur, qui est de la nature des Anges, dont on dit que *cui adhærent immobiliter adhærent*; ce qui est d'autant plus veritable que trois motifs l'engagent à persister dans ce dessein & à employer toutes ses forces pour ce sujet. Le premier c'est la gloire qui veut qu'une Auguste Majesté n'entreprenne quoy que ce soit sans en venir à bout. La seconde c'est l'esperance de voir ses coffres remplis par le moyen de ce commerce; & la troisieme, c'est afin de n'estre pas obligé de caresser les Hollandois, & de flatter les Anglois; lors qu'il a quelque guerre sur mer, ou qu'il craint quelque rupture avec ces puissances, qui arrestent ses conquestes par le moyen de la mer, & qui luy font peur, quand il ne veut pas faire ce qu'ils veulent; ainsi l'esperance d'estre riche, la crainte d'estre méprisable en ne continuant pas ses projets, & l'ambition de se voir Maistre de la terre & de l'onde, & de triompher comme l'Ange de l'Apocalypse de ces deux elemens, sont & seront toûjours de pressantes raisons pour l'obliger à faire ce que je dis; & ainsi comme les affaires de cette nature ne sont jamais impossibles à des Rois, je soûtiens que la chose vaut faite, & que cela ne sçauroit manquer.

La 2. raison qui m'oblige de croire la chose infaillible; c'est que les moyens que l'on prend & que l'on a pris sont trop bons pour manquer à faire reüssir cette affaire: considerez-en de grace la sage conduite, & admirez avec moy si la prudence humaine en pouvoit inventer de plus propres, & de plus ingenieux. Trois choses pouvoient incommoder le commerce ou l'empescher tout à fait; c'est le peu de fonds qu'on avoit pour faire les frais necessaires, & l'établissement d'un corps considerable qui prist soin de cette affaire. La 2. c'est l'obstacle qu'on pouvoit recevoir des Estrangers; & la 3. c'est le dégoût & la crainte d'un mauvais succés dans cette entreprise: voila, dis-je, les trois écueils qui pouvoient reduire en fumée les belles resolutions qu'on a prises, & qui en effet les auroient entierement ruinées, si la sage conduite de nostre invincible Monarque, & si la prevoyance de son bon conseil n'avoient prevenu de si funestes effets: mais parce qu'on y a mis ordre, il n'y a plus rien à craindre, voicy comment on y a remedié.

DE LA FRANCE.

Le Roy prevoyant bien qu'il falloit faire un fonds considerable pour l'établissement de cette compagnie, & sçachant bien que trois ny six, ny dix, ny mesme cent bourses ne pourroient pas suffire pour cela, a trouvé l'invention d'avoir 15. ou 20. millions par le moyen d'une cottisation qu'il a faite sur toutes les personnes riches de ses Estats, & sur toutes les Villes de sa dépendance, sans incommoder personne en aucune façon, & ce qui a donné cependant un tel branle aux affaires, que la compagnie se voit maintenant une des plus riches de l'Europe dans son commencement, & peut se vanter d'avoir plus de soixante navires qui luy appartiennent, outre qu'elle a le meilleur Païs du monde pour son trafic, & dont elle est la souveraine, moyennant un certain tribut qu'elle sera obligée de payer à sa Majesté: ainsi voila son établissement fait; Que s'il faut avoir égard au bien qu'elle a eu dans sa fondation, & porter à mesme temps sa veuë sur celuy qu'avoit celle d'Amsterdam dans son commencement, nous verrons qu'il n'y a point de comparaison de l'une à l'autre, & que la nostre ayant eu presque autant de bien lors qu'elle a fait son premier voyage que celle-là dans le 10. il est aisé à conjecturer que son profit sera incomparable, & que ses richesses seront immenses dans la suite du temps & dans moins de dix années.

Pour ce qui est des empeschemens qui pouvoient ruiner de si beaux desseins, on ne pouvoit pas mieux les oster, qu'en faisant les alliances qu'on a faites avec les plus grands Rois du monde, & qu'en établissant des traittez de commerce avec les Moscovites, & les Danois, les Persans & les Chinois, les Indiens & les Iapponois, les Affricains & les Ameriquains, & enfin avec tous ceux de qui nous pouvons retirer quelque avantage. Ces Ambassadeurs qu'on a envoyez dans tous les Païs orientaux: mais sur tout au grand Sophy, lequel a promis une faveur particuliere à nos Marchauds, & qui a mesme promis de leur donner un libre accés dans toutes ses terres, sans les charger d'imposts, sont des témoignages infaillibles que la Perse enrichira nostre Estat, si nous en croyons les dernieres lettres que nous avons receuës: Ayant donc cette liberté de trafiquer dans le plus riche Païs de l'Asie, c'est un grand avantage pour nos affaires.

Il reste maintenant à voir comment on pourra se deffendre des concurrans, & se mettre à couvert de leurs insultes, en cas que l'envie & la jalousie les oblige d'en venir dans de semblables excés. Pour bien répondre à cecy, il faut presuposer qu'il n'y a que deux Nations capables de nous inquieter dans ce rencontre, sçavoir l'Angloise ou l'Hollandoise: Quant à la premiere, je ne doute pas qu'elle ne voulût bien rompre le col à nos affaires, de peur que nous ne la ruinions entierement par ce moyen, & que son humeur jalouse & ennemie de la gloire de la France ne soit tout à fait portée à faire son possible pour cela : mais il faut qu'ils mordent leur frain, & qu'ils souffrent de gré ou de force que nous établissions nostre commerce: parce qu'ils ne sont pas en estat de s'opposer à ce dessein, ny de nous faire la guerre: au reste, c'est qu'outre l'apparence qu'il y a de guerre entr'eux & les Danois, joint aux grands malheurs qui leur sont arrivez, depuis qu'ils ont esté si lasches & si infames de faire mourir leur Roy, une Reyne, banny toute la race Royale, & abandonné Dieu pour prendre de nouvelles Religions, ils ne sont pas en estat de broüiller contre nous: pour le regard de la 2. sçavoir la Hollande, elle est trop amie de la France, trop paisible, & d'une humeur trop douce & trop politique pour se faire un semblable ennemy : outre que l'Angleterre qui l'aime moins qu'elle ne cherit la France, & qui ne peut pas souffrir qu'avec des peines extrêmes la paix qu'elle a esté obligée de faire avec elle dans la derniere guerre, se joindroit facilement à nous pour la ruiner entierement, & se vanger par consequent de l'affront qu'elle croit avoir receu : Enfin, comme il n'y a rien de si facile que d'unir deux personnes contre un troisiéme, lors qu'elles luy portent également envie, le conseil ayant preveu que tous les deux pourroient s'opposer (ou separez ou unis) à nostre trafic ; l'on s'est mis en estat de leur resister par de puissantes flotes qu'on a mises en mer ;

& par les ordres qu'on a donnez d'en bastir tous les jours : mais il n'y a rien à craindre de ce costé là, d'autant mieux que nous sommes en traité avec l'Angleterre pour faire nostre commerce ; & parce que les Hollandois sont nos alliez & nos intimes amis.

Le plus grand malheur & le plus dangereux écueil qui nous puisse assaillir, vient de nous-mesmes, & lequel est à la verité le plus dangereux à craindre ; c'est nostre humeur & nostre dégoût. Je ne veux pas nier que les François n'aiment un peu trop le repos, & que leur cœur ambitieux ne les sollicite bien souvent à laisser des entreprises imparfaites : parce qu'ils se persuadent que cela est indigne de leur noblesse & de leur valeur de les conduire à bout ; je mets de ce nombre le trafic, & je croirois en effet que la chose arriveroit comme je la dis ; si je ne sçavois pas que ma Nation a le mesme desir que toutes les autres, sçavoir d'estre riche, & de posseder abondamment ce qui peut augmenter ses delices, & la combler de plaisirs. L'on dit en Philosophie que l'esperance du gain anime les plus paresseux au travail, & réveille les ames les plus engourdies pour se mettre en estat d'acquerir ce qu'elles esperent ; lors qu'elles voyent que d'autres personnes possedent ce qu'elles attendent, en se servant des mesmes moyens qui les leur ont acquis. Si ce principe, que l'experience & la raison nous font voir veritable, est receu de tout le monde : je vous prie de considerer si les François

peuvent

peuvent estre capables de se dégouter dans la poursuite d'une semblable affaire, où il y a une infinité de richesses à gagner, d'où l'on retire déja des thresors immenses par les Diamans, les Perles, & les autres choses pretieuses qu'on en a receuës & qu'on en reçoit mesmes tous les jours, & par l'exemple que l'on a devant les yeux que la Hollande qui n'est qu'un Païs marescageux où rien ne produit, est le receptacle de tout ce qu'il y a de rare dans les autres Païs, & qu'Amsterdam qui n'estoit, il y a deux cens ans, qu'un chetif village, qui n'est mesmes à present qu'une Ville ramassée de toutes les Nations de la terre, & qui n'est bastie que sur du bois, enferme en soy par le moyen de son trafic, & de sa Chambre des Indes, des dépoüilles je ne sçay de combien de Roys, & est comme le cabinet des thresors de l'Europe. Ces exemples, dis-je, qui sont devant nos yeux sont de trop pressantes raisons pour n'engager pas cette Nation belliqueuse à faire voir aux étrangeres qu'ils ne sont pas moins capables de triompher sur la mer, qu'ils regnent glorieusement sur la terre : ainsi l'esperance, & le desir de devenir aussi puissans en or & en argent que ses voisins animeront puissamment les Peuples de continuer leur entreprise, & les obligeront de n'abandonner pas un affaire d'où dépend leur bon-heur, la gloire de la Nation, & l'avancement de l'Etat. Cela étant ainsi, je ne doute plus maintenant que la France ne soit un Paradis de delices : puis le devient le centre de commerce, & puisqu'elle donne mille moyens à ses habitans de rouler parmy l'or & l'argent, & d'estre couverts de perles & de diamans.

CHAPITRE V.

Response à quelques objections que l'on fait contre l'établissement du commerce.

IL y a des esprits si peu connoissans de la verité, & si opposez au sentiment commun, qu'ils font gloire de choquer les avis de tout le monde, & de faire une guerre ouverte à cette Reyne des vertus, laquelle fait un des plus beaux ornemens de la Divinité. J'en ay des preuves assez évidentes en la personne de tous ceux qui déchirent l'établissement de nostre commerce, & qui taschent par un sentiment d'envie, ou bien par un effet d'ignorance de se persuader & de vouloir faire croire aux autres, que la France ne sçauroit jamais réüssir dans son entreprise touchant son commerce, parce qu'il y a (à leur avis) des raisons convainquantes qui prouvent leur sentiment, & qui authorisent leur opinion.

La 1. qu'ils apportent pour ce sujet, c'est que les François n'ont pas assez de gens pour fournir leurs navires de Pilotes, & de Matelots: & au reste, qu'ils ne sçavent pas bien encore les routes les plus courtes & les plus asseurées pour aller dans les Païs étrangers. La

2. que leur gain ne peut estre que tres-mediocre, à cause que ses équipages ne se contentent pas de peu, & parce qu'il y a beaucoup de gens sur leurs vaisseaux. La 3. c'est qu'ils ont trop d'imposts dans le Royaume; la 4. Que le Roy prendra leurs navires & leurs biens quand il voudra, & quand il en aura le moindre besoin. La 5. qu'ils esperent que cette entreprise ne reüssira pas mieux que les autres; & la 6. enfin, c'est qu'ils pretendent y porter tant d'obstacles secrets, qu'ils esperent de voir dissiper cette compagnie dans peu de temps, & d'estre par consequent les seuls Rois du trafic de tout le monde : Voila les argumens invincibles des adversaires de la compagnie, lesquels ne peuvent avoir de force que sur des esprits prevenus des mesmes sentimens qu'eux, ou bien qui n'ont pas assez de lumiere pour en découvrir la foiblesse. Ie vous prie de voir combien ces raisons sont nulles, & de considerer avec moy, si cela est capable de convaincre un esprit fort, & qui sçait raisonner.

Ils disent en premier lieu que nous n'avons pas assez de gens de marine pour fournir tous les vaisseaux du commerce & de guerre : mais à quoy songent-ils, je voudrois bien demander si les costes de nos mers ne sont pas aussi peuplées que celles des autres Païs, & si le Royaume ne peut pas fournir assez de gens pour les élever à cet exercice: au reste ne sçait-on pas qu'il y a plus de 24. ou 25. mille bons Matelots sur l'Ocean

K ij

ou la Mediterranée: mais quand bien il n'y en auroit point du tout: l'argent n'aura-t'il pas autant de pouvoir en France, qu'en Hollande, & dans les autres Royaumes où les flottes sont pleines d'étrangers, & où on voit la plus part des matelots François, (pour marque qu'il y en a beaucoup dans nôtre Etat) & n'y a-t'il pas sujet de croire que le desir de s'enrichir n'attirera pas moins les étrangers chez nous, que nos voisins attirent nos gens chez eux par cette invention & cét appast: ainsi il faut dire que c'est une foible raison & qu'elle n'est pas digne d'estre ouye. Quelques personnes du commun sont si ridicules de dire que les François ne sont pas assez habiles sur la mer; qu'ils ne sçavent pas les routes qu'il faut tenir pour aller où leurs voisins vont; & qu'enfin il leur faudra beaucoup plus de temps pour faire cette course que les autres n'y en mettent: comme si on ne sçavoit pas que nostre Nation a fait des descouvertes aussi bien que les autres; comme si on ignoroit que les Basques & les Bretons sont les meilleurs hommes de mer qui soient au monde, comme les Hollandois & les Anglois sont obligez de confesser, n'y ayant que ces premiers capables de bien prendre les Balaines; & comme si on ne pouvoit pas trouver des cartes & des matelots en Angleterre ou en Hollande, en Espagne ou en Portugal qui peuvent apprendre ces nouvelles routes & pour instruire nos gens comme il faut, quand bien il ne se trouveroit pas des milliers d'hommes dans l'Etat qui ont fait mille fois ces voyages.

Ils disent que le peu de gain qu'ils feront les dégoutera : & ils se fondent sur ce qu'il faut beaucoup de monde sur un navire François & beaucoup de frais & de vivres pour leur entretien : mais je dis à cecy que ce n'est pas une raison capable de ruiner le commerce : parce que quand bien il y auroit de grandes dépenses à faire, on sçauroit bien suivre la methode des Hollandois & reduire le nombre des matelots à ce qui est seulement necessaire, si on voyoit que cela fût capable d'encherir les marchandises, & d'apauvrir les Marchands : mais parce qu'on voit que les vivres ne coûtent presque rien, & que les gages qu'on donne aux mariniers ne sont pas une chose si considerable sur une grande charge, on se mocque de ces imaginations & on se rit d'un si foible argument.

La troisiéme semble estre plus forte que toutes celles que nous venons de dire, si elle estoit aussi cruë qu'on nous la donne : mais parce qu'il n'est pas vray qu'il y ayt tant d'imposts que l'on dit, il est evident qu'elle ne doit pas estre admise. Je n'ay que trois ou 4. choses à dire sur ce sujet. La 1. c'est que les droits qu'on paye en France pour les marchandises que la Chambre des Indes ou du Nort, ou que les habitans du Païs envoyent ou menent tant dehors que dedans le Royaume, sont fort mediocres, comme on le peut voir par experience. La 2. c'est qu'il n'y a que les marchandises dont nous n'avons pas besoin que l'on charge beaucoup : & la 3. c'est qu'il y a des Ports, comme Marseille, où tous Etrangers peuvent entrer, vendre & achepter sans payer un denier ; & la 4. enfin, c'est que si on considere bien ce que l'on fait payer aux autres Villes maritimes, & dans les autres Estats, on verra que nostre Empire n'est pas la sangsuë des Marchands; ce qui est d'autant plus facile à croire, que l'on remarque un soin particulier à favoriser le trafic, une bonté singuliere de nostre Monarque à donner de tres-grands Privileges à ceux qui s'adonnent au commerce, & de les assister de tout son pouvoir : ainsi voila la plus forte raison détruite, & par consequent leurs desirs sans effet.

Il reste la 4. à combatre qui n'est bonne que pour de simples gens ; sçavoir que ces beaux desseins n'auront pas de plus heureux succés que les precedens, lesquels n'ont eu d'autre estre, ny d'autre existance que l'imagination : je réponds à cecy, que cette croyance est mal fondée, parce qu'il n'en est pas de mesme de celle-cy que des autres : car ce qui a esté fait par le passé, n'a esté que de simples tentatives faites par des particuliers, qui n'estant pas assez forts pour soûtenir une si grande entreprise, ont esté obligez de succomber sous ce faix, & d'en laisser l'execution à d'autres; ainsi comme le Roy est le premier qui contribuë à ces frais, comme les Princes & les Ducs, les Comtes & les Marquis, les Presidens & les Conseillers, les Villes & les Marchans ne font maintenant qu'un corps pour faire reüssir cette affaire, je dis que la chose doit avoir un heureux succés : Nous voyons pourtãt (dira quelqu'un) que beaucoup de personnes ont déja renoncé à tout ce qu'ils pouvoient pretendre sur la compagnie, parce qu'ils ont veu qu'il falloit toûjours donner sans avoir aucun profit:& parce qu'ils ont biẽ preveu que tout s'en iroit à vau l'eau: l'avouë que plusieurs ont fait cette faute; mais ce n'est pas une consequence legitime que les autres en feront de mesme : dautant qu'ils commencent à prendre goût au profit qu'ils y font, & parce qu'ils voyent bien qu'ils ne peuvent que faire fortune estant dans ce corps, par cette seule raison que sa Majesté qui a donné plus de 6. ou 7. millions, s'est engagée à porter pendant dix ans toutes les pertes que l'on pourra faire,& ne veut avoir lors que les flotes viendront heureusement à bon port, que le revenu proportionné au fonds qu'il y aura mis : ainsi bien loin de se dégoûter, ils s'encourageront de plus en plus, voyant qu'ils ne courent risque de quoy que ce soit, & que leur revenu leur est asseuré : estant impossible que la compagnie reste dix ans de suite sans recevoir aucune flote des Païs qui luy sont soûmis : ainsi avoüez avec moy que le commerce ne peut pas manquer, s'il n'y a pas d'autres obstacles qui s'opposent à son établissement.

Venons enfin à la derniere raison de nos adversaires, & voyons de grace si les menées publiques ou secretes pourront faire avorter nos entreprises. Ie remarque qu'il n'y a que trois moyens dont on se puisse servir pour inquieter les François dans leur trafic. La 1. est la guerre ouverte. La 2. c'est d'empescher le commerce hors de leur Pays ; & la 3. c'est de ruiner leurs Marchands en donnant pendant deux ou trois ans les marchandises presque pour rien, afin d'affoiblir & de nous ruiner, je vous advouë que ce sont les plus forts moyens dont on se peut servir pour l'incommoder ; mais je defie tous les Estrangers de pouvoir la ruiner par ces moyens : en voicy les raisons. 1. La France est maintenant trop puissante pour craindre une guerre, & il n'y a pas sujet d'apprehender maintenant que la fortune qui est l'arbitre des Estats & qui fait la loy quasi à toute l'Europe, puisse la recevoir de personne que de Dieu seul. La 2. c'est que quand bien tous les Princes Chrestiens (ce qui ne sera jamais) s'uniroient ensemble pour defendre à leurs Estats de ne recevoir pas une sorte des marchandises de France, ils ne sçauroient l'incommoder : parce qu'elle est suffisante de subsister par elle-mesme, & par le debit qu'elle en fera dans ses Provinces: la 3. c'est qu'elle se moque de tous les bons marchez qu'on pourroit faire, non seulement, parce qu'elle est mieux en estat de souffrir des semblables pertes que les autres : mais encore parce qu'elle pourra toûjours donner les marchandises au mesme prix que ses adversaires : parce que le canal qu'on a déja fait depuis Narbonne jusqu'à Bordeaux

leur

leur en donnera le moyen par les grands frais qu'il leur épargnera, & par 2. ou 3. mois de temps qu'il leur fera gagner. En quoy vous voyez que la France est semblable à la Lune qui fait son cours, quoy que les chiens abbayent incessamment apres elle ; & quoy qu'ils semblent la devoir devorer par leurs hurlemens & leurs efforts. Enfin quoy qu'il en soit, je soûtiens que la chose succedera selon nos desirs, s'il n'y a que des hommes qui s'opposent; parce que le Roy veut ; parce que les moyens qu'on a pris sont tres-propres ; & parce qu'il a toutes les apparences du monde que le Ciel favorise nos entreprises, & benit nos desseins. Au reste, c'est que sa Majesté Tres-Chrestienne a permis aux Nobles de trafiquer, & donne à tous ceux qui font bâtir des Navires une somme considerable pour les encourager.

CHAPITRE VI.

La France ne sçauroit manquer d'estre riche, vû les demarches du Roy pour soulager son Peuple.

Tout le monde sçait bien que les Estats ne sont puissants que par le moyen du trafic, & c'est une verité receuë generalement de toutes les Nations, que les richesses n'abondent dans les Royaumes, que par le commerce : Je remarque neantmoins, que la France a un deuziéme moyen pour devenir puissante & riche; quand bien elle seroit privée de ce secours; pourveu qu'elle soit moins chargée de Tailles & d'Impost qu'elle n'a pas esté durant quelques années: car comme il est hors de doute que les Etrangers ne peuvent pas se passer de nos vins, de nos toiles, de nos eaux de vie & de nostre sel; il faut aussi qu'ils apportent quantité d'argent pour en avoir: ce qui fait que le Royaume abonde en or & en argent. Il reste donc à soulager les peuples, & c'est ce que sa Majesté fait tout autant qu'il se peut, comme vous le pouvez voir par les raisons qui suivent : 1. le Roy a supprimé un nombre infiny d'Officiers, lesquels avoient des gages tres-considerables sur l'Estat ; & voila par consequent autant de décharge pour le peuple. 2. Le Roy a fait rendre gorge à tous les Partisans de son Royaume, & a fait restituer à toutes les sangsuës de son Estat les tresors immenses qu'ils avoient tirez de ses subjets ; c'est pourquoy en ayant remply ses coffres, il s'est veu, & se voit en occasion de diminuer de beaucoup les Tailles, comme nous voyons qu'il fait tous les jours, 3. Il a racheté ses domaines pour n'estre plus obligé d'avoir recours à ses peuples que dans des occasions pressantes. Il a beaucoup diminué la taxe du sel ; & veut enfin l'oster tout à fait, si les affaires le peuvent une fois permettre. La 5. c'est qu'il ne veut pas qu'il y aye de vanitez superfluës dans ses villes ; c'est pourquoy il a deffendu les dentelles & les points de Genes, de Venise & de Raguse, les bas de foye d'Angleterre, & a fait venir les meilleurs maiſtres de l'Europe pour eſtre les Intendans & les Directeurs des Manufactures du Royaume, leſquelles peuvent elles ſeules enrichir tout le Païs. Et la 6. c'eſt qu'il veut maintenant que ſes coffres ſont pleins, remettre les Tailles dans le meſme eſtat qu'elles eſtoient du temps d'Henry le Grand ſon ayeul, & faire revenir par conſequent le ſiecle d'or, dont l'antiquité nous a ſi fort parlé.

Ie pourrois rapporter icy les ordres admirables qu'il donne tous les jours pour amoindrir ſa dépenſe, afin de moins charger ſes ſujets, & je pourrois dire que ce grand Monarque eſt ſi occupé & ſi ſoigneux de s'acquerir juſtement le ſurnom de cét ancien Empereur Romain, qu'on appelloit les *Delices du Genre humain*; qu'il ne perd pas un moment à y ſonger & à chercher inceſſamment les occaſions favorables pour ſatisfaire à ſes deſirs : on peut bien juger de tout cecy que c'eſt ſon ſentiment, & une des plus fortes paſſions qu'il aye, puis que ſes paroles ordinaires ſont. *Ie rendray mes Peuples heureux, & je feray voir à mes ſujets que je ſuis leur bon Pere.* En effet, il ne peut pas mieux faire que de leur attirer les richeſſes des autres Pays, & d'empeſcher qu'elles ne ſortent plus d'entre leurs mains, ſous pretexte d'avoir de leurs ouvrages, & de retirer des commoditez de leurs officieux ſervices.

Ie n'oublieray pas de dire icy que le Roy a

trouvé le secret de faire rouler l'or dans ses Provinces par le moyen des Manufactures qu'il a dressées dans toutes les principales Villes de son Royaume : & je ne craindray point de faire cette proposition, que c'est le bonheur de nôtre Estat. En voicy les raisons, 1. c'est que tous les pauvres, & les Orfelins sont hors de danger de patir par ce moyen : dautant qu'on les reçoit dans ces maisons, & on leur donne (outre leur entretien) de l'argent pour leur recompense, 2. c'est qu'outre cette décharge des pauvres & des Enfans qui ne sont plus sur le bras du public, l'Estat en reçoit deux grands advantages, le 1. c'est qu'il se fournit de tres-bons Maistres, & des plus habiles hommes du monde en toute sorte d'Arts, & le 2. c'est qu'il ferme la porte aux Estrangers pour le debit de leurs marchandises, conserve l'argent dans le Royaume, & nous met en Estat de fournir tous nos voisins de tout ce dont ils ont besoin, & de leur arracher l'argent de la bourse pour nous en engraisser à leurs dépens. Invention merveilleuse : qui me fait croire que j'auray le plaisir de voir (avant mourir) nos païsans chargés d'or & d'argent, & d'admirer quelque jour leurs femmes couvertes de bagues & de diamans, comme on les a veuës autrefois; estant infaillible que la chose arrivera ainsi ; veu le sage conseil de nostre invincible Monarque, & le desir extrême qu'il a de nous rendre heureux.

Fin de la 2. Partie.

TROISIEME PARTIE.
CHAPITRE I.

La France est le Paradis des Delices de ceux qui veulent passer agreablement leurs jours.

PAsser doucement ses jours, c'est joüir d'un profond repos; c'est estre dans un Pays où tout ce qui peut agréer aux sens se trouve abondamment, & c'est pouvoir se divertir, quant à l'esprit & quant au corps, tout autant qu'on le peut souhaiter en ce monde. Voila en peu de mots le tableau de nostre France, que j'appelle un Pays de paix & de repos, une region qui découle le lait & le miel, & un climat où tout l'homme peut trouver des satisfactions & des plaisirs inconcevables pour toutes les parties qui le composent. C'est ce que je pretend vous faire voir dans cette troisiéme partie, où vous verrés à découvert, comme quoy toute sorte d'Estats, de conditions, d'âges, & de qualités y trouvent un Paradis de delices; de sorte que les Sçavans & les Devots, les Curieux & les Indifferens, les Ieunes & les Vieux, les Femmes & les Filles, les Sensuels & les Delicats, & generalement toute sorte de personnes y peuvent vivre heureusement: voyons en la preuve dans la suitte du discours, & remarquons icy en passant trois raisons principales qui m'obligent à luy donner cette gloire. La 1. est que ses peuples sont doux, civils, & tout à fait traitables. La 2. c'est que le Pays y produit tout ce qu'il y a de plus delicieux aux sens; & la 3. c'est qu'il n'y a rien capable de satisfaire un esprit, de réjoüir un cœur, & de flater les sens, qui ne s'y trouve en abondance, comme je m'en vais vous le faire voir plus au long dans les chapitres suivans.

CHAPITRE II.

La France a des peuples doux, affables, bons & civils.

LA vie civile n'est autre chose, selon le sentiment des sçavans & des Philosophes moraux, qu'une certaine union entre les hommes, & une intelligence merveilleuse entre les Peuples & les Nations : de sorte que c'est elle qui est comme l'assaisonnement de tous les plaisirs d'un Estat & du monde, & de qui dépend en quelque façon tout le goust qu'on peut prendre aux plaisirs de la nature. La raison de cecy, c'est qu'elle est comme la chaisne de Platon ou d'Homere, qui entraisne avec soy tous les delices de la terre; parce que si l'union n'est pas entre les hommes, il arrive que chacun vivant en son particulier, prive son voisin du secours dont il ne peut pas se passer, cause ainsi le desordre dans la nature, & apporte la confusion dans l'univers : voila pourquoy un bel esprit comparoit la société de la vie civile à cette Deesse qui verse les fleurs & les fruits, les lis & les roses sur la terre: parce qu'en effet, l'on ne gouste jamais les douceurs de la vie, si on n'est pas parmy des gens sociables & bons. Cette verité établie, je dis que la France doit estre les delices de la terre & le Paradis du monde, dautant que les Nations qui l'habitent sont douces, civiles & obligeantes. Je pourrois apporter mille preuves de mon dire, si je croyois que pas un de tous les hommes revoquât cecy en doute; mais parce que c'est un sentiment generalement receu de tous les Etrangers, je me contenteray de faire souvenir mõ Lecteur du proverbe commun, qui dit qu'il faut naistre en France, vivre en Italie, & mourir en Espagne, parce qu'il n'y a point de Païs sous le Ciel, qui éleve si bien les gens, qui instruise si bien les enfans, & qui apprenne si bien à vivre que nostre illustre Royaume; & je diray qu'il ne faut que voir cette belle & fleurissante Cour de nostre incomparable Monarque, pour dire que la civilité, la douceur, l'humanité, & le bien vivre sont icy comme dans leur centre: voila pourquoy les Nations étrangeres sont si soigneuses d'y envoyer leurs enfans pour se mouler à la mode Françoise, & pour leur faire quitter cét esprit incivil & brutal que leur Païs pourroit leur avoir donné. On a remarqué de tout temps, que de tous les peuples qui sont sous le Ciel, il n'y en a point qui soit si amy des Etrangers, ny qui caresse si fort les personnes qui sont d'un Païs

L iiij

éloigné, que le François. Leur cœur est tendre & genereux, & vous voyés dans leurs largesses un certain caractere d'homme qui les porte à favoriser toute soute de gens : mais sur tout, ceux qui sont hors de leur patrie. J'ay veu beaucoup de Pays, & il y a fort peu de nations de l'Europe avec qui je n'aye conversé familierement, & dont je ne sçache à peu prés les coutumes : mais je n'en trouve pas une qui soit si genereuse, & si bienfaisante, & si bonne envers les estrangers que la Françoise. Les Allemands, & les Polonois approchent beaucoup de cette inclination : mais ils n'ont pas le *modus sciendi* (dont parlent les Philosophes) de nostre nation ; quoy que je leur donne cette gloire d'avoir un grand cœur & de belles ames. Je puis dire que les Anglois ont ce deffaut qui les fait haïr des autres peuples, qu'ils mal-traitent extraordinairement les Estrangers ; de sorte que s'il arrive par mal heur qu'un d'eux soit attaqué par quelqu'un de la ville ou du Pays. Tous les habitans accourent comme des pourceaux ou comme des chiens enragés pour mal-traiter ce pauvre homme, qui est sans secours & sans appuy ; les Hollãdois sont à la verité plus humains : mais ils ne le sont pas si fort, qu'on ne connoisse bien que ce n'est pas tant par inclination que par interest & par politique : parce que leur commerce en seroit moins grand, s'il n'estoit entierement ruïné. L'Espagnol a bien de l'honneur dans l'ame : mais sa fierté est cause qu'il méprise trop les autres Nations pour les careſſer comme il faut, les Italiens ſont trop meſ-fians, trop ſenſuels, & trop Ialoux pour marquer cette civilité qui doit eſtre dans un honeſte homme. Les Mores ſont trop Barbares, & les Turcs quoy qu'aſſés humains ſont trop partiaux en matiere de Religion pour n'eſtre pas aſſés charitables : ainſi il faut dire que la France eſt maintenant ce qu'eſtoit anciennement Rome ; c'eſt à dire, le centre de la douceur, de l'honneur, & de l'affabilité : de ſorte qu'elle peut juſtement appeller les autres peuples Barbares à ſon égard : parce que pas un n'eſt aſſés Civil par rapport à elle. Il ſemble qu'il ne faut que porter le nom d'eſtranger pour ſe faire bien recevoir dans les compagnies : parce qu'en effet, il eſt vray que tout le monde eſt jaloux de les favoriſer, non ſeulement parce que leur inclination les y porte : mais parce que leur grand cœur les oblige de faire du bien à tout le monde, & de donner à connoiſtre par ce moyen, qu'il n'y a point d'ames ſi nobles que celles des François.

On louë infiniment le ſoin du Patriarche des Croyans, & on n'a pas aſſés de paroles pour rehauſſer le prix du zele d'Abraham noſtre Pere à bien recevoir les pelerins & les eſtrangers ; mais je puis dire que la France eſt bien ſa veritable fille ; puis qu'elle eſt ſi jalouſe, ſi ſoigneuſe, & ſi attachée à rendre parfaitement ce droit d'hoſpitalité, qu'il n'eſt pas méme juſques au plus chetif berger

& au moindre paysan qui ne fasse la charité aux passans, & qui ne regale d'un visage riant les personnes qu'il connoist n'estre pas de son Païs, ou qu'il juge venir d'un Royaume different du sien. Qu'on aille à Paris ou à Orleans, à Tours ou à Blois, à Poitiers ou à Bordeaux, à Agen ou à Montauban, à Thoulouze ou à Montpellier, à Castres ou à Besiers, à Lyon ou à Rheims, & generalement dans les autres Provinces du Royaume, & on verra que les personnes de qualité disputeront à qui aura le brave Etranger, & le nouveau venu : On ne verra que des empressemens de tous costez de quantité de gens qui ne viennent vous saluër que pour vous offrir leurs services ; si vous estes homme de qualité, vous n'entendrez que des carrosses qui viendront vous chercher pour aller au bal ou au jeu, à la Comedie ou au cours, au festin ou à la campagne, & vous serez comme surpris que des gens que vous n'avez jamais veu, & dont vous n'avez pas mesme sceu le nom, ny entendu parler en aucune façon, soient si civils & si ardens à vouloir vous obliger qu'ils sont. Pour moy, je n'oserois ny l'avancer ny le croire pour tout ce que j'en ay leu, & qu'on m'en a dit, si l'experience ne m'en avoit rendu tres-sçavant. Et je ne doute pas que beaucoup de personnes qui n'auront jamais quitté leur fumier, & dont l'humeur sera taquine, brutale, & tout à fait particuliere ne dise que je suis un peu Mercurialiste en ce point : mais je me console de tout ce qu'ils pourroient dire, dautant que toute la terre sçait bien la verité de ce que je dis : & parce que tous les étrangers qui auront parcouru cét Empire seront mes deffenseurs & mes garans : c'est pourquoy, je n'en dis pas d'avantage, finissant ce chapitre par ces mots : *la France est maintenant ce que Rome fut jadis, & elle peut se vanter d'estre elle seule le sejour de l'humanité, de la douceur, & de la civilité.* Aussi laisse-t'elle les Tigres & les Lions, les Leopards & les Elephans, pour armes aux Nations étrangeres; pour s'armer de fleurs & de lis qui sont le simbole de la douceur & du plaisir, de l'innocence & de la vertu : & c'est avec justice qu'on laisse les Grifons & les Aigles, les sauvages & les monstres terrestres & marins aux autres Etats, pour porter leurs écussons, pour luy donner les deux plus beaux astres du firmament, qui sont l'image des biens & du contentement, & le Hyerogliphe de la vertu.

CHAPITRE III.

La France est le Paradis terrestre du monde & de la Nature.

JE croy que tous ceux qui ont pris la peine de s'alambiquer l'esprit sur cette question; sçavoir en quel lieu du monde est le

Paradis terrestre, n'ont pas esté en France, ou du moins ils n'ont pas assez bien considéré les raports de ce beau Païs avec ce beau sejour, parce qu'ils auroient esté sans doute de mon sentiment que c'est, où le veritable lieu dont on se met en peine de sçavoir l'assiete, ou du moins que c'est son parfait image & son veritable portrait : Car à remarquer les beaux avantages qu'il y avoit en cét agreable sejour & à voir tous les charmes qui se rencontrent dans nostre aymable Empire, je trouve qu'il n'y a, non seulement presque point de difference ; mais au contraire, qu'il en a tous les raports qu'on pourroit souhaiter. Car, s'il est vray que tout y abondoit ; s'il est certain, que l'air y estoit doux & temperé ; & s'il est hors de doute que les siens y trouvoient assés de quoy se satisfaire ; je dis que le Païs dont nous parlons, doit porter justement le titre que je luy donne : parce qu'il est une source de biens, comme nous avons déja dit : parce que son air est tout à fait doux & extrémement temperé ; & en 2. lieu parce qu'il est une source de plaisirs, & un assemblage de tout ce qu'il y a de precieux, de rare, & de beau dans la nature, comme vous allez voir la suite de ce chapitre.

Vous avez déja veu comme quoy nostre France est le centre des biens & de la fortune, des couronnes & de l'honneur : & vous sçavez trop bien la situation de cét Etat, sans en parler davantage : c'est pourquoy je m'attache maintenant à vous faire voir que c'est le rendez-vous de tous les plaisirs, qui se rencontrent dans le monde, & l'assemblage de tout ce qui flatte les sens & qui chatoüille la nature. Je n'auray pas sans doute beaucoup de peine à prouver ce que j'avance, si vous prenez la peine de remarquer que comme le Paradis terrestre n'est autre chose qu'une emanation & qu'un fidelle portrait de la gloire éternelle ; il faut par consequent, qu'il aye deux sortes de plaisirs & deux sources fecondes, mais differentes des delices, c'est à dire, qu'il faut de necessité que tout l'homme y trouve son contentement, & que son esprit aussi bien que son corps, soit enyvré & ensevely dans un torrent de joye & de satisfactions, autrement ce seroit improprement qu'on luy en donneroit le nom. Voyla ce qu'estoit anciennement le Paradis terrestre ; & voyez ce qu'est à present nostre aymable France ; Car je remarque que tout l'homme y joüit d'un profond repos, & que les deux parties essentielles qui le composent y goûtent à longs traits les plaisirs de la nature. Le ramage des oyseaux ne flate pas seulement les oreilles, mais on y entend encore des concerts de musique, & des voix si melodieuses, qu'elles surpassent tout ce que les anciens ont inventé & que les Poëtes ont feint de la lire d'Orphée : C'est pourquoy on dit communement que les François sont les seuls qui sçavent chanter, & c'est pour cela que le grand Empereur Charles V. avoüoit que de tout ce qu'il avoit veu & ouy dans le monde, il n'avoit jamais rien trouvé de plus charmant que la voix des Dames Languedociennes & Provençales : en effet les autres Nations qui se piquent d'esprit, n'ont jamais pû trouver le secret de devenir si bons musiciens que nous ; je ne sçay, si c'est parce que leurs voix ne sont pas si bonnes que les nostres, ou parce qu'ils n'ont pas la conception assez propre pour apprendre les regles de cét art. Quoy qu'il en soit, nous voyons que les Allemands & les Anglois, les Hollandois & ceux du Païs-bas, sont si amoureux de nos airs, qu'ils ne songent pas seulement à en faire de nouveaux ; je ne sçay si c'est, ou parce qu'ils desesperent d'en faire de meilleurs, ou bien, si c'est parce qu'ils ne veulent pas disputer avec une Nation qui les vaincroit facilement dans ce rencontre. Quant à ce qui est des Italiens & des Espagnols tout le monde sçait bien que ceux là ne font que pleurer & que ceux cy hurlent incessamment : au reste pas un ne doute, qu'il ne faille martyriser des hommes en Espagne pour les rendre capables de soûtenir leur parti dans un cœur ou dans un concert, puis qu'il faut les chastrer pour les rendre dignes d'avoir quelque rang dans de si belles assemblées. Les Italiens voudroient bien nous disputer cette gloire pour ce qui est des instrumens ; mais c'est vouloir avaler la lune, & dessécher la mer : car outre que nous avons les meilleurs Maîtres du monde pour toute sorte d'instrumens ; c'est que les seules Dames de Paris pourroient leur faire la leçon pendant plusieurs années: & je puis dire qu'après avoir ouy tout ce qu'il y a de plus charmant pour l'oreille dans les Païs étrâgers, je n'ay rien ouy de si doux ny de si charmant que nos musiques & nos Ioüeurs d'instrumens François: Que si quelqu'un doute de ce que je dis, je les en remets à leur propre jugement, & les supplie d'entendre une seule fois nos Dames sur la seine; lors qu'elles marient leurs voix au son d'un Luth, d'une Theorbe, d'une Espinete, ou de quelque autre instrument, & je suis certain qu'ils bailleront le prix à nos braves, & qu'ils avoüeront que les Dieux seroient charmez d'entendre tant & de si belles voix. Ie ne feray pas icy le denombrement des habiles hommes que nous avons pour joüer, pour composer, & pour marier leurs belles voix aux instrumens : parce que je n'aurois jamais fait : mais je diray seulement que la France a les meilleurs musiciens qui soient au reste de l'univers, & que les autres Païs avoüeront maintenant, qu'ils ne sont rien au prix de celuy-cy. Ainsi je vous laisse à penser, si je n'ay pas raison d'appeller l'aymable Empire dont je fais la description, les delices du monde & le Paradis de l'univers.

Si l'oüye a ses contentemens dans cét Etat par le concert & la musique, les voix & les accords, les instrumens & le ramage des oyseaux, elle ne reçoit pas moins de satisfaction d'entendre discourir les personnes dont l'eloquence enchante les esprits & enchaisne les cœurs, & son plaisir n'est pas moins charmant de voir les rares & les beaux objets qui ravissent les plus stoïques par le moyen des yeux : car vous y voyez des personnes si bien faites, qu'on peut dire avec raison que ce ne sont pas seulement des Anges, comme S. Gregoire appelloit les Anglois; *Angli* quasi *Angeli* : mais que ce sont des enfans des Dieux *Filij Dei* : car en effet, je remarque qu'outre cette beauté qui les fait cherir de toutes les Nations de la terre, c'est qu'ils ont une certaine Majesté qui les fait estimer d'un chacun: le corps en est si bien proportionné, d'une taille si juste, si riche & si aymable, que tous les Peuples luy envient un si riche avantage & l'adresse qu'ils ont de se bien ajuster, est quelque chose de si ravissant que tout le monde s'efforce de les imiter: quittons les pour un moment pour voir le beau Païs que Dieu a donné à un Peuple si genereux, si bien fait, & si bien conditionné, & nous trouverons que la veuë en est si belle, qu'elle ravit en admiration les personnes les plus indifferentes & les plus insensibles. Que peut-on voir de plus beau que des petites colines chargées de vignes, d'ou découlent des sources d'eau plus claires que le cristal, & dont le murmure est si doux, qu'il attire les oyseaux d'alentour pour y faire leur ramage & pour y goûter le plaisir des muses & des Dieux? Quoy de plus agreable, que de voir des valées qui divertissent les spectateurs par la diversité de leurs objets, par la verdure de leurs prairies, par l'abondance

de

DE LA FRANCE.

de leurs moissons, par la superbe de leurs bastimens, par la quantité de leurs jardins, des Vergers, par la beauté de leurs fleurs & de leurs fruits, & par le grand nombre des villages & des métairies, des bourgs & des Villes, des chasteaux & des maisons de plaisance, qui ne sont qu'une ville continuelle & q'uun Monde contigu. Qui a jamais rien veu de semblable à Marseille ou a Besiers, à Montpelier ou à Pesenas, & à toutes les autres Provinces de cet Empire, où on voit des campagnes fertiles & abondantes, où on conte jusques à 17. ou 18. mille maisons de plaisance pour les Bourgeois & les marchands où on trouve un abregé de l'univers, par les belles valées, les agreables ruisseaux, les beaux fleuves, les douces fontaines, les fertiles colines, les fruits, les fleurs & tout ce qui peut plaire à la veuë & satisfaire les sens? ou trouvera-t'on des Villes au monde si belles qu'en France, où il y a des promenades si belles, des jeux d'esmail si larges, & si longs, où on descouvre tant de belles maisons, tant de riches palais, des ruës si nettes, si bien prises, & si justes, que l'on voit du milieu des places tous ceux qui sortent ou qui entrent dans la cité ? Ie pourrois apporter icy quantité de preuves de ce que je dis, pour les Provinces & les Villes: mais je remets le tout dans la derniere partie de ce livre, & me contente de dire icy, que tout ce qu'il y a de charmant dans les Villes dont on nous fait tant d'Estat, ne peut pas estre comparé au seul Richelieu qui est une des plus

Tome I.   M

petites de ce Royaume : c'est icy où on verra des places regulieres, des maisons égales, des ruës droites, larges, & nettes, des eglises commodes, des promenades tres belles, des sorties agreables, un air temperé, une terre grasse, des bois ravissans, de l'eau en abondance, un des plus superbes chasteaux du monde à une de ses extremitez, & un tout si parfait qu'il faut avoüer que ce ne sont pas les hommes qui ont fait ce dessein : mais que ce sont les Dieux mesme qui y ont employé tout leur sçavoir pour y établir leur demeure. Aussi estoit juste, qu'un si charmant Païs eût-il une telle Ville : puisque cette aymable diversité de bois & de maisons, de parcs & de maisteries, de prairies & de campagnes, de vignes & de prez, & de tant d'arbres, de noyers, & d'amandiers, de figuiers, & d'abricotiers, de pommiers & de poiriers, & d'une infinité d'autres arbres delicieux rendent cette Province une des plus belle du monde.

Ces objets naturels ne sont pas les uniques qui recréent la veuë : puisque les artificiels y sont si frequens & si merveilleux. On dit que l'ornement & l'artifice ne peuvent pas imiter parfaitement la nature par un effet d'impuissance : mais qu'ils ont l'avantage de luy donner tant d'atraits qu'il la rendent incomparablement plus parfaite qu'elle n'estoit ; c'est que je remarque tous les jours dans le monde : mais sur tout dans la France où l'adresse des hommes est si extraordinaire, qu'elle surpasse la nature & luy donne tãt de perfections qu'il n'est pas possible de le pouvoir comprendre. Je vous ay déja dit, que la France estoit un des plus beaux Païs du monde, parce que sa disposition & son assiette sont incomparablement au dessus de tout ce que nous pourrions voir: mais il faut avoüer que l'industrie des hommes est si merveilleuse, qu'elle l'a renduë, & la rend à tous momens les delices du genre humain. Les Italiens & les Anglois nous ont fait autrefois la mouë pour l'invention des bastimens, les Hollandois se sont vantez d'estre les plus propres & les plus nets du monde dans leurs maisons, les anciens Romains ont creu l'emporter sur toutes les Nations de la terre pour l'embellissement & la superbe; les Grecs & les Carthaginois se sont glorifiés d'avoir les plus rares peintures, les plus habiles statuaires, & les meilleurs sculpteurs du monde, les Chinois se flattent d'estre les uniques qui ont trouvé le secret de faire de leurs maisons des Paradis: mais tout cela n'est rien en comparaison de nostre France, où la superbe est jointe à la gentillesse, la richesse à la netteté, la beauté à l'agréement, & où tout ce que les autres ont, se trouve plus parfaitement que chez eux. L'Espagne se vante d'avoir un Escurial dont la somptuosité a cousté des millions sans nombre: mais que dira-t'on d'un Louvre qui n'est ny moins rare, ny moins superbe, & dont la disposition est si belle qu'il surpasse déja tous les édifices de l'Europe & du monde. Les Villes de l'Italie, & les Palais des Cardinaux à Rome croyent estre les plus divertissans de l'univers; mais qu'ils prennent la peine, de grace de venir pour un moment à Versailles ou à Fontaine-bleau, à Saint Germain, &c. qu'ils considerent un peu le beau palais de Madrid, & qu'ils observent attentivement les jets d'eau, les belles sources, les napes, les Gerbes & les autres figures que l'eau fait dans ces lieux consacrés aux divertissements de nos Monarques invincibles, & ils verront que leurs soins ne peuvent pas approcher que de bien loin ce que nous possedons ; je ne veux que leur faire voir les simples maisons de nos Bourgeois de Paris ou d'Orleans, de Blois, ou de Tours, de Poitiers ou de Bourdeaux, de Toluze, ou de Lyon, &c. Pour les obliger d'advouër que Rome n'a rien d'égal à cela : jugés de grace que doivent estre les maisons de divertissement & les sejours ordinaires des Officiers de nos Parlemens, de nos Seigneurs, & de nos Ducs & Pairs, de nos Princes & de nos Roix? puisqu'on ne voit icy que des statuës admirables, & que des pieces les plus rares que l'on aye veu dãs l'antiquité: puisque les jets d'eau font rouler des machines surprenantes, representent des spectacles estonnans, joüent des instrumens, & forment des figures qui font douter les assistans, si c'est par la force de l'art ou par un effort de la Nature ; puisque les plus riches peintures du monde ornent leurs maisons : puisque l'or couvre leurs fenestres & leurs cheminées, leurs portes & leurs lambris: puisque le Iaspe, le Marbre & le Porphire leur servent de pavé & de fondement à leurs maisons: puisque la Porcelaine, le Corail, & les autres curiosités des Indes & du Iappon, de la Perse & des païs orientaux paroissent dans tous les recoins, remplissent jusques aux cabinets des jardins & ornent les reposoirs des allées & les cheminées des lieux les plus abandonnés. Qu'on prenne la peine de voir les belles maisons de nos habitans, tant de la campagne que de la Ville; qu'on visite les environs de Paris; & qu'on suive les bords du Loire, de la Seine; & on dira, qu'il ny a point de Pays au monde égal à celuy-cy. l'Angleterre se glorifie de ses beaux parcs, l'Italie de ses Jardins, la Pologne de ses prairies & de ses campagnes, l'Egypte de son abondance & de fruits: mais la France peût se vanter d'avoir tous ces avantages au dedans d'elle mesme, & mesme dans plusieurs de ses maisons, comme dans Fontainebleau qui est un Miracle de la Nature, & un prodige de l'art en toutes choses, où l'on voit une maison Royale sans egale, des jardins & des fruits, & des statuës & des cascades, des napes & des fleurs, des jets d'eau & des fontaines, des canaux & des estangs, des prez & des bois, des parterres & des jardins, des forets & des mondes entiers de raretés, lesquelles sont si considerables, qu'elles rendent ce lieu le centre de raretés, & des beautés de l'univers. J'appelle à témoin tous ceux qui ont veu ce beau lieu, & je prie ceux qui auroient

M iij

peine à croire ce que je dis, de s'informer des Etrangers qui y ont esté, & quel est le sentiment qu'ils en ont donné, dans les Livres qu'ils ont fait en faveur de nostre incomparable Estat, & pour lors, ils diront qu'il n'est rien d'égal à nostre Empire, & que c'est avec justice que je l'appelle les Delices du monde, & le Paradis terrestre de l'univers.

L'odorat y trouve ses plaisirs aussi bien que les autres sens; de sorte qu'outre que nous avons des odeurs arabiques en aussi grande quantité & aussi pures que les autres Nations; c'est que nous avons l'avantage d'avoir un Païs qui semble estre le parterre de la Nature, & la veritable montagne des Muses: on diroit que nostre France n'est qu'un parterre continuel depuis une extremité jusqu'à l'autre: car le mois de May n'aproche pas si tost, qu'on flaire de tous costez une odeur extrémement douce, & on a la satisfaction de voir que ce sens qui est si delicat, s'y voit enyvré d'un plaisir innocent qui enchante nos puissances & qui nous dérobe à nous-mesme, pour nous plonger dans un Paradis de douceurs. Ce qui est d'autant plus considerable & plus à remarquer dans nos campagnes, c'est qu'il y a un certain meslange d'odeurs & une certaine confusion de senteurs qui ne nous permettent pas de sçavoir ny de pouvoir discerner laquelle l'emporte sur toutes les autres; & qui pourtant composent un tout si charmant pour nous, que nous sommes incapables de le pouvoir exprimer; de sorte que nous sommes obligez d'imiter les Bien heureux qui goustent leurs delices sans pouvoir exprimer leurs contentemens, & de dire comme un S. Paul, que l'œil n'a jamais veu, ny l'oreille entendu, ny le cœur ne s'est jamais assez bien representé la douceur qu'il y a d'estre dans ce Pays: pour moy je puis bien vous assurer que je n'ay jamais rien veu d'égal, & qu'il ne m'est pas possible de vous dire la satisfaction que l'on reçoit en tout temps dans ce vaste Estat, à raison des agreables odeurs qu'il exale presque en toute saison, le Printemps fait de nos campagnes un parterre continuel par les fleurs dont il couvre toute la terre; de sorte que vous sentez à mesme temps le romarin & la rose, l'œillet & les lis, les arbres qui sont mesme les plus méprisez dans la nature, & les arbustes & les plantes dont on ne fait presque point de cas, comme les buissons & les aubespins, les seves & le serpoles deviennent des Arabies en odeurs, & donnent tant de plaisir à nostre odorat, que nous sommes obligez de dire ces paroles ! ô que Dieu est admirable, & que sa bonté pour la France est extréme de la rendre si delicieuse: pour moy, je croy qu'elle est cette terre qui fluë le laict & le miel dont parle l'Escriture; parce que tout ce qu'il y a dans le monde de charmant & de doux, se trouve abondamment dans ce Pays.

Quelqu'un dira sans doute, que ce n'est que quelque Province, ou bien mesme dans quelque recoin de cet Estat où l'on jouït de ces douceurs & ainsi qu'il ne faut pas la loüer si fort que je fais : mais je dis à cela, que cet advantage est si general dans nostre illustre Empire, qu'il n'est pas possible de trouver un lieu pour si affreux ou si reculé qu'il soit, lequel n'exale des senteurs merveilleuses; voyés en l'experience, de grace dans les Pirenées & les Sevenes, le Cantal ou le Montdor, le haut Auvergne & le haut Quercy, où on ne voit que des Montagnes & des Rochers, & vous trouverés que ces lieux où la gresle & la nege, où la tempéte & l'orage, où les carreaux & les foudres semblent faire leur demeure & leur sejour ordinaire, sont des parterres delicieux qui flairent si doux, qu'on reste charmé aux seules approches de ces montagnes : jusques-là, que les Moutons & les brebis, les agneaux, & les chevreaux, &c. prennent une certaine qualité qui rend leur chair plus delicate & mesme plus doux flairante que celle des autres animaux qui viennent des Pays estrangers : voyla pour ce qui est des effets de la nature. Voyons maintenant ceux de l'art.

La France est une Arabie pour son Pays: parceque Dieu l'a privilegiée à ce point, qu'elle exale des odeurs nompareilles, comme je viens de vous dire : mais elle encore le parterre de l'univers par les soins & l'adresse des hommes qui paroissent en deux choses. La 1. à faire des Magasins de fleurs, & la 2. à remplir leurs maisons de tout ce qu'il y a de plus doux dans les autres Pays.

Quand

Quant au premier, c'est une merveille de voir que nos habitans sont si curieux, que d'avoir pour la pluspart des parterres où toute la nature se voit renfermée, & où Rome se trouve avec Venise, où Genes est enclose avec Milan & Turin, & où Lisle & Paris, Bordeaux & Anvers, Gand & Bruxelles, Bruges & Londres, & generalement toutes les quatre parties du monde sont transportées pour rendre un lieu plus charmant & plus beau. I'ay veu des personnes si amoureuses d'un oignon de Tulipe, d'une patte d'Anemosne, d'un Marcos d'œillet & d'une Azart, qu'elles auroient donné jusques à leur chemise pour l'avoir, & leur passion a esté si forte que de les obliger à les achepter jusques à 500. l. & à mille francs, ce que j'appelle une manie. Il n'est pas mesme jusques aux Freres laiz des Convents qui ne sont que comme les valets des Peres, qui n'ayent des parterres recherchez, dans lesquels on trouve un abregé de tout ce qu'il y a de plus beau dans le monde. Le plus chetif Cordonnier & la plus pauvre femmelete prend maintenant à tâche d'avoir quelque chose de rare; de sorte que si elle n'a pas un jardin pour satisfaire son inclination, elle achepte des pots de terre, & les met sur sa fenestre pour se contenter dans ce rencontre; jugez maintenant que feront les riches & les grands à qui rien ne manque, & qui semblent n'estre au monde que pour succer à long traits les plaisirs & les delices de la nature, & considerez, de grace, s'il ne faut pas que leurs parterres soient bien agreables: puis qu'il y a tant de gens qui veillent à leurs satisfactions, & qui n'épargnent rien pour cét effet; venons maintenant aux senteurs artificielles dont on embaume les personnes & les maisons, & nous trouverons que cét Estat l'emporte incomparablement au dessus de tous les autres: car outre que le Musc & l'Ambre n'y manquent point, c'est que l'artifice a trouvé mille moyens pour encherir au dessus de la nature. Ce n'est pas assez que de sentir la rose & l'œillet dans leur naturel. Le Benjoin & l'Orange ne sont pas encore assés delicats pour l'odorat. C'est trop peu que de coucher entre l'Ambre, & la Civette & les autres senteurs, il faut transporter les Orangers autour des lits, en garnir les chambres, parsemer les alcoves de leurs fleurs, les fouler aux pieds pour les mieux sentir, farcir des coussins de mille odeurs Aromatiques; laver les mains avec l'eau naffe, faire des bains precieux, mettre les fleurs à l'alambic pour en tirer le plus pur, & enyvrer jusques aux serviettes & aux habits, aux linceuls & aux chemises, aux bas & aux souliers & tous les meubles de la maison de ces precieuses odeurs: de sorte qu'il n'est pas mesme jusques au tabac qui ne sente le benjoin & le musc. Où est-ce donc qu'on trouvera un Païs si delicieux que la France? puisque l'on ne mange & l'on ne dort, l'on ne vit & l'on ne marche que sur les fleurs & que parmy les odeurs; n'ay-je donc pas raison de dire que nôtre incomparable Estat est un Paradis de délices, pour ceux qui veulent satisfaire leurs sens & passer leur vie dans les plaisirs : puisque l'odorat y trouve si abondamment dequoy s'y contenter.

Le Goust ne trouve pas moins ses appetits dans nos Provinces que les autres sens leurs satisfactions : Au contraire, il semble que celuy-cy a plus d'avantage que les autres ; parce qu'outre la delicatesse des viandes on a les meilleurs Cuisiniers du monde pour les apprester. Ie ne feray pas icy un grand denombrement des morceaux delicats qu'on mange, & qu'on peut avoir dans nostre France : mais je diray seulement qu'on peut trouver de tout, si vous en exceptés le Fœnix qu'on croit estre un oyseau feint & imaginaire ; de sorte que les Perdrix & les Beccasses, les Orrolans & les Sarcelles, les Canards & les Signes, les Phaisans & les Cerfs, les Sangliers & les Chevreüils, les Lievres & les Dains, le Saumons & les Perches, l'Anguille & la Truite, & tout ce qu'on peut desirer pour le manger & la boisson, tant de ce qui est dans la mer que sur la terre : tout y est, dis-je, en si grãde quantité, qu'il semble qu'il n'y en doit plus avoir dans les autres parties du mõde : quant à ce qui est de la qualité, on sçait bien que nos viandes sont extraordinairemẽt delicates, & que nos Perdrix, nos Faisans, nos Moutons & nos Truffes de Quercy, nos Chapons de Gascogne & du Mans, nos Veaux & nos Bœufs de la Marche & du Limosin, nos fromages de Roquefort & de Cantal, nos beures de Montdor & des Pirenées, nos vins de Frontignan & de Gaillac, de Grave & de Cahors, d'Orleans & de Reims, &c. Nos bleds de Champagne & de Beausse, nos fromans de Xaintonge & de Poitou, nos fruits & nos huiles de la Limagne & de la Provence, du Languedoc & du Roussillon, &c. surpassent tout ce que les autres Païs pourroient avoir de plus excellent: mais au reste, quand bien nous n'aurions pas ny cette grande abondance de biens, ny cette delicatesse extraordinaire des viandes; c'est que nous avons des Maistres si adroits pour les apprester, & des personnes si sçavantes pour donner un goût admirable à tout ce qu'ils apprestent, qu'il n'est pas croyable; c'est pourquoy il n'y a point maintenant de Ville au monde ny de Prince qui soit fort recherché pour son manger, qui ne se serve de nos Cuisiniers, ou du moins qu'il n'en suive les ordres & les maximes. Allez à Rome & à Constantinople, traversez l'Allemagne, parcourez les dix-sept Provinces, passez en Angleterre, & visitez tout ce qu'il y a de Pays, recherchez dans l'Europe, vous y trouverez des maisons qui traitent à la Françoise, & qui ont mesme le plus de vogue: de sorte que dans l'Espagne mesme qui est si contraire à nos façons de faire, & qui semble faire gloire de choquer toutes nos actions, ne peut pas s'empescher, quand elle veut faire quelque grand festin, & donner quelque regae, de faire servir à la Françoise, & le disposer les viandes à nostre façon: aussi est-il vray qu'ils ne sçauroient jamais mieux faire, soit pour faire des sauces & des ragoûts, ou soit pour l'ordre & l'œconomie des services des viandes & des mets: ainsi, il ne faut pas s'étonner, si les Etrangers avoüent qu'il n'y a point de Païs au monde où l'on mange mieux, si proprement, & de si bonnes choses que dans nostre Estat, & si les Espagnols (à l'exemple d'un de leurs Ambassadeurs) ne desirent rien tant que d'avoir une centaine de ventres pour pouvoir manger tout ce qu'on leur presente, comme n'ayant jamais rien trouvé de si bon. On pourroit s'imaginer peut-estre que la cherté est si grande, qu'elle pourroit oster tout le plaisir qu'il y auroit à manger des choses si delicates; mais on sera bien surpris lors que je leur diray qu'un Cocq d'Inde, une paire de pigeonneaux, un couple de perdrix ou un lièvre ne vont jamais au-delà de vingt sols, & qu'un homme peut estre servy de tout cela à table d'hoste pour 40. ou 50. sols la couchée, y comprenant encore la dépense de son cheval, que si cela n'est pas à si bon marché à Paris, il l'est aussi en recompense dans tout le reste du Royaume. Quant aux confitures, je n'ay plus rien à dire, si ce n'est que Clermont seul peut faire la leçon à tous les Maistres de l'Europe, & mesme du monde. Et que la moindre collation de nos Bourgeoises vaut plus que les plus grands preparatifs des Italiens d'apresent, d'où l'on peut conclure que la France est un Paradis de delices; puis que le goust qui fait le contentement de la plus grande partie des hommes y est si bien satisfait.

Finissons ce chapitre par l'assouvissement du dernier de tous les sens, & disons que l'attouchement ne sçauroit trouver un bien dans l'univers où il peut estre si bien satisfait que dans nostre Estat : parce que si la rareté, & la molesse, si la bonté & la delicatesse doivent estre unies ensemble pour pouvoir bien contenter nos appetits : je dis que nostre Pays est le Phœnix entre tous les autres : en ce qu'il n'y a rien dans le monde capable de donner du plaisir qui ne s'y rencontre dans toute sa pureté, & dans toute l'abondance possible; faut-il d'autre raison que celle que je viens de dire pour establir cette verité, & y a-t'il homme au monde, pour si sot & pour si grossier qu'il puisse estre, qui ne juge bien, que puis que l'attouchement n'est en quelque façon qu'un composé des autres sens (quoy qu'à la verité il ne regarde que tout le corps) il doit estre bien-heureux dans ce Royaume : puisque les autres y goûtent de si grands plaisirs, & puis qu'ils y trouvent de si grands advantages. Qui que tu sois donc, & quel que tu puisses estre? advoüe que c'est avec justice que j'appelle nostre France le Paradis du monde & les Delices de la Nature : & que quand ce seroit un Espagnol, il seroit contraint d'avoüer que ce Pays peut servir de retraite aux Dieux.

CHAPITRE VI.

La France est un Paradis pour les personnes qui recherchent les contentemens de l'Esprit.

Comme l'homme n'est homme que parce qu'il a une ame, & comme l'ame est incomparablement au dessus de la chair & du sang, il faut par consequent, que nôtre France puisse rendre l'ame heureuse & contente: puisque je l'appelle le Paradis des hommes d'esprit & de raison. Il le faut par une necessité de consequence, aussi la chose est-elle ainsi, qu'on la peut desirer, par un effet de societé, de douceur, de bien vivre, & par un coup de science & de vertu. Ie dis que c'est par un effet de toutes ces belles qualités que je viens de dire: dautant que ce sont elles seules, qui peuvent rendre un esprit content & satisfaire un homme raisonnable. Ie remarque que nostre Estat incomparable possede richement tous ces advantages, & que les Peuples qui les frequentent sont doux, sociables, civils, & enjoüés, genereux & biens-faisans, bien eslevés & sçavans, affables & complaisans; & en un mot les plus accomplis du monde. Pour ce qui regarde la conversation & l'entretien. Aymés-vous la compagnie, vous plaisés-vous au jeu, recherchés-vous la promenade, la conversation docte & sçavante fait-elle vos delices, la galanterie vous agrée-t'elle, l'entretien des femmes ou des filles, des Dames ou des Bourgeoises, des gens de cour ou de guerre, de robe ou d'épée fait-il vos contentemens, prenez celuy qu'il vous plaira, & vous y trouverez tout ce qui peut charmer un esprit & ravir une ame. 1. Vous entendrez parler des Anges & non pas des hommes ou des personnes du sexe, & leurs paroles sont si justes, leurs discours si polis, & leurs entretiens si beaux, qu'on diroit que ces langues sont les Mercures des anciens, & les oracles des siecles passez, & que leurs paroles sont des chaisnes d'or & de pierres precieuses, si vous n'aymez mieux les appeller des liens de roses & de lys qui enchaisnent les libertez les plus indépendantes & les plus fieres, tant elles ont d'éloquence & de beauté. Leurs conversations ont je ne sçay quoy de divertissant & de serieux qui divertit l'esprit & qui satisfait la curiosité, sans que l'on puisse prendre la moindre occasion de devenir trop libre, & sans qu'il soit permis de s'emporter dans des franchises inciviles ou criminelles; la douceur y est, puisque les lévres découlent le lait & le miel; la civilité s'y rencontre, puisqu'on n'interrompt jamais personne, puisqu'on écoute attentivement, & puisqu'on n'entend jamais qu'un oüy, ou ce qu'il vous plaira, horsmis que la suite d'une histoire, la réponse à une interrogation, ou la satisfactiō des assistans ne demande quelquefois un non.

La complaisance ne sçauroit y estre plus grande qu'elle y est, puisque tout le monde s'accorde à faire ce que l'on veut, & puisqu'un chacun fait gloire d'y paroistre obligeāt jusques dans l'excés ; voulez-vous raconter une histoire, tout le monde est attentif ; voulez-vous faire un conte, on vous écoute ; pretendez-vous railler, on y consent ; voulez-vous faire le serieux, on vous estime ; voulez-vous estre enjoüé, on vous applaudit ; aymez-vous à faire le Senateur ou le Critique, on vous souffre sans vous marquer l'ennuy que vous causez ; vostre humeur est-elle portée à faire le facetieux & le goguenard, on vous ayme & on vous cherit ; enfin vous serez toûjours le tres-bien venu, pourveu que vostre impertinence ou vostre sottise ne soient pas si grandes que de vous rendre indigne d'estre parmy les honnestes gens. Quelqu'un veut-il se separer de tout le corps & s'aller promener avec quelqu'un qu'il considere & qu'il aime, il n'a qu'à faire un petit compliment à toute la compagnie, ou bien mesme se separer tout doucement de l'assemblée, & s'en aller ou dans un cabinet de jardin, ou dans l'allée d'un bois, ou le long d'un ruisseau, ou en rase campagne, ou dans le touffu d'une garenne, & dans tel lieu qu'il luy plaira pour parler cœur à cœur, & pour découvrir à l'ombre du bois, à la faveur de la solitude, prés d'un rocher, ou sur le bord d'une fontaine tous les mouvemens de l'ame, toutes les pensées de l'esprit, & tous les desirs du cœur, sans crainte de laisser derriere vous des langues envenimées qui blâment vostre procedé, ou qui trouvent à redire à vostre façon d'agir; au contraire, on trouve des personnes qui loüent ces petits égaremens que la confiance ou l'amour font faire aux personnes, & prenent resolution d'en faire de méme, apres avoir fait des vœux pour l'étroite union de ces amis & de leurs cœurs nobles & amoureux. Il n'en est pas de méme de la France que de l'Italie, ou de l'Espagne, & des autres Pays, où la jalousie est si grande, qu'on ne peut pas souffrir la moindre separatiõ sans l'accuser de quelque mauvais dessein, & sans la blâmer; quoy qu'il n'y ait rien de criminel que le jugement temeraire qu'on en fait : dautant qu'un Pere permet agreablement que sa fille se promene avec un jeune homme tout autant qu'elle voudra, un Mari n'est point jaloux que sa femme s'en aille dans le fonds d'un bois ny dans des cabinets dérobés à sa veuë; qu'un Frere trouve sa sœur assise avec son amant sur l'herbe ou sur le bord d'une fontaine; qu'un parent rencontre sa parente avec un jeune garçon à la promenade dans des lieux écartés, on ne les soupçonne jamais, & on ne fait jamais aucun jugement sinistre de leur honneur, ny de leur vertu, pourquoy ? parce qu'un honneste entretien, une loüable conversation, & une vie raisonnable & civile ne peuvent pas souffrir qu'on mette des bornes aux delices de l'Esprit; l'innocence est si grande dans certaines Provinces de cét Empire, qu'il s'est trouvé des Parens (comme il s'en trouve encore) lesquels confient leurs filles à des jeunes gens pour aller la nuit au Bal, & qui ne se formalisent pas, qu'elles restent bien tard à la promenade. Donner des collations & des regales, écrire des billets doux & galans, faire des vers ou en recevoir, dire hautement qu'on ayme un tel, &c. seroient des actions criminelles dans les autres Pays: mais icy, on est moins soupçonneux & moins critique, moins jaloux & moins malicieux dans ses pensées, pour oser faire de si desavantageux & de si sinistres jugemens des personnes, qui ne font que suivre la coûtume innocente du Royaume, & qui ne songent qu'à passer doucement leurs jours, & à joüir du plaisir qu'il y a d'avoir une conversation spirituelle & tendre, sans que la conscience ny l'honneur y soient interessés en aucune façon. Que peut-on voir de plus charmant que l'union de deux personnes belles comme des Anges, qui parlent comme des Dieux, & qui font revivre le plus parfait, & le plus chaste de tous les amours: ces promenades & ces entretiens, ces visites & ces complimens, ce commerce innocent de billets & de lettres; ces doux transports & ces regards; ces plaintes & ces confiances, ces offres & ces liberalités, & en un mot tous ces aymables sentimens de l'ame ne meritent-ils pas qu'on die que la France, qui est le centre de toutes ces douceurs, est un Paradis de delices pour les personnes d'esprit & d'honneur?

L'on dit que l'amour fait tout le contentement de l'homme: parce que la possession du bié n'est jamais agreable si l'amour ne nous en donne la complaisance & le plaisir: c'est pourquoy j'estime que comme le mesme amour est le Pere de la vie, il en doit faire aussi le bon-heur & le repos, conformément à la pensée de ce bel esprit qui representoit ce petit Dieu de flames & de feu sous la figure d'un Maistre & d'un Dispensateur des plaisirs de la vie, aussi bien que des douleurs que nous y ressentons: car en effet, nous n'avons qu'à aimer pour estre heureux, comme j'ay déja dit dans mon livre intitulé *l'Art de gagner les cœurs*; & nous sommes d'autant plus contens & satisfaits que nous aimons plus tendrement. Ce principe étably, je dis que nostre incomparable Estat est le plus charmant de tous ceux qui sont sous le Ciel, dautant que l'amour y regne avec des attraits si puissans & si doux, qu'il est impossible de l'exprimer, & tout ce que l'on en peut dire, c'est que pas une Nation ne sçait si bien aimer que la Françoise, & qu'il n'appartient qu'aux veritables François de sçavoir bien s'introduire dans les bonnes graces des personnes, de se bien maintenir dans les avantages qu'ils ont de conduire avec adresse une intrigue secrete, de se demesler des petits differends, de se rendre maistre d'un cœur, & de goûter dans la perfection tous les plaisirs que l'union de deux ames peut produire dans un cœur. Les Allemands ne sçavent se faire aimer qu'en beuvant, les Italiens qu'en gemissant & en pleurant, les Espagnols qu'en faisant les bravaches & les fiers à bras, les Anglois qu'en faisant les rodomonts & les vaillants, & les

Hollandois, qu'en flattant les personnes d'un heureux commerce & d'une joüissance paisible de beaucoup de tresors qu'ils ont ou qu'ils esperent d'avoir : mais nostre Nation a une adresse singuliere à faire ce mestier : c'est à elle seule qu'appartient le secret de charmer un cœur, d'enchanter une ame, & d'enchaisner les esprits ; le Ciel luy a donné tant d'adresse, qu'il sçait produire au jour ses sentimens quand il est à propos, exprimer ses passions quand il est temps, faire ses declarations & prendre une ame quand l'occasion s'en presente : C'est aussi pour ce sujet que toutes les Cours les plus polies de l'Europe, & les gens les mieux faits de nostre temps, tâchent de venir en France pour s'apprendre ou de lire nos livres pour s'instruire à compasser leurs paroles, à regler leurs discours, à tenir leurs corps selon les regles de l'honneur & de la civilité, à polir leur langage, à s'énoncer en beaux termes, à faire une reverence, à porter un compliment, à écrire un billet, à dresser une lettre, & en un mot à estre assez honestes gens pour pouvoir faire ce que nous faisons, & pour s'acquerir par ce moyen l'avantage que nos François ont de se faire aimer de toutes les Nations de la terre. Cecy presuposé, joint à l'inclination que tous les habitans de nos Provinces ont d'aimer; jugez maintenant si la franchise & la liberté, la conversation & l'entretien ne sont pas dans cét Estat, & s'il se peut trouver un Païs plus aimable pour les personnes d'esprit. Il y a un autre rang de personnes qui semblent n'estre au monde que pour y vivre en Stoïques & en retirez, & qui en effet ne passent leurs jours qu'avec des gens sçavans & parmy les livres : ces sortes de personnes, dis-je, ne sçauroient estre mieux qu'en France, parce qu'il y a les plus beaux livres du monde, les Bibliotheques les mieux fournies, les plus sçavans hommes & les personnes les plus propres qu'on puisse trouver pour satisfaire, soit un docte ou un curieux ; si on aime la conversation d'un Theologien, on n'a qu'à frequenter les Cloistres des Religieux, & on trouvera des gens consommez, capables de ravir les plus sçavans hommes du siecle. A-t'on un peu trop de contrainte, & ne se plaist-on pas d'entendre les oracles de ces hommes de Dieu, parce que leur vie penitente & leur modestie Angelique ne peut pas souffrir qu'on mesle les choses saintes avec les prophanes, ny qu'on s'emporte dans des excés ou dans des libertez inciviles, on n'a qu'à s'en aller dans les écoles publiques, où on trouvera des adoucissemens à cette rigueur religieuse : par ce que les Docteurs qui y enseignent estant dans un estat qui leur donne plus de carriere qu'aux autres, ils prennent aussi des libertez innocentes qui recréent l'esprit & introduisent la science. Aime-t'on les fables & les vers, les humanitez & les declamations, on n'a qu'à aller dans un College des Peres Iesuites, & on verra des merveilles en cecy : Enfin il n'y a qu'à s'accoster du moindre écolier pour trouver des esprits rares, & pour se satisfaire entierement. Ie puis dire que depuis que je vois le monde, je n'ay jamais rien trouvé de si charmant que l'entretien François (j'entends parler des personnes de qualité & des honnestes gens) parce que, soit qu'on se plaise à l'histoire ou aux sciences, aux Arts ou aux curiositez, au serieux ou à la raillerie, au divertissement ou à la gravité, vous trouverez des personnes dont l'esprit est si bien fait, qu'ils satisfont entierement vostre humeur. Il y a je ne sçay quoy de particulier dans nos entretiens, que pas un ne peut exprimer, & que tout le monde admire. Le meslange du bien & de la joye y est si parfait, qu'on ne peut pas assez le considerer, & l'on trouve des ames si intelligentes & si parfaites, qu'on est obligé de croire que Dieu leur a donné en naissant les especes universelles de toutes choses, parce qu'elles semblent sçavoir tout & n'ignorer rien.

Qu'un étranger prenne la peine de voir les Cercles de nos Dames & les conferences de nos simples Bourgeoises; & il verra si les graces s'énoncent mieux, si les Muses sont plus spirituelles, & si tout le Parnasse a de plus riches pensées & de plus beaux entretiens. On dit qu'un Ancien avoit accoustumé de dire de soy ces paroles, pour s'animer à bien faire, *ad altiora natus sum*: mais je puis dire que nostre sexe doit s'attribuer cette devise : parce que sa gloire va au delà de tout ce que l'on nous a dit des Heroïnes, des Saphos & des Nymphes : de sorte qu'il n'est pas possible de comprendre jusques où elles ont porté le raisonnement & la subtilité. Je n'en diray pas davantage pour prouver ma proposition ; puisque le sentiment commun & la verité joints ensemble, sont des preuves assez convainquantes de mon dire ; ainsi je finis ce chapitre par les mesmes paroles que je l'ay commencé ; sçavoir que la France est le Paradis des delices pour les gens d'esprit.

CHAPITRE V.

La France est le Pays du monde le plus propre pour les gens devots.

IL n'y a point de Païs au monde, pour si éloigné qu'il puisse estre, qui ne soit aussi prés de Dieu que les mieux habitez, lors que les personnes qui y sont, veulent se consacrer au service divin & s'adonner entierement à la vertu ; les rochers & les solitudes, les deserts & les plus épaisses forests sont aussi propres pour vivre saintement que les villes les Provinces les mieux peuplées. De sorte que les deserts d'Arabie & les plaines d'Egypte, les sables de l'Asie, & les campagnes de la Palestine sont aussi propres pour la pieté les uns que les autres, & ont donné également des prodiges admirables en vertu & en sainteté : Quoy qu'il n'y ait pas raison de douter de cette proposition, qui tire sa verité

de

de ce principe infaillible de nostre Religion, que Dieu est par tout par essence, par presence, & par puissance, si est-ce pourtant, qu'il faut avoüer que nous trouvons de plus grands avantages pour favoriser nos pieux desseins dans un lieu que dans un autre, & que tous ne sont pas égaux à nous fournir les moyens les plus propres pour aller à Dieu. J'en vois l'experience dans les exemples que les histoires sainctes & profanes nous donnent : puisque selon leur raport, les deserts n'estoient & ne sont encore aujourdhuy que la retraitte des plus grands courages & des prodiges de la grace, au lieu que les villes sont l'azile des personnes qui ne sont pas ny si fortes ny si robustes pour pouvoir renoncer si absolument au monde. Vne fille ne peut pas si facilement s'hazarder à vivre solitairement qu'un homme, & ce seroit une loy trop severe & mesme trop injuste, de vouloir contraindre tous les mortels à vivre comme les Pauls & les Anthoines, les Hilarions & les Machaires, &c. ainsi, il faut dire qu'il y a des climats & des Regions où la Sainteté coûte beaucoup moins, & où on trouve la vertu à moindre frais & sans beaucoup de peine. Je pourrois m'attacher à cette proprieté de nostre France, si je ne sçavois pas qu'elle a trois avantages au dessus des autres Païs qui la rendent le centre des devots. Le 1. est, que les amis de la solitude peuvent y vivre aussi separez du monde que s'ils estoient dans les deserts les plus inhabitez, & avec tant de commodité que s'ils estoient parmi un nombre infini de SS. Le 2. c'est que les moins resolus & ceux qui se plaisent à servir Dieu de compagnie, ont des assemblées d'Anges, où rien ne manque pour favoriser leurs desseins, & la 3. c'est que ceux qui ont besoin d'une vie meslée, & qui ne se sentent pas assez forts d'eux-mêmes pour perseverer dans les saintes resolutions qu'ils ont prises de vivre Chrestiennement, ont mille secours & mille exemples qui les encouragent à bien faire, & qui les animent à perseverer.

Pour commencer donc par la solitude, je voudrois bien sçavoir si on peut trouver un lieu au monde plus propre pour vivre hors de l'embarras du monde que la grande Chartreuse de Grenoble, que tant de belles maisons de S. Benoist & de S. Bernard, & que tant d'aymables solitudes, où il semble que Dieu a singulierement attaché sa grace. Les Magdelaines ont-elles trouvé un sejour plus propre pour verser leurs larmes, pour se plaindre à loisir, pour faire penitence de leurs débauches passées, pour parler à Dieu en secret, & pour ouïr le doux concert des Anges que la sainte Baume. Les Bernards ont-ils jamais pû découvrir un lieu plus favorable à leurs desseins & plus propres à leurs desirs que Clairvaux, où ils ont pratiqué tant de vertus & fait tât de miracles? Les Norberts veulent-ils donner du pied au monde, mépriser le siecle, vivre en repos, chercher la solitude, & se separer de l'embarras du monde, ils ne sçauroient rencontrer une retraitte plus aymable que Premontré. Le bien-heureux Iean de la Barriere natif de saint Ceré en Quercy, veut-il faire revivre l'ancien esprit de son Ordre, & veut-il en se sauvant luy mesme sauver ses Confreres dans le desert à l'exemple de son Fondateur saint Bernard? Il ne trouve point d'endroit plus favorable que Fœüillans, où il jetta les heureux fondemens de sa reforme qui fleurit si bien & qui produit maintenant tant de SS. & de si grands personnages: Enfin combien de saintes retraites ne voit-on pas en France, combien de Monasteres dans les bois, d'Hermitages dans les Rochers, & de maisons Religieuses dans les campagnes? L'histoire nous apprend que la Thebaïde estoit un monde de saincteté, tant il y avoit de cabanes & de cellules Religieuses: mais que dira-t'on de nostre Empire, où les lieux consacrés à Dieu sont si frequents, & où les retraites des SS. sont si ordinaires, si ce n'est, que c'est une deuxiéme Egypte, une seconde Palestine, ou une image vivante de cette mesme Thebaïde, dont j'ay desja parlé: quand je dirois que nostre Estat enferme plus de 20000. maisons de cette nature, je ne croirois pas mentir, tant il est vray que la vertu se plait d'y faire sa demeure.

Ie ne toucheray point aux beautés qu'ont ces solitudes, ny aux plaisirs innocens qu'y reçoivent ceux qui les habitent; parce qu'on sçait bien que la nature n'est pas avare de ſes faveurs dans cét Eſtat : & parce qu'on eſt aſſés perſuadé que les François ſont trop inventifs pour ne donner pas de nouveaux agréemens à ces retraites de la vertu. Tout ce que j'ay à dire ſur ce ſujet ; c'eſt qu'on n'a qu'à viſiter une noſtre Dame de Gueriſon, une Chartreuſe de Grenoble ou de Bordeaux, &c. pour ſçavoir juſques où va l'adreſſe & le ſoin de noſtre Nation, apres quoy, je viens au deuxiéme ordre des Devots qui ſe plaiſent à ſuivre une vie meſlée à l'exemple de Ieſus-Chriſt, & à eſtre tantoſt dans la retraite & maintenant dans le monde pour ſonger à leur ſalut & à celuy des autres.

Ceux-cy ſont ſi heureux en France qu'ils ſemblent n'avoir rien plus à deſirer : car pour commencer par la ſolitude, je remarque que rien ne leur manque dans leurs maiſons pour ce qui eſt de la vie & du veſtement : La 2. c'eſt qu'ils ſont cheris & eſtimés au dehors de tous ceux qui les rencontrent : de ſorte que Dieu qui les comble de douceurs & de graces dans le fonds de leurs cellules en leur donnant les conſolations de l'ame, les fait honorer comme ſes ſerviteurs & ſes amis au dehors par les ſeculiers & les mondains ; je ſçay bien que ces grands hommes ne recherchent pas tous ces honneurs, & que c'eſt ce qu'ils haïſſent ; neantmoins, comme c'eſt une recompenſe temporelle que Dieu donne à leur merite, je dis, que c'eſt une marque de leur bon-heur terreſtre dans le monde. Ie me ſuis trouvé mille fois preſent, lors qu'on les a caressez comme des Anges à leur arrivée dans les maisons où j'estois, j'ay veu de mes yeux comme quoy on leur a donné la premiere place devant qui que ce fût pour si grand qu'il peust estre. Le peuple les honore, les Nobles les reverent, les Princes les caressent, les grands les estiment, & les Rois les cherissent, de sorte qu'il n'y a que quelque heretique, ou quelque Ianseniste, ou bien quelque libertin qui fuit les gens de bien, qui tâchent de les mépriser, & qui voudroient obscurcir leur gloire dans l'esprit de tout le monde, pour avoir plus d'occasion de semer leurs erreurs & de pervertir les ames; mais tout cela est inutile : dautant que Dieu prend soin de ses fidelles serviteurs, & les met à couvert de tous les efforts de leurs ennemis. Ie sçay bien que l'Espagne & l'Italie, la Flandre & l'Allemagne, la Pologne & la Grece, la Moscovie, & generalement tous les Païs Chrestiens & Catholiques font gloire de respecter les Religieux. Et je sçay mesme, que tous les Estats qui sont soûmis au Roy d'Espagne, sont encore plus zelez que nous à témoigner leurs respects à ces saintes ames; mais je sçay bien aussi qu'il y a cette difference entre nous & eux que nous avons moins de dissimulation & plus d'effet, moins de grimace & plus de sincerité, & que si nous n'avons pas tous ces baisemens de manche & d'habit, nous avons plus de zele à les assister & plus d'inclination à les servir On n'a qu'à en voir les preuves dans les grands revenus

O iij

qu'ils ont dans la beauté de leurs edifices, & dans la richesse de leurs temples, où tout reluit d'or & d'argent. Il n'est pas mesme jusqu'à l'Ordre de S. François, qui est un des plus grands de l'Eglise de Dieu, qui ne trouve dequoy subsister abondamment dans cét Estat; quoy que le nombre de ses Religieux soit innombrable: Vous sçavez que ces bons Peres font gloire de vivre comme leur Sauveur, & de n'avoir rien en ce monde en general ny en particulier que ce que les bonnes ames leur donnent: cependant a-t'on jamais veu mourir de faim ny Recolet ny Capucin qui sont les plus reformez de ce grand corps, & voit-on qu'ils aillent nuds, ou que leurs Autels soient dépoüillez, que leurs lampes soient sans huile, ou que leurs Convents soient sans subsistance ? Non, non, on ne l'a jamais veu, & on ne le verra jamais, tandis qu'ils garderont bien leurs Regles; en quoy nous reconnoissons qu'il faut bien que la France soit le centre de la vertu : puisque les gens de bien y trouvent tant d'avantages.

Quant à ce qui est du troisiéme Ordre, je remarque que nostre Estat est en possession depuis long-temps, de le favoriser si particulierement, qu'il n'est pas possible de se l'imaginer. Pour en venir à la preuve, je vous prie de remarquer que les François ont trois bonnes qualitez, par rapport aux gens de bien. La 1. c'est qu'ils les aiment; la 2. c'est qu'ils les loüent; & la 3. c'est qu'ils les assistent de tout leur pouvoir. Leur amour anime les personnes qui veulent bien faire, à s'attacher à la vertu dans l'esperance d'estre cheris de tout un monde, leur loüange les encourage à poursuivre leur entreprise contre les dégousts qui suivent la pratique de la sainteté, & leurs faveurs les fortifient contre les méfiances de la fortune ou des ennemis de la pieté: ainsi une ame se voit portée à la vertu par trois aisles merveilleuses qui rendent facile l'accés de la Vertu. Douter maintenant de ce que je dis, c'est revoquer en doute s'il est jour, lors que le Soleil nous éclaire; dautant que nous voyons assez évidemment les caresses qu'on fait aux gens de bien, les tendresses qu'on a pour eux, les loüanges qu'on leur donne, le courage qu'on leur inspire, les Hospitaux qu'on leur bastit, les liberalitez qu'on leur fait, & les assistances publiques & secretes qu'on leur accorde, combien de Confrairies & de Congregations, combien de Dames de misericorde dans les villes, combien de personnes pieuses & riches qui s'informent des Confesseurs où sont les veritables enfans de Dieu & les pauvres honteux qui souffrent en patience les disgraces de la fortune: n'aurois-je pas plustost compté les étoiles du Firmament, & nombré les grains de sable de la mer que ces personnes pieuses; puisqu'il n'y a point de lieu pour si petit qu'il soit qui n'aye ses Abrahãs & ses Tobies pour nourir les pauvres & pour ensevelir les morts. Au reste faut-il avoir des exéples pour encourager nos esprits assez foibles de leur nature & assez dégoûtez par les apparences espineuses que le Demon nous represente dans la pratique de la vertu; ou bien enfin, avons nous besoin de quelque bon Directeur qui fasse l'office de conducteur & de guide pour nostre ame, où est-ce, de grace, qu'on en trouvera en si grande quantité que dans nostre illustre Empire, où on voit des armées innombrables de Saints & de Saintes; Qu'on lise le Martyrologe Gallicain; & on trouvera une infinité de Martyrs & de Vierges, de Confesseurs & de Vefves, d'Evesques & de Prestres, de Religieux & de Seculiers, & on n'a qu'à aller dans les Cloistres pour y voir des Anges revêtus de chair, on n'a qu'à entrer dans un Convent de Recolets ou de Capucins, de Carmes ou d'Augustins, d'Observans ou de Iacobins, de Benedictins ou de Feüillans, de Tierceres ou de Bernardins, de Minimes ou de Iesuites, de Benedictines ou de Bernardines, de Clairines ou de Chanoinesses, de Carmelites ou de Recoletes, d'Ursulines ou de Capucines, des filles de la Visitation ou des Dames de Fontevraut pour dire que ce sont des vertus incarnées, des Cherubins en science & des Seraphins en amour, tant il y a de sainteté dans ces aziles de devotion: Qui est-ce qui ne seroit pas touché, & qui est-ce qui n'auroit pas l'ame attendrie pour Dieu, quand même l'on seroit dans le plus fort de la débauche, dans le plus chaut de la querelle, & le plus avant dans le libertinage d'entendre une cloche d'un son pitoyable de quelques bons Religieux; mais sur tout de de ceux qui sont pieds nuds, revestus d'un sac, sans porter rien à la teste qu'une méchante calote de drap qui ne couvre pas à demi leur chef rasé, qui jeûnent les deux tiers de l'année, qui ne couchent que sur le sarment ou la paille, qui ne dorment qu'à demi & qui interrompent leur sommeil pour aller chanter les loüanges de Dieu, & pour prier sa divine Majesté de faire grace à tous ceux que le travail tient lassés dans leur lit, ou que la débauche ou le libertinage entraisnent dans le bal & le bordel, dans le cabaret ou dans les ruës. Combien de fois, dis-je, a-t'on mis fin à la dance & au festin, à la cajolerie & à la médisance au jeu & au divertissement au premier coup de cloche : n'est-ce pas l'ordinaire que les Mardis gras on n'a point d'autre horloge que le premier coup de Matines de ces bons Peres, & peut-on douter, que ce ne soit pas une façon ordinaire de parler de toute sorte de gens; retirons-nous, voila la cloche des pauvres Peres qui sonne: mais n'ay-je pas veu mille & mille fois couper court les plus charmantes conversations, finir des bals, remettre des parties, quitter le verre, & dire à Dieu à des personnes qu'on aymoit plus que soi méme au triste son de ce réveille-matin, & n'ay-je pas veu mille & mille persónes qui ont quitté le mal pour faire le bien, & qui ont eu de SS. mouvemens pour Dieu dans ce mesme temps qu'on entendoit un bruit si devot ? je voudrois bien demander à tous ces SS. personnages qui ont quitté

Tome I. P

l'embarras du siecle pour se donner entierement à la sainteté? qu'est-ce qui les a obligés de faire un coup si genereux, si noble, & si parfait. Ie suis certain, qu'ils me diront que le S. Esprit s'est servi de ces cloches pour les attirer à son service, & je puis dire, que j'ay eu mille fois de saints desirs entendant lever ces SS. Religieux. Il n'est pas mesme jusques aux gens de la Religion qui n'en tirent du bien & des remors ; & je me souviens d'avoir leu un de leurs Autheurs qui a composé le livre intitulé *Religio Medici*, lequel loüe extrémement l'usage de Nostre Eglise Catholique de faire sonner l'Angelus, que nous appellons le Salut, trois fois le jour, & blâme fort ces esprits malicieux qui se rient d'une si sainte pratique, que de se lever la nuit pour Psalmodier, & de sonner une cloche pour inviter les autres d'en faire le méme, ou du moins d'eslever leur esprit à Dieu. Vous voyés encore des personnes de la plus haute qualité qui vont visiter les prisonniers & les pauvres, qui font des cueilletes pour entretenir les Orphelins & les Honteux, des Seigneurs & des Dames qui moderent leurs trains pour estre mieux en estat de secourir toute sorte de gens, & qui se privent même de beaucoup de choses pour faire de plus grandes largesses, & pour remplir la bourse de tous ces grands Religieux qui ramassent les liberalités qu'on leur fait, pour aller délivrer les pauvres Chrestiens, que le Turc tient injustement dans l'esclavage. Le S. Sacrement est-il exposé en quelque Eglise? y a t'il quelque indulgence à gagner, quelque Eglise à visiter, quelque priere à faire, quelque meditation à entendre, & reste-t'il quelque Messe à dire, tout le monde y court, & vous voyés un nombre innombrable de peuple qui quitte ses plus pressantes affaires pour y assister, à l'exemple des plus grands & des plus considerables des villes & des Provinces du Royaume, de nostre invincible Monarque, & de nostre aymable Reyne qui sont incessamment aux pieds des Autels, & qui ressemblent aux deux Cherubins de l'arche qui ne perdoient jamais de veuë ce gage sacré de l'alliance de Dieu avec les hommes: peut-on desirer des exemples plus efficaces pour nous porter à la Vertu que ceux-là?

Faut-il avoir encore des Directeurs sçavans & éclairés, n'en trouve-t'on pas une infinité dans les maisons Religieuses, lesquels ont ces deux aymables qualités, & qui ont une intelligence si parfaite pour le gouvernement des ames, qu'il n'est pas possible de le croire: aussi voyons-nous que les plus devots accourent dans ces lieux, comme dans des retraites où Dieu a mis des colomnes de flâmes & de feu, d'ombrage & de nuë; afin de conduire & d'embraser les ames qui veulent pratiquer la vertu, & pour conserver celles que le Demon ou la vanité, le siecle, ou le vice voudroient arracher du chemin du Ciel, & c'est pour cette raison, que les plus libertins ne s'adressent jamais dans le dernier moment de leur vie, qu'à ces sages Directeurs: parce qu'ils sçavent bien, qu'ils sont les plus habiles pour débroüiller les affaires les plus épineuses, pour calmer les orages les plus grands d'une conscience agitée, & les plus propres pour inspirer la confiance & l'amour que l'on doit à son Createur: y a t'il un cas de conscience à resoudre, un point de morale à decider, un moyen propre & salutaire à donner, pour porter les gens à la vertu : c'est à ces maisons de pieté, à ces Escoles de science, & à ces SS. hommes qu'il faut avoir recours: mais sur tout à ces pauvres Mandians qui ont blanchi sous le joug du Seigneur, qui ont épuisé tout ce qu'il y a de beau dans la science, & de curieux dans les livres, lesquels ne recherchent que Dieu, & qui foulent aux pieds le monde, les biens & les richesses, les honneurs & la gloire, les plaisirs & les douceurs de la vie: parce qu'ils ne recherchent que l'avantage des ames & l'avancement du regne de Dieu.

On ne peut donc rien desirer pour la satisfaction des gens devots qui ne se trouve dans ce Royaume : car outre les belles solitudes, les aymables lieux, & les charmants deserts qu'il y a pour les melácholiques & les solitaires: c'est qu'il s'y trouve des retraites mêlées & des advantages si grands pour les personnes devotes, qu'il n'est pas possible de le croire. Ie laisse à part tous les privileges que le Pays leur donne, & que la pieté des habitans de cét Estat leur accorde pour finir ce chapitre, en disant, que comme la France a esté le centre de la vertu de tout téps, elle est aussi le Paradis des Devots & des SS. Quoy que je pourrois mettre icy que le zele de nos Peres a conquis la Terre Sainte, combatu les Infideles, chassé les Mores du Pays des Chrestiens, deffendu l'Eglise, donné retraite aux souverains Pontifes; lors que la tyrannie de certains Empereurs ou Rois qui les ont voulu opprimer, enrichi l'Eglise, détruit les heresies, comme on voit encore aujoud'huy, & merité enfin que les Vicaires de Iesus-Christ en terre, c'est à dire les Papes, ayent honoré nos Monarques du titre d'Enfans Ainés de l'Eglise, & des Rois tres-Chrestiens. I'en dirois bien davantage, si je ne sçavois pas que saint Hierosme appelle nôtre France le Climat des gens de bien, la Patrie de la vertu, & l'azile du Christianisme, & si je ne croyois pas que tout le monde est sçavant du soin qu'ont pris de tout temps nos François à envoyer des ames pour la conversion des infidelles, que ce sont eux qui ont fourni les plus grands deffenseurs de la foy contre les heretiques & les Arriens comme un S. Hilaire Evesque de Poitiers, que c'est de leur terre que sont sortis tant de Papes & de Cardinaux, tant de Fondateurs de Religions, & tant de Reformateurs d'Ordres comme un S. Bernard, & un S. Norbert, un S. Estienne, & tant d'autres qui rempliroient des volumes entiers : & puis qu'elle a plus de 8. ou 10. Generaux d'Ordres dans ses Provinces : Ie pourrois mettre icy le grand nombre des SS. qui ont fleuri dans cét Estat &

faire le denombrement de tous ceux qui y reluisent encore. Ie pourrois mettre icy les illustres & les riches fondations que nos Roys ont fait dans cét Empire, & dans les Pays étrangers Ie pourrois dire que Rome & Madrid ont des Hospitaux & des Chapitres entiers entretenus par la liberalité de nos Souverains. Ie pourrois avancer que la premiere Eglise du monde, qui est S. Iean de Latran, tire son plus beau revenu de nôtre Estat. Ie pourrois raconter icy, comme quoy il y a des Abbayes de cent & de deux cent mille écus de rente comme un Cluni, une Chartreuse, un du Beq, un Moyssac qui auparavant d'étre secularisée & demembrée comme elle est, nourrissoit mille Moines, & deux fois autant d'officiers. Ie pourrois dire encore, que la liberalité de nostre Nation a esté si grande, que de fonder des Eveschés de 50. mille escus, comme un Albi, de cent mille livres comme un Auch, de 60. mille livres de rente en de tresbelles Seigneuries comme Cahors, & le moindre de 16 ou de 20. mille livres de revenu. Ie pourrois raconter comme quoy il y a des Abbayes de 10. mille écus de rente, des Prieurés de 20000. & des Canonicats de dix mille livres : enfin je pourrois mettre icy qu'il n'y a point de Bourgeois pour si peu accomodé qu'il soit, qui ne donne dequoy faire tous les ans quelque service dans sa Paroisse, ou dans un Convent, de Seigneur de consideration qui ne fonde des maisons Religieuses, de Duc & Pair, de Prince ny de Roy, de Princesse ou de Reine qui n'ait fait des liberalités à l'Eglise, & qui n'ait rendu leur memoire eternelle par le moyen de quelque fondation, ou de l'edification de quelque maison de pieté, ou par le don de quelque lampe entretenuë devant le S. Sacrement ou devant quelque image miraculeuse de nostre Dame. Ie pourrois mettre icy les chambres Angeliques, les devotions extraordinaires, & les SS. lieux remplis de tres-belles reliques que nous avons, & je pourrois en un mot l'appeller le Theatre des miracles, le Receptacle du sang & du Suaire de Iesus-Christ, & le Thresor des Reliques des plus grands SS. si je ne croyois pas estre trop long, & par consequent trop ennuyeux au lecteur: ainsi je finis en disant, que la France est le centre de la vertu & le Paradis des gens de bien.

CHAPITRE VI.

La France est un lieu de Delices pour les Curieux.

IE n'ay qu'un mot à dire pour prouver que nôtre illustre Empire est un lieu des delices pour les personnes Curieuses, & il me suffit de l'appeller le centre de l'univers pour establir parfaitement la verité que j'avance: Car si je fais voir, qu'il en est justement le racourcy; il ne faut pas douter que comme toutes les lignes se rendent & s'unissent au centre, toutes les curiosités de la nature ne se trouvét dans ce Païs. Vous serés de mon sentiment (sans doute) si vous prenés la peine de voir les raretés qui se rencontrent dans l'estenduë de nos Provinces, & si vous faites reflection que la nature ne paroist pas si miraculeuse dans les autres Païs en tout ce qu'elle produit, qu'en celuy-cy, où elle fait voir des prodiges continuels, & si vous remarqués que l'art semble n'estre pas si inventif ailleurs que sur nos terres. On dit que la Chine est merveilleuse en ses ponts, en ses bâtimens, & en ses inventions. On nous vante les Perses & les Asiatiques pour avoir des choses que nous n'avons pas, & on dit que chaque Nation a des avantages particuliers que Dieu a refusé aux autres : mais je remarque que nous avons ce qu'ils ont, ou parce que l'Autheur de la nature nous les donne librement, ou parce que nos soins & nos adresses nous en donnent la possession & la joüissance.

Ie ne metray pas icy tout ce que j'ay veu de remarquable dans le Royaume, crainte d'échaper quelqu'une de ses curiosités : mais je les déduiray chacune en son lieu, & dans le temps que je parleray des endroits où elles se trouvent, & je me contenteray de dire que les sçavants qui veulent trouver des Livres anciens & rares, des medailles des Empereurs Grecs & Romains, &c. des statuës & des tableaux, des figures & des Machines des siecles passés, n'ont qu'à venir en France, & ils verront des gens si zelés pour ces choses que Cartage & que Rome, qu'Athenes & que Babylone, que Pekin & que Constantinople n'ont jamais rien eu de rare & de beau qui ne soit entre leurs mains, dequoy il ne faut pas s'estonner; puis que nos Bourgeois & nos Conseillers n'épargnent rien pour les avoir: c'est icy où se fait la découverte des plus beaux secrets de la nature, où les Medecins font des Experiences merveilleuses, où les artisans voyent des miracles de leurs arts, & où les Philosophes trouvent de nouvelles lumieres. Il y a des fontaines si surprenantes, qu'on y remarque le flux & le reflux comme à l'ocean: d'autres dont les sources sont des abysmes, & dont les poissons sont des monstres: les unes qui n'augmentent ou ne diminuent jamais, pour quelle tempeste ny quel orage que ce soit, si ce n'est quelquefois en esté où elles s'enflent extraordinairement dans les plus excessives chaleurs, ce qui est un presage certain d'une peste future & d'un mal-heur infaillible; quelques-unes qui font moudre plusieurs moulins à leur sortie, d'autres qui portent bateau à leur source, les unes qui vont plus vite qu'un cheval, les autres qui vont si doucement qu'à peine peut-on sçavoir si elles coulent, celles-cy qui glacent les dents quand on en boit, celles-là qui brûlent quand on s'en approche, les unes qui sont tiedes, & les autres bouïllantes; de sorte qu'il ne faut que prendre de cette eau, y mettre du beurre ou de l'huile, pour en faire du potage, y jetter un cochon ou une volaille, pour la pouvoir peler ou plumer à même temps; & je puis dire que j'ay veu la source de Chaudes Aigues en Auvergne, qui faisoit fondre la nege & la glace à plus d'un grand quart de lieuë de la Ville, & qui fumoit encore long-temps apres s'estre meslée avec l'eau de la riviere. Il semble que Dieu a pourveu ce lieu de ces sources : parce que les habitans seroient pour mourir de froid, n'ayant pas de bois pour se chauffer, cependant qu'ils n'ont qu'à s'asseoir sur les canaux par où elle passe pour estre chauds au milieu des Glaçons & des Neges. Il y en a quelques-unes qui se changent en pierre, & qui ont mesme fait un pont où le monde passe, comme on voit à Clermont. Il y en a enfin qui donnent la santé à la vie, & qui sont si salutaires, qu'elles attirent les nations les plus estrangeres.

Il y a aussi des ruisseaux qui donnent l'or & qui produisent des poissons aussi monstrueux en grandeur qu'on puisse voir ; il y en a d'autres qui se perdent dans de rases campagnes, sans sçavoir où ils vont. On découvre icy des rochers qui donnent une telle abondance d'eau, qu'elles semblent devoir inonder le Pays & remplir les abismes où elles se precipitent ; c'est dans nostre Royaume, où on voit des fleuves aussi poissonneux que la Mer, & des rivieres si merveilleuses, qu'on dit en proverbe commun, qu'elles sont lardées d'Anguilles & de Lamproyes, pavées de Tanches & de Carpes, de Perches & de Truits tes, remplies de Saumons & de Brochets, bordées d'Ecrevisses, couvertes de Cignes & de Canards, & pourveuës de tout ce qu'on pourroit desirer. Nous avons des sources sans fonds, des abismes qu'on ne peut pas remplir, des fontaines de souffre & plusieurs autres choses curieuses. Nos ponts ne sont pas moins merveilleux que ceux de la Chine, qu'on dit estre des miracles du monde; celuy du S. Esprit sur le Rône, n'est pas moins long que le leur, & n'a pas donné moins de peine à faire; puis que le Rône sembloit en rendre l'entreprise impossible, à raison de sa profondeur & de sa rapidité; celuy de vieille Briude n'est pas moins surprenant pour son eslevation: puis qu'il est si haut, qu'on peut dire presque un *Ave Maria* tout entier, avant que la pierre qu'on a jetté du haut en bas touche l'eau, & dont la simetrie est si admirable, que quoy qu'il aille d'une montagne à l'autre, & quoy qu'il soit extrémement large, n'ayant qu'un seul arceau : si est-ce pourtant, que deux personnes s'entendent distinctement pour si bas qu'elles puissent parler, estant chacune d'un costé du pont, & en approchant l'oreille prés des fondemens. Ceux de Paris & de Toulouze ne sont pas moins miraculeux dans leur largeur; puis qu'à peine y en a-t'il de semblable au monde: enfin, nous pouvons nous vanter que si nous n'avons pas une Ville sous terre comme en Pologne, nous pouvons nous glorifier d'avoir une communication sous l'eau depuis une Ville jusques à l'autre & des canaux sous terre qui passent au dessous du Rône & lesquels sont des miracles de l'art que les hommes ne sçauroient croire, s'ils n'en avoient les experiences devant les yeux, & nous pouvons dire, que nous avons encore un Lac souterrain en Perigord de plus de deux ou trois lieuës de long & d'une largeur égale, sans parler d'une infinité d'autres lieux qui sont comme les limbes. Nous avons encore des villes & des maisons sur l'eau aussi bien que les Hollandois, comme Broüage en Xaintonge, &c. Jusques là méme que nos Moulins comme sont ceux du Basacle & du Chasteau à Toulouse sont des marques infaillibles que cét Element si difficile à traiter, est un Theatre de prodiges en France.

La terre n'y est pas moins remplie de curiosités que l'eau, si nous voyons attentifvement ses productions & ses effets, ses plantes & ses arbres, ses fleurs & ses fruits, ses champs & ses bois, ses Vignes & ses Vergers, ses campagnes & ses jardins, ses parterres & ses maisons, ses Cavernes & ses precipices, ses plaines & ses abismes, ses montagnes & ses rochers, ses metaux & ses Pierres, les animaux & ses differentes richesses, & generalement tout ce qu'il y a dans les autres parties de l'univers; tout s'y voit ou par un effet de la nature, ou par un coup de l'adresse & de l'art. Ie pourrois dire icy, qu'on voit des bâtimens si superbes, des tours si hautes, des chasteaux si grands, des Amphiteatres si entiers, des maisons si parfaites, des montagnes si hautes, des rochers si affreux, des precipices si horribles, des abismes si profonds, des plaines si fertiles & si agreables, des fruits si rares, des curiositez si particulieres, & des animaux si differents, qu'on peut dire qu'on trouve icy tout ce que le monde possede, & qu'il y a mesme des choses qui ne sont pas ailleurs. Il y a des échos qui repetent trois fois de suite des vers entiers, il y a des lions & des tigres, des pantheres & des leopards, des ours & des loups, & on y voit même des autruches & des cameleons qui sont si difficiles à trouver dans l'Europe. Les oiseaux de toute sorte d'especes y sont en abondâce, & on y en voit quelques-uns, qui ne se trouvent pas ailleurs & qui sont propres à ce climat: on y voit des feux sousterrains & mille autres choses curieuses que je mettray chacune en son lieu. De sorte que pour couper court, il n'y a rien dans les autres Païs, soit pour la nature ou pour l'art, que nostre France ne possede avec tous les avantages possibles: ainsi tous les curieux pourront parcourir cét Estat pour y satisfaire leurs inclinations & assouvir leurs desirs; soit qu'ils recherchent les curiositez qui flatent les sens ou qui divertissent l'esprit, ou bien qui contentent tous les deux. Ainsi j'espere qu'apres avoir veu tous les tresors & les avantages que nous avons, ils avoüeront ingenuëment qu'il n'est rien d'égal à la France, & qu'elle est à la verité le Paradis des curieux.

CHAPITRE VII.

Tous les âges & tous les Estats trouvent leur contentement en France.

J'Avouë qu'à prendre cette proposition dans un sens litteral & dans toute la severité de l'Escole, elle ne sçauroit estre veritable; veu que tout ce qu'il y a dans la nature ne sçauroit pas contenter certaines ames qu'il y a, ny rendre heureux certaines personnes dont la condition est si infortunée, qu'elle semble estre incompatible avec la beatitude & le repos : neantmoins comme il est vray qu'il y a du plus & du moins dans les maux, & comme c'est d'autant plus rendre une ame contente qu'on luy diminuë le plus de ses peines, & qu'on luy fait gouter de plaisirs ; je dis que la France doit passer pour estre les delices du monde pour toute sorte d'estats & de conditions (tout autant que des hommes en peuvent estre capables) & qu'elle est le Païs le plus charmant pour toute sorte de gens, pour deux raisons. La 1. c'est qu'elle leur donne plus de contentement ; & la 2. c'est qu'elle diminuë de beaucoup leurs souffrances & leurs peines : la preuve dont je me sers pour établir cette verité ; c'est que ses plaisirs sont plus purs, comme on le remarque par la satisfaction de l'esprit qu'on y reçoit, & par la delicatesse des vivres & des objets qui frappent le sens. Suivons de grace tous les âges & tous les estats, & voyons si ce que je dis n'est pas vray. Les jeunes peuvent-ils vivre dans un Païs où il y ait plus de divertissement qu'en celuy cy? Le Printemps ne leur fournit-il pas des lis & des roses? N'ont-ils pas en Esté des lieux extrémement frais, des bains en abondance, des ombrages delicieux & des promenades dans des bois & le long des rivieres & des ruisseaux, à l'abry des arbres touffus & sur les bords des fontaines, capables de charmer les Nymphes & les Dieux? L'Automne manque-t'elle de fruits pour contenter leur goût & ces trois saisons ne leur fournissent-elles pas des occasions merveilleuses de s'en aller dans des maisons champestres, dans des bois & des vignes, dans des jardins ou sur la verdure pour y manger le caillé ou la cerise, le muscat ou la prune, l'abricot ou la figue, la noisette ou le pavie, la pesche ou le brignon, & pour y boire le lait ou le vin avec des delices nompareils? Où est-ce qu'on trouvera des Royaumes où les rendez-vous soiét si frequents, où les promenades soient si ordinaires, où on rende si souvent des visites, & où on fasse des partis de divertissement si communément qu'icy; puis-que cela arrive tous les jours? La jeunesse des autres Nations fait-elle des dances, a-t'elle des compagnies de violons, des regales sur l'eau, des assemblées pour joüer, des courses de bague & des balets, des bals & des festins comme elle? y a t'il de Noblesse au monde qui passe sa vie dans des visites continuelles,

dans des festins & des caresses qui n'ont jamais de fin si agreablement que les nostres. La pesche & la chasse, les jeux & les divertissemens sont si grands & si ordinaires, qu'à peine pourroit-on se l'imaginer: si vous en demandez la raison, je vous diray que l'inclination de nos Gentilshommes, & le desir qu'ils ont de paroistre nobles & liberaux, font qu'ils n'épargnent quoy que ce soit pour se satisfaire & pour se mettre en credit: ainsi comme c'est la coustume qu'il faut faire des festins, & traiter ses amis; lors qu'on Baptise quelque enfant ou qu'on marie quelque garçon ou quelque fille, comme c'est la maxime qu'il faut chomer les Festes, solemniser les Rois, faire le Carnaval, pescher un étang, visiter une maison nouvellement bastie, prendre possession d'un bien achepté, ou faire un accord, devenir maistre d'une terre, ou avoir obtenu quelque charge, se voir relevé d'une dangereuse maladie, avoir obtenu le gain d'un procez, estre victorieux dans un combat, & se voir sorty d'une mauvaise affaire; comme c'est la coustume, dis-je, que l'on fait de grandes réjoüissances dans de semblables rencontres, il arrive que les réjoüissances sont continuelles, & que l'on ne sort des unes que pour entrer dans les autres; mais sçavez vous ce qu'on fait dans de semblables rencontres, c'est que les bons morceaux ny les vins exquis n'y manquent pas, non plus que les compagnies des Dames, & le jeu, la dance & le bal, le bel entretien &
la

la douce conversation. On y rit & on y dan-ce, on s'y promene & on s'y repose, l'on y chante & l'on y va à la chasse, l'on y joüe ; & en un mot l'on y goûte tant de douceur, qu'il n'est pas possible de le concevoir, ny d'en avoir la moindre idée : je puis dire qu'il n'est point de divertissement égal à celuy-cy : car si on se plaist à voir de beau monde & des ri-ches humeurs, l'on y trouve les gens les plus gais, & les mieux mis du monde ; si on ne se plaist pas à l'embarras, & si on se satisfait mieux de converser familierement avec quel-que personne d'esprit, vous n'avez qu'à vous retirer adroitement du gros pour vous en al-ler dans le bois, la garenne ou le jardin, & vous verrez des personnes, qui évitant la confusion vous suivront de bien prés, si elles ne vous ont déja precedé : de sorte que vous aurez l'avantage de faire un Paradis à part, & de joüir en repos d'un doux entretien, ou d'entendre, si vous voulez, les doux accens de plusieurs belles Nimphes, qui mariant leurs voix au son d'un luth ou à l'agreable murmure des eaux, enchantent le cœur par le moyen des oreilles ; que si la compagnie des filles & des femmes vous desagrée, & si vostre humeur martiale vous fait rechercher ardemment l'entretien des jeunes hommes, vous n'avez qu'à vous en aller chercher une troupe de braves & de gaillards, lesquels ne parlent que de rencontres & de combats, d'assauts & de batailles, de sieges & des moyens de bien deffendre une Place. La

Tome I. Q

bouteille ou le jambon, le muscat ou le pâté sont-ils vos delices, vous en verrez d'autres qui ne cessent jamais de faire cet exercice, & d'inviter (en presence du Maistre de la maison, qui croiroit estre indigne de vivre, s'il n'estoit pas le premier à mettre les autres en train, & bien souvent de s'enyvrer le premier) non seulement ceux de la maison, mais encore les étrangers & les passans; de sorte que le jour & la nuit ils ne font que trinquer & vuider les flacons, décroûter des pâtez & faire des ragoûts, chanter & rire, se masquer & faire mille choses qui divertiroient les plus melancoliques, s'ils les voyoient: la joye de ces Messieurs va quelquefois si avant, qu'ils s'en vont passer les 8. ou 10. jours à la campagne, & au milieu des forests & des bois pour n'estre point interrompus par des femmes ou des enfans, par des critiques ou des personnes contraires à leur humeur, & de camper dans ces lieux à la façon des Tartares, pour goûter, disent-ils, les doux plaisirs de la vie.

S'il y en d'autres qui n'aiment pas cette vie de Sardanapale, & qui se plaisent à quelque autre divertissement plus innocent, ils trouveront des personnes qui joüeront, s'ils aiment le jeu, qui monteront à cheval si cela leur plaist, qui joüeront du cor ou de la trompette dans le fonds d'un bois, ou vis à vis d'un écho, pour leur donner le plaisir d'entendre deux fois les agreables tremblans ou les fermes tons de celuy qui joüe, & qui excite une meute de chiens courans & d'espagneuls, de levriers & de brachs. Enfin, si on ne veut que la chambre ou la solitude, on n'a qu'à se separer de tous ces divertissemens, & pas un ne s'en formalise, au contraire, il y a cela de beau que tout le monde travaille à vous plaire & à vous réjoüir. Si l'on est en hyver dans un temps où la saison semble estre tout à fait contraire au divertissement, il y a mille occasions de réjoüissances: les soirées sont si douces, les parties de l'homme ou du piquet, les rendez-vous de dance ou de bal, où les collations & les regales ne manquent point, sont si charmantes, que la Noblesse se voit comme contrainte de s'en venir habiter les villes pour y goûter des plaisirs si innocens: En effet, quoy de plus aimable que d'estre dix ou douze familles ou bien trois ou quatre (selon qu'on le desire) dans une maison, où l'on s'entretient de mille belles choses, qui sont dites avec tant d'esprit, qu'on est obligé d'admirer ceux qui les racontent, où l'on fait mille contes à dormir debout, où l'on raille avec esprit, où on rit à ventre deboutonné, où l'on joüe des jeux faits pour se divertir, où l'on a mille tours de souplesse, où l'on fait bonne collation avec les confitures, & l'hipocras, où l'on fait chanter le Vendeur d'oublies le pied nud dans l'eau, où on a mille inventions pour recréer un esprit & pour dissiper la plus melancolique de toutes les humeurs: Vous voyez d'un costé les Peres de Famille qui font un Senat aussi auguste que celuy de Rome, & aussi prude que l'Aréopage d'Athenes ou l'assemblée des sept Sages de Grece : de l'autre costé vous voyez une troupe de Matrones qui s'entretiennent des affaires domestiques, & qui parlent du gouvernement de leur maison; vous voyez icy des jeunes gens qui joüent des discretions & des confitures; là une compagnie de filles & de garçons qui joüent ou au corbillon ou au gage, ou au propos interrompu; le milieu de la maison est occupé par des enfans qui dancent & qui rient; la cuisine sert de sale pour les domestiques; de sorte que la joye est la seule qui regne dans les maisons, & la tristesse & l'ennuy en sont chassez entierement. Apres cela, n'ay-je pas raison de dire que les Nobles & les Bourgeois, les Marchands & les Artisans sont bien heureux en France, puis qu'ils ont de tels plaisirs, chacun à sa façon & selon sa qualité?

Les Bourgeois & les Marchands ont leurs maisons champestres où ils s'en vont promener avec leurs femmes & leurs enfans, & où bien souvent ils invitent leurs amis : ils se visitent aussi le soir, & se traitent bien souvent; & je puis dire que si la Noblesse ne cede rien à ceux cy, ceux-cy ne cedent rien aussi à la Noblesse pour leur divertissement & pour leurs regales : au contraire, j'ay veu bien souvent que le bal le plus somptueux, les festins les plus exquis, & les réjoüissances les plus grandes, estoient pour les derniers, au grand regret des premiers. Ils vont à la chasse quand ils veulent & ont leur lieu pour joüer aussi bien que ces nobles Marquis, & ces illustres Barons, qui bien souvent n'en ont que le nom. Il y avoit autrefois dans chaque ville certains jours de divertissement, de mesme qu'on le voit encore dans les villages où l'on faisoit des réjoüissances extraordinaires. Il n'y en a point pour si petite qu'elle soit, qui n'aye ou un jeu de paume, de mail ou de balon, des places ou des rivieres sur lesquelles on se va promener, ou des sorties, des promenades, des allées ou des bois, où vous voyez un nombre innombrable de peuple qui s'en va prendre le frais, divertir son esprit, & donner quelque relasche à son corps.

Les Artisans & les Villageois, les valets & les servantes ne sont pas privez de leurs satisfactions dans ce lieu de delices : car outre qu'ils sont libres & quasi indépendans de toutes sortes de personnes, hors d'eux-mesmes ; c'est qu'ils ont leurs jours destinez pour se divertir : s'ils sçavent qu'il y ait feste dans un Bourg & à un Village, ils y accourent tous comme au feu, pour y dancer, & pour y boire : s'il y a une foire, ils ne sont pas moins ardans pour y aller ; dautant qu'ils esperent de s'y bien réjoüir : c'est pourquoy il arrive que les places, les maisons & les grands chemins sont tous remplis de gens avec des flutes & des tambours, des hautsbois & des violons, des musettes & des tambours de Basque qui joüent incessamment

Q iij

pour satisfaire les personnes qui leur donnent à boire, ou qui les payent en argent. Je remarqueray icy en passant que nos paysans & nos gens de mestier ne sont pas si fort querelleux que dans les autres Royaumes; & que c'est une chose presque inouye d'entendre dire qu'il y ait eu un homme de mort ou de blessé dans ces assemblées; quoy qu'il y aye bien souvent des querelles & des coups de poing donnez; la raison de cecy, c'est que l'on ne se sert pas du coûteau comme en Hollande, au Pays-bas, & dans les autres Estats. On ne sçauroit croire la joye qu'il y a de voir d.s troupes entieres de paysans & de paysanes qui dancent, qui chantent, qui rient & qui se caressent en s'en s'allant chez eux: ny le plaisir qu'ont ces gens de village de se visiter les uns les autres les jours de Dimanche & de Feste, d'aller boire ensemble, & de s'en venir de compagnie à la foire & au marché, de s'assembler les soirs dans certains lieux pour se réjoüir, pour y dancer & pour y manger le fruit & la chastaigne. On ne sçauroit croire, dis-je, combien ils sont heureux maintenant que leurs Gentils hommes & leurs Seigneurs ne leur enlevent plus le chapon ny la poule, le veau ny le mouton, l'œuf ny le fruit, & qu'un chacun mange en repos sans crainte d'estre mal-traité de personne, ny chagriné de pas un ses voisins.

Les Pasteurs avec leurs Bergeres sont si heureux dans cet Estat, qu'ils font envie aux plus grands Seigneurs de la Cour, & aux plus belles Dames du Royaume; puisqu'on ne trouve pas de plus beaux sujets pour representer une vie delicieuse, que de faire paroistre une troupe de ces mesmes Pasteurs avec leurs Bergeres couronnez de fleurs, armez d'une houlette, & jouant d'une musette ou d'un flajolet, d'un haut-bois ou d'une trompette, & de plusieurs autres instrumens qui font retentir les campagnes de mille chansons, dont les tons & les refrains ravissent les passans, & enchantent les Nymphes & les Satyres de tous les lieux châpestres. Leurs chiens sont si bien dressez, & eux si adroits à leur faire détourner les troupeaux où ils veulent; qu'ils n'ont qu'à leur faire signe de leur teste ou de leurs mains pour se faire obeyr, cependant qu'ils demeurent en repos sur le bord d'une fontaine, ou assis sur l'herbe & sur la pelouse, & tandis qu'ils mangent, qu'ils rient, ou bien qu'ils s'entretiennent de tout ce qui leur plaist & qui les ravit. Ils ont cét avantage, que l'hyver ils ne sortent que fort peu, & que le Printemps, l'Automne & l'Esté, ils ne sont pas obligez de faire de grandes courses pour paistre leurs brebis, ny de passer souvent des ruisseaux ou des rivieres, comme dans beaucoup de Païs, où ces pauvres enfans sont obligez de vivre incessamment dans l'eau comme les canards, & de passer leurs jours dans les bruieres ou les rochers comme les ours & les loups : & je puis dire que la vie de ces sortes de personnes est si douce, qu'à peine en pourroit-on voir de semblables dans le monde. Les vieux y sont respectez comme des Senateurs, les Nobles y sont considerez selon leur condition & leur merite, les Dames y sont adorées, les Advocats & les gens de Iustice y sont estimez comme des Dieux, les Medecins y sont recherchez comme des tresors, les Artisans y sont cheris plus qu'on ne sçauroit dire, & les Etrangers y sont aimez comme des enfans du Païs.

Les Marchands vont maintenant par tout sans craindre ny les voleurs ny les paysans: on porte de l'argent, des pierreries, des marchandises, & l'on pourroit estre chargé de perles & de rubis, que pas un ne vous parle ny ne vous touche. Le Roy attire maintenant tout le commerce des autres Païs, il purge la mer de ces Pirates infidelles, qui taschent de ruiner les Chrestiens ; Enfin nostre Estat est maintenant l'Empire de la douceur & du bon heur, & nous pouvons appeller nostre incomparable Monarque un autre Auguste: parce qu'il nous fait goûter les delices de la vie; & parce qu'il nous enyvre des plaisirs: ou bien il faut que nous disions qu'il est le veritable Iupiter dont l'antiquité nous a tant parlé, puisqu'il fait pleuvoir l'or & l'argent, & puisqu'il nous comble de réjoüissance & de joye, peut-on douter de ce que je dis, puisque les plus grands Princes de l'Europe, & presque du monde, viennent chez nous pour goûter nos plaisirs, avoüant en cela qu'il n'y a rien dans l'univers qui puisse
égaler

égaler ceux que nous avons : puisque les plus
sçavans hommes du siecle s'y trouvent ; puisque les plus beaux esprits qui soient sous le
Ciel s'y rencontrent ; puisque les comedies
qu'on y jouë surpassent infiniment celles des
Italiens & des Espagnols, des Anglois & des
Allemands, qui n'en joüent jamais d'autres
que les nostres ; puisque l'entretien y est si
doux ; puisque les gens y sont si bien faits ;
puisque la justice s'y rend avec tant d'équité;
puisque le Païs est si beau, si fertile & si abondant en tout ; puisqu'il y a tant de superbes
bastimens, tant d'Eglises, d'Hospitaux, de Palais, de Maisons de plaisance, tant de Iardins
delicieux, de Parterres agreables, de Machines miraculeuses, tant de raretez & de merveilles qui semblent avoir quitté les autres
parties de l'univers pour s'en venir icy, &c.
Apres tout cela peut-on refuser à la France le
titre dont je la couronne ; non, non, les Italiens ont beau se vanter d'avoir le jardin de
l'Europe pour demeure, il faut qu'ils sçachent
qu'ils n'en ont pas les parterres ny les embellissemens comme nous ; que les Espagnols
& les Portugais se glorifient tant qu'ils voudront d'avoir la meilleure terre du monde
pour sejour, ils n'ont pas la plus belle ny la
plus fertile tout ensemble ; qu'ils se glorifient
tant qu'ils voudront de sentir l'orange & le
citron, nous ne sommes pas moins heureux
qu'eux : puisque nous les sentons & les mangeons aussi bien qu'eux : & puisque nous faisons des lits de leurs fleurs pour nos delices

& pour noſtre repos : Que les Allemands ſe vantent tant qu'ils voudront d'eſtre en eſtat de ſe paſſer de tous leurs voiſins, ſans manquer pour cela de quoy que ce ſoit pour pouvoir vivre heureuſement : je me moque, dis-je, de tous ces diſcours : dautant que quand ils auroient le dequoy, ils n'ont pas le *Modus faciendi* dont parlent les Philoſophes, ny le ſecret de s'en bien ſervir comme nous. En un mot, toutes les autres Nations ont beau ſe flater que leur nid eſt le plus beau du monde, & qu'on n'en ſçauroit trouver de plus agreable ſous le Ciel, je pardonne à leur inclination & à leur complaiſance, & je dis qu'ils ne me blâmeront jamais de dire que le Pays dont je parle eſt le plus charmant de tous, quand bien la preocupation de leurs eſprits les rendroit des injuſtes partiſans de leur patrie.

On me dira peut-eſtre que j'ay eu tort de faire un livre ſur ce ſujet en faveur de la Hollande : & que je ne ſçaurois éviter ce reproche d'avoir menty, ou d'avoir voulu flater un Pays dans lequel je paſſois doucement mes jours : mais je réponds à cela, que ce n'eſt ny l'un ny l'autre qui m'ont obligé de refaire de nouveau ce meſme livre pour y mettre les choſes en meilleurs termes, pour en continuer l'hiſtoire, & pour le rendre enfin un ouvrage plus achevé, & que ç'a eſté ſeulement pour donner au Public la connoiſſance d'une verité qu'on ne me ſçauroit diſputer : dautant qu'outre qu'il n'y eust jamais de Pays sans quelque avantage particulier, je dis aussi que la Hollande n'en manque pas, quoy que ce soit un Pays maritime : & il faut remarquer que je ne pretends pas l'appeller les Delices du monde : mais de faire voir les avantages qu'on y trouve, & les douceurs que la prudence des Magistrats, & l'industrie des habitans y font goûter à ceux qui respirent son air & vivent sur ses terres : ainsi j'auray toûjours sujet de dire que nostre France est le Royaume des plaisirs & les delices de toutes les Nations du monde, ce que tous les Etrangers proclament d'une commune voix, & que tous les Escrivains confirment par leurs écrits.

Je finiray ce Chapitre par un paradoxe surprenant, sçavoir que les pauvres mesmes y sont plus heureux que dans les autres Païs, la raison de cecy ; c'est qu'il n'y a point de Ville ny de Bourg considerable qui n'aye ses Hospitaux & ses Abrahams. La seconde, c'est que les vivres y estant en abondance, on ne refuse jamais du pain ou des chastaignes à ceux qui en demandent:& je puis dire, que j'ay veu donner du potage & des poix à tous ceux qui venoient, lequel estoit aussi bon qu'on le pouvoit souhaiter : cette liberalité ne s'exerce pas seulement dans les Villes par les Nobles,& les Riches,les Bourgeois & les Marchands : mais encore dans les plus chetifs lieux par les païsans & les gens de village, & qui est bien plus, c'est que j'ay veu mille & mille fois que des pauvres Recolets

& des Capucins, qui n'ont rien que ce qu'on leur donne, des Obſervantins & des Cordeliers qui ont peine à vivre, font meſme des liberalitez ſurprenantes à ceux qui en ont beſoin. Ie ne dis rien des Eveſques & des Abbez, des Chanoines, des Curez, des Moines & des Religieux, des Preſtres & des Devots, qui ſont tout autant de ſaints Ieans l'Aumoſnier & dont les bourſes ſont inceſſamment ouvertes pour ſecourir les indigens & les miſerables. Ie laiſſe à part les aumoſnes publiques, qui ſont ſi grandes qu'on ne ſçauroit ſe l'imaginer : & je puis dire que j'ay veu des pauvres meſmes qui donnoient ce qu'ils avoient, & que je ſçay des Dames & des Seigneurs ſi charitables, qu'ils ſe privent du neceſſaire pour pouvoir donner davantage : qu'on aille ſeulement à Paris, & on verra que de ſimples particuliers ont fondé des Hoſpitaux, & qu'il n'y a point de recoin où on ne trouve des lieux deſtinez pour le ſecours des orphelins, des veſves, des vieux, des malades, des peſtiferez, des incurables, des aveugles & des malheureux. Les Egliſes ſont remplies de mille petits coffrets avec des titres pour les pauvres, il n'y a point de Chapelle qui n'aye une ou pluſieurs Congregations ou Confrairies pour marier les filles qui n'ont pas dequoy, & pour faire apprendre des meſtiers aux enfans qui ſont ſans appuy : les Convents ne preſchent au monde que la charité, & on ne voit enfin que des liberalitez continuelles, ce qui a eſté cauſe que des principaux Gentils-hommes du Royaume se sont avilis à ce point que de passer une partie de leur vie à caimander pour estre plus libres & plus heureux, & de s'enroller dans cette compagnie de gueux & de cagoux, qui est maintenant un mestier formé, & dont le nombre est si grand, qu'on ne sçauroit aller presque dans un lieu sans trouver de cette canaille, qui ont mille inventions pour attraper les gens, & pour s'engraisser aux dépens du pauvre peuple.

On peut bien connoistre, dis-je, par cet ordre de pauvres affectez qui a mesme ses Officiers & ses Charges, comme s'il meritoit quelque rang dans l'Eglise, combien la France est liberale & genereuse : puisqu'elle nourrit tous ceux qui demandent & qui en ont besoin, & des personnes mesmes qui sont indignes de secours : puisqu'elles veulent agir de la sorte pour vivre plus libertinement & avec moins de retenuë. Enfin, je ne croy pas que jamais on aye ouy dire que pas un homme soit mort de faim dans cet Estat, parce qu'il ne faut que s'en aller promener à la campagne pour trouver dequoy satisfaire à son besoin & contenter son appetit.

Ie pourrois dire que les autres Nations ont toutes les peines du monde à sortir de ce Païs quand elles y sont : de sorte qu'elles y passeroient agreablement leur vie, si la necessité de leurs affaires ne les obligeoit pas d'ē sortir. Que si on m'objecte que les François sont les gens du monde qui habitent le moins leur Pays, & qu'on ne voit dans tous les endroits du monde que des colonies entieres de nos peuples, je dis que c'est pour trois raisons principales. La premiere, parce que le desir de la gloire, l'inclination de voir, & la passion de se signaler à la guerre les anime à faire de semblables voyages. La 2. c'est afin de tirer l'or & l'argent des autres Païs, & de le porter dans le leur : & la 3. c'est pour estre en asseurance pour leurs personnes, & parce qu'ils craignent pour l'ordinaire de porter la peine qu'ils ont déja meritée. Ie voudrois bien sçavoir combien de ces sortes de gens peuplent l'Espagne & le Portugal, l'Angleterre & la Hollande, & combien il y a de Banqueroutiers & d'Apostats à Ligourne ou à Geneve, à Arlem & à Amsterdam ; voila, dis-je, les trois raisons que j'ay pour répondre à cette difficulté, & pour établir ma proposition, que je pourrois encore fortifier de mille autres preuves, si je ne croyois pas estre trop long : Ainsi je finis par les paroles d'un Empereur infidelle & barbare, *la France est les delices du monde & le monde des delices*, & on doit l'appeller le jardin & le parterre de l'univers.

CHAPITRE VIII.

La France est le Paradis des femmes & des filles.

Ie Voy que tout ce que je viens de dire fasse voir assez clairement que les femmes & les filles ne sçauroient estre malheureuses en France, veu les grands delices qu'il y a; si est-ce pourtant que ce ne seroit pas assez pour elles, s'il n'y avoit pas d'autres advantages conformes à leur condition & à leur humeur: Il faut donc qu'il y ait quelque chose de plus pour y trouver leur plaisir, & pour y passer agreablement leur vie. Il le faut, je l'avouë, & j'estime que nous serions bien malheureux si nous ne pouvions pas rendre contentes les personnes qui doivent vivre avec nous, & partager les douceurs & les chagrins que nous avons en cette vie, ce qui est d'autât plus vray, que je croy qu'un homme ne sçauroit gouster avec plaisir les contentemens qu'il reçoit, sans que sa femme y participe; autrement ce seroit vouloir rendre la moitié d'un tout entierement heureux, & faire que l'autre seroit dans le tourment & dans la peine. Ainsi, il faut dire, la France doit avoir des plaisirs pour les femmes & les filles, autrement ce seroit flater nostre Empire sans raison, & j'estime que ce seroit à tort que je l'appellerois les delices du monde. Pour vous faire voir que je n'avance rien sans raison, je vous prie de remarquer que les filles & les fé-

R iiij

mes ont trois choses en veuë qui sont tous leurs desirs. La 1. c'est d'estre bien estimées & bien cheries. La 2. c'est d'estre libres & sans contrainte ; & la c'est d'avoir tout ce qui peut plaire à leurs sens, & flater leur appetit. La raison de cecy, 1. c'est que comme belles elles veulent qu'on les estiment ce qu'elles valent: 2. c'est qu'estant fort raisonnables & fort sages, elles meritent de n'estre point captives, esclaves ny prisonnieres ; & la troisiéme, c'est qu'estant d'une complection delicate, elles demandent de vivre dans les delices & les plaisirs. Cela estant supposé, je dis que nostre incomparable Estat est un jardin d'Eden, où l'on trouve ces trois biens differents joints ensemble avec tant de pureté que j'ose dire qu'ils sont presque sans meslange d'aucun mal : car à commencer par le 1. je remarque que de tous les Païs qui sont au monde, il n'y en a pas un où l'on revere, où l'on estime, & où on cherisse si fort les personnes du sexe que dans le nostre. L'on dit que l'estime & le respect ne paroissent jamais si fort que quand on les fait voir par les effets & les paroles : de sorte que pour en donner des preuves veritables, il faut de necessité joindre les actions aux discours, & marier les mains avec la langue : voila ce que font les maris & les Courtisans de nostre Empire, & voila l'exercice ordinaire de nos jeunes & de nos vieux: ayez la bonté de voir une de nos Villes, & observez, de grace, les démarches de nos gens auprés de nos Dames, & vous les verrez incessamment à leurs pieds sans chapeau, & avec des témoignages convainquans de leur veneration, leurs paroles sont pesées, leurs gestes compassées, & leurs pas mesurez, jusques-là mesme que leurs yeux semblent n'oser pas regarder ce qu'ils aiment & ce qu'ils adorent: on diroit à les voir auprés de leurs Maistresses que ce sont des Esclaves aux pieds de leurs Souverains, & des Supplians auprés de leurs Divinitez à qui ils offrent sans cesse des victimes & de l'encens. La crainte & le respect est si avant dans leurs esprits, qu'ils croyent ne devoir respirer ny vivre que par la permission de leurs Dames, & ils craignent plus que la mort le moindre de leurs regards, qu'ils appellent des carreaux & des foudres, quand la colere ou le dépit les lancent avec fureur. S'ils font des vers, ce n'est que pour appeller la personne qu'ils aiment un Astre & un Soleil, un Iour & une Divinité : s'ils luy parlent, ou s'ils se plaignent, c'est de n'avoir pas assez d'éloquence pour exprimer les mouvemens de leurs cœurs: & je remarque que toutes leurs actions ne sont que des effets d'une ame soûmise & parfaitement respectueuse : leurs approches sont humbles : leurs saluts extrémement civils : leurs discours & leurs entretiens pleins d'estime & de veneration : & leur principal dessein n'est autre que d'élever les Dames sur des Trônes & des Autels, de leur bâtir des Temples, de leur consacrer leurs biens & leur vie, & de leur offrir en un mot des sacrifices

& de l'encens. Je voudrois pouvoir faire entendre à ceux qui liront mon Livre les termes dont on se sert dans les lettres & dans les conversations, pour donner une idée plus parfaite du respect & de la civilité Françoise à l'endroit des filles & des femmes: mais il m'est impossible, & il me suffit de dire que les Etrangers qui taschent de se perfectionner, sur tout dans les matieres d'honneur & d'amitié, n'ont pas pû & ne peuvent pas s'empescher de suivre la mode Françoise en ces deux chefs, & d'avoüer ingenuëment que c'est le propre de nostre illustre Nation, de sçavoir bien converser avec toute sorte de gens; mais sur tout avec le sexe, qui semble estre plus difficile à gouverner que les hommes.

La civilité qui rend nos gens si souples & si soûmis, fait qu'apres les avoir rendus extrémement prompts & exacts à faire tout ce qu'on leur ordonne, ou qu'ils jugent devoir estre fait; ils n'oublient rien pour donner à connoistre l'excés de leur amour, qui est si grand, qu'à peine en trouvera-t'on de semblable dans le monde : je ne pretends pas raconter icy les extravagances de quelques-uns de nos amans pour prouver la verité de leurs feux; ne croyez pas que je vous dise qu'ils se precipitent du haut des rochers en bas comme les incensez & les fols, ny qu'ils se déchirent leurs corps à grands coups de rasoirs comme les Turcs & les Barbares, ny qu'ils avalent des charbons ardens, comme les Porcies, ny qu'ils fassent des extravagances comme les Indiens & les autres Nations : non, non, leurs amours sont raisonnables, & ils ne s'emportent jamais dans des extremitez qui pourroient leur faire perdre la qualité d'hommes & d'amans raisonnables. Leurs principaux exercices sont donc de se plaindre quand il faut, de gemir quand il est necessaire, de soûpirer quand il est à propos, de faire des vers pleins de feu, d'envoyer des lettres pleines d'amour, de faire des offres côtinuels de service, d'estre assidu, de demander des occasions à faire voir ce que l'on est, de prier qu'on prenne un peu de part aux peines que l'on souffre, de conjurer les personnes de disposer des biens & de la vie, d'estre jaloux & furieux tout à la fois quád on craint, ou que l'on sçait qu'on veut nous priver de ce que nous cherissons; de perseverer à aimer, quoy que l'on fasse, de faire tout ce que l'on croit pouvoir obliger, & enfin de se servir de toutes les inventions possibles pour témoigner sa tendresse & son amour : n'est ce pas bien aimer que de faire tout ce que je viens de dire, & de ne trouver rien de difficile quand il s'agit de témoigner à un cœur jusques à quel poinct on le cherit : on nous fait voir un Iacob comme un prodige en amour : parce qu'il s'est soûmis 14. ans à servir un Laban pour posseder la belle Rachel ; & on nous propose de semblables exemples pour nous faire estimer d'autres peuples qui ont de tels miracles d'amour ; mais que dira-t'on de nos François, lesquels perseverent les 20. & les 25. ans de suite à rechercher des filles, qui ne se rebutent jamais, quoy qu'un pere ou une mere leur fasse, & qui semblent enfin estre des hommes insensibles aux affronts, tât ils en souffrent pour posseder enfin l'objet qu'ils cherissent ardemment. En un mot, je remarque que soit ou à l'Eglise ou à la maison, à la promenade ou dans le cercle on rend tant de deference à ces Divinitez terrestres, qu'il n'est pas possible de le croire, tant il est vray qu'on leur en rend.

L'amour succede immediatement au respect, & je fais reflexion, qu'il n'est pas ny moins grand ny moins admirable que luy; vous en pouvez reconnoistre quelque chose, par la constance que l'on a dans les recherches extrémement longues, par la violence du feu qui consomme les cœurs de ces amoureux, & par la perseverance qu'ils ont; je sçay bien que la France est appellée le Païs des legers & des inconstans; mais je n'ignore pas aussi que ce ne soient ou de ses ennemis ou des ignorans de la verité qui tiennent ces discours : car s'il est vray (comme je ne veux pas le nier) qu'il y a beaucoup d'inconstans & d'infidelles en amour : c'est un crime qui se rencontre par tout où il y a des hommes; & ainsi, comme chacun se plaist au changement, & que tout le monde aime la diversité; il s'en trouve aussi parmy nous qui sont tachez de ce defaut, que la justice & la raison condamnent; mais ce n'est ny la coustume ny l'inclination de nos illustres François, d'en agir de la sorte: ce que l'experience nous fait voir, & que la raison mesme nous prouve: Car de grace, où est-ce qu'on voit des Amans & des Maris si ardans & si passionnés pour leurs femmes & leurs maîtresses qu'en France ? qu'on aille à Paris & dans tous les recoins de cét Estat, & on verra une infinité de grisons & de vieillards qui ont toûjours perseveré à aymer, qui ont blanchi à la poursuitte d'un cœur, & qui ont passé leurs jours sans dégout à la possession d'un objet qui fait encore tous leurs delices : n'y a-t'il pas des personnes, qui apres avoir receu des affrons & des injures atroces des personnes mesmes qu'ils ont aymé, & qu'ils ayment autant ou plus qu'eux-mesmes, jusques-là qu'ils se sont appauvris pour les enrichir, n'ont pas laissé de les cherir aussi tendrement qu'auparavant? veulent-elles avoir de l'ambre ou de l'or potable, les Amans & les Maris ne remuënt-ils pas le Ciel & la terre pour les satisfaire? combien en voit-on qui ne sçauroient vivre sans voir ou sans avoir des lettres de leurs Maîstresses en main ? faut-il avoir une grace d'un Conseiller, ou d'un President, d'un Garde-Sceaux ou d'un Chancelier, d'un Bourgeois ou d'un Seigneur, d'un Duc ou d'un Prince, de la Reyne ou du Roy, ne sont-ce pas les femmes qui les obtiennent, & n'est-ce pas à elles qu'il faut s'adresser pour en avoir l'enterinement? Marque infaillible de l'estime & de l'amour qu'on a pour ces Anges humanisés ; quant à la beauté du corps & de l'esprit. Y a-t'il des charges à donner, des dignités à pourvoir, des offices à remplir; a-t'on besoin de faveur, veut-on remuer toute la terre, ou faire agir tout ce qu'il y a de grand dans la plus belle Cour du monde, & se faire mesme considerer dans les Païs les plus éloignés, il n'y à qu'à se faire amy d'une Dame ou d'une Damoiselle, & vous verrez que leur puissance vous obtiendra tout ce que vous sçauriez desirer.

J'oubliois à dire que le bon-heur des fémes est si grand en France, qu'elles ne sçauroient jamais estre mal-heureuses : la raison de cecy, c'est qu'elles ont trop d'esprit pour ne sçavoir pas bien ménager l'empire que leur adresse, & leur beauté leur ont acquis sur les cœurs de leurs amans, & la 2. c'est que nostre Nation se pique & a en effet trop d'honneur pour oser maltraiter ny donner le moindre déplaisir à une femme, l'estime & l'amour qu'on a pour elles sont si grands, qu'on n'oseroit répondre à leurs injures, se venger de leurs affronts, ny bien souvent repousser leurs insolences par des justes retours. Ouy, un hôme passera pour infame & pour lâche s'il maltraite une femme qui luy en auroit mesme donné sujet, & il passera pour estre indigne de vivre, s'il a seulement osé lever la main contre elle, quand elle auroit voulu le battre. Bien davantage il se trouve mille illustres & mille braves qui prennent tous les jours la querelle des femmes qu'ils n'ont jamais veuës, & qu'ils ne verront quelquefois jamais plus : de sorte que pour un mot lâché un peu trop inconsiderément, pour une parole legerement dite, pour une grimace & pour un vers, pour n'avoir pas esté assez respectueux ou assez humble, il faut bien souvent perdre la vie, ou du moins la beaucoup hazarder en prestant le colet à un nombre infini de gens qui mettront l'épée au vent pour tirer raison de cette injure.

On ne refuse quoy que ce soit à ces personnes, si on ne veut passer à mesme temps pour un brutal, & la loy est si bien establie dans le Royaume, d'estimer, de complaire, & de tout accorder aux Dames, qu'un Mari n'oseroit faire le revesche quand on luy demande de l'argent pour jouër, ou des habits pour suivre la mode : si un homme va à Paris ou dans quelque autre bonne ville du Royaume, il faut par une necessité que la coûtume & l'inclination imposent à tous ceux qui sont mariés, & qui ont des enfans, de leur porter tout ce qu'il y a de nouveau pour leur marquer l'amour qu'ils ont pour eux, autrement ils s'exposeroient à la risée de tout un monde, & ils seroient huez des grands & des petits.

J'avouë que les femmes ne sont pas si absoluës pour la direction des affaires domestiques, ny pour le maniement de l'argent qu'ailleurs ; je sçay qu'elles ne baillent pas les quittances comme dans d'autres Pays, & je n'ignore pas qu'elles ne vont du tout point tenir les foires, ny boire au cabaret comme en Angleterre & dans les

Pays-bas: mais aussi je suis persuadé qu'elles ne sont pas esclaves comme en Turquie, en Espagne, & en Italie, & nous voyons que leur liberté est conforme à la justice & à la raison, & selon que Dieu l'entend & l'ordonne: Ne seroit-il pas injurieux pour elles, si on les appelloit putains & débauchées, comme en Angleterre? & pourroient-elles bien souffrir qu'on soupçonnast leur vertu par des voyages hazardeux, & qu'on les estimast Maistresses de leurs Maris & Souveraines de leur Chef, à qui le Ciel les a soûmises par une sage providence; n'est-il pas mieux pour elles d'estre absoluës sur les affaires interieures & domestiques, de commander à leurs enfans, à leurs valets, & à leurs servantes, que d'aller au chaud & au froid, à la gresle & à la pluye, au vent & aux autres incommodités de l'air, & peut-on se persuader que leur amour & leur tendresse pour leur famille & l'inclination naturelle de passer pour honnestes & pour fidelles à leurs Espoux peut souffrir qu'elles abandonnassent leurs enfäs aux soins d'une servante inquiete & fâcheuse, & à l'insuffisance d'un Pere qui ne sçait que faire pour les appaiser quand ils pleurent, ny leur donner ce qu'ils demandent & qui leur est mesme necessaire. Cela estant ainsi, je dis qu'il est mieux pour elles d'estre exemptes de cét embarras d'affaires, qui (sous pretexte de les rendre libres,) les prive de leur repos & bien souvent de leur honneur ou en effet par raport à elles-mesmes, ou en pensée, eu égard à

leurs

leurs maris qui ont bien souvent de la peine à croire, qu'un sexe si fragile ne se laisse pas quelquefois seduire aux belles paroles d'un homme bien-fait, dans la pensée que les tenebres de la nuit, joint à la qualité d'estranger qu'on reconnoist en celuy qu'on oblige, donnent sujet de croire que le Mary n'en sçaura rien, & que le plaisir sera sans aucun mélange d'apprehension ny de crainte. Tous ces raisons, dis-je, font que nos Dames estiment mieux leur liberté raisonnable que cette franchise excessive, qui entraisne bien souvent des épines pour ceux qui la souffrent ou qui en jouïssent : Et je croy qu'il n'est rien de si doux au monde, pour une honneste femme, que de vivre en paix dans sa famille, d'estre souveraine sur tout ce qui regarde l'interieur de sa maison, d'avoir de l'argent quand elle en veut, de pouvoir s'en aller divertir avec ses parentes & ses amis, soient hommes ou femmes, au jeu ou à la promenade, dans des bois ou des jardins, sur l'eau ou dans les assemblées, sans chagrin & sans peine, sans affaires & sans aucune apprehension de causer la moindre jalousie à son Mary, que de faire le reste avec ces craintes & ces inquietudes, qui mettent une ame à la gesne & qui la privent de tout le contentement qu'elle pourroit recevoir.

Voila à peu prés la franchise de nos Françoises, & la pratique ordinaire de nostre Royaume; qui à la verité seroit capable de côtenter un esprit raisonnable pour si insatiable qu'il peut estre. Neantmoins comme il y en a qui ne sçauroiët se contraindre dans cette moderation, il faut qu'il y ait d'autres limites plus estenduës pour satisfaire toute sorte de personnes, & c'est ce que nous voyons dans nostre Estat: Car si une femme est injuste & déraisonnable dans ses passions, elle a l'advantage d'estre dans un Pays où on ne peut pas punir ses licences si elles ne sont par trop criminelles. Qu'une femme aille au bal contre le gré de son Mari; qu'elle jouë contre sa volonté; qu'elle aille à la promenade contre son inclination; qu'elle vienne tard contre les deffences qu'il luy en a faites, &c. Tout cela n'est pas capable de la rendre mal-heureuse, si le mal ne va pas plus avant : & quand bien mesme elle seroit surprise à faire du mal, le Mary n'est pas libre de la mal-traiter : parce que personne ne peut estre Iuge en sa propre cause : ainsi comme il pourroit exceder dans la punition, la justice ne luy permet que de se separer de corps & de biens.

Les filles ne sont jamais soupçonnées pour si long-temps qu'elles restent avec leurs courtisans. Qu'elles s'en aillent dans un bois ou dans un jardin, à la promenade ou hors de la Ville; quoy qu'on les voye continuellement ensemble, & quand bien même on verroit qu'une fille donne des baisers à un garçon, on juge toûjours que c'est sans mauvais dessein; de sorte, que les Peres & les meres n'y trouvent pas à redire; en un mot la dance

& le jeu, la comedie & le bal, la compagnie & la promenade, les festins & les rendez-vous, seules ou accompagnées, sont les libertés ordinaires que nostre Nation donne & permet aux personnes du sexe.

Quelqu'un me dira sans doute, que j'ay tort de blâmer le procedé des Anglois & des Flamans, qui permettent à leurs femmes d'aller au cabaret & de tenir les foires; puisque je permets, & que je loue des libertés aussi dangereuses que celles-là le pourroient estre: mais je réponds à cecy, qu'outre que ces exercices sont mal propres & mal seants aux personnes du sexe: c'est que rien ne les empêche ny ne les retient de faire du mal, au contraire les occasions semblent estre plus propres & plus frequentes, au lieu que nos franchises ne sont que des effets d'un esprit civil & genereux, qui ne se relâche que pour faire vivre l'honneur & pour passer doucement ses jours sans offence, & sans crime: Vn Italien me disoit un jour voyāt l'honneste liberté de nos Dames, que la France avoit trouvé le secret de rendre les femmes & les filles sages; en leur donnant le moyen d'aller & de venir comme elles veulent: la raison de cela, disoit-il, c'est que nous voulons toûjours ce qui nous est deffendu, *Nitimur in vetitum*; ainsi, comme c'est attraper un larron que de luy donner la clef de l'argent; c'est rendre les femmes fidelles que de ne les soupçonner pas; & la 2. c'est que l'honneur & la reconnoissance sont deux freins qui les arrestent; de sorte que, quand bien une Dame auroit ce desir de soüiller la couche de son Mary, l'honneur la retient par ces paroles qu'il luy fait entendre interieurement. Ton Mary pourroit te tenir comme esclave à la mode des Espagnois & des Italiens s'il vouloit, & il est libre de te contraindre comme les Turques à ne parler qu'à des personnes de ton sexe; mais comme il estime ta vertu, il te laisse libre, s'en fiant à toy-méme. Ah donc que ce seroit un crime enorme de commettre une telle infidelité; puisque son amour & sa confiance s'en remettent à ta foy, à ta perseverance, & à ta sage conduite. L'interest mesme les engage à estre tousiours fidelles : dautant que si elles estoient surprises dans un semblable crime; c'est que bien loin d'avoir les mesmes graces, elles seroient privées des moindres satisfactions & se verroient reduites dans cette extremité de misere, de ne sortir jamais de la maison qu'accompagnées de mille espions & observées de toute sorte de personnes, qui est un supplice insupportable aux ames les plus basses; à plus forte raison seroit-ce un enfer continuel pour des personnes bien nées : ainsi il faut dire, que cette liberté honneste & raisonnable, n'ayant en but que la joüissance des plaisirs innocens & d'un entretien plein d'esprit & d'honneur, on n'a rien à craindre pour ce qui fait tant de peur aux Maris, & qui cause tant de mal-heurs dans les familles. Ie ne veux pas nier que ces entretiens familiers ne soient cause bien souvent d'une secrete confidence ou de quelque intrigue d'amour; je sçay que les paroles & les discours sont des flambeaux qui embrasent les cœurs & qui causent toutes les incendies: mais je sçay bien aussi, que c'est comme un mal necessaire: parce qu'on ne sçauroit empécher un honneste entretien sans détruire à mesme temps l'honneur & la vertu qui se communiquent par ce moyen: ainsi, comme il ne faut pas cesser de trafiquer sur mer: parce qu'il y a des vaisseaux qui y perissent, il ne faut pas aussi maltraiter toutes les femmes: parce qu'il y en a quelqu'une qui s'égare de son devoir, & qui fait porter la panache à son bon-homme de Mary: c'est pourquoy je concluds, que puis que les Dames de France sont si libres qu'elles peuvent aller à la promenade & au bal, au jeu & à la danse, à des rendez-vous & mesme bien souvent à la campagne: puis qu'elles gouvernent absolument leur famille, commandent aux Domestiques, & se font obeïr aux servantes & aux valets;& puis qu'en un mot un Mary n'oseroit leur refuser quoy que ce soit, il n'y a point de personnes au monde plus heureuses qu'elles; c'est pourquoy je finis par le troisième advantage qu'elles ont dans nostre incomparable Estat.

CHAPITRE IX.

Les femmes ont tous les plaisirs imaginables en France.

IL est juste que le corps qui est une partie du tout dont l'homme est composé, participe aux plaisirs aussi bien que l'esprit qui l'anime. Nostre France seroit un Paradis imparfait & un lieu de Delices mal assorti; si ces deux parties essentielles de l'homme n'y trouvoient pas leurs satisfactions. Ainsi par une consequence necessaire, il faut que nos Dames ayent dequoy estre heureuses quant au corps: puis qu'elles ont tant de moyens de vivre contentes pour l'esprit. Et c'est ce que je remarque qu'elles possedent advantageusement dans cét Estat, où il y a une infinité de choses qui flattent les sens & qui charment le corps. Venons-en aux preuves pour en voir plus evidemment la verité.

Le sexe, comme je vous ay déja dit, a cét advantage, qu'il gouste mieux que les hommes les plaisirs que la Nature nous donne; parce qu'il a un sang plus delicat & des organes mieux disposées que nous n'avons pas. Cette verité establie, je dis que les femmes & les filles ne sçauroient estre que tres-heureuses en France: puis qu'il est vray que tout ce qui peut charmer les sens s'y rencontre abondamment & sans aucun mélange d'imperfection.

DE LA FRANCE.

CHAPITRE X.

L'Ouye est satisfaite en France.

Commençons par les oreilles, & disons que tous les Pays du monde contribuent à flater ce sens si difficile à contenter : car, 1. les Indes leur fournissent les plus beaux perroquets qu'on puisse voir, l'Espagne & l'Italie n'ont rien de doux pour la Musique qu'elles ne l'ayent dans leurs assemblées & dans leurs concerts ; point d'airs au monde vieux ou nouveaux dont elles n'ayent connoissance; les Dames Romaines se sõt vantées autrefois d'estre les parfaites images des Nymphes & des Muses à raison de leurs instrumens & de leurs voix: mais ce n'est plus le temps, & l'on peut dire que les Françoises ne l'emportent pas seulement au dessus d'elles ; mais mesme qu'elles obscurcissent tout ce qu'il y a de grãd sur la terre en ce point. Il ne faut qu'une Dame sur un balcon qui réponde sur la Seine pour enchanter les cœurs par les oreilles; lorsqu'elle accorde sa voix avec son luth, la guitarre, son espinette ou sa mandorre, & il n'y a point d'homme pour si stoïque qu'il soit ou qu'il puisse estre, qui tout ravi, ne passe agreablement des nuits entieres pour entendre un si doux concert. Aussi peut-on dire avec verité, le mesme que me dit un Estranger, sçavoir, que les femmes de France sous les Nimfes du monde & les Muses de l'univers : car en effet, je doute avec raison si on a jamais veu un sexe plus delicat pour toutes choses que le nostre, ny plus parfait en tout ce qui peut rendre une personne digne d'estime & d'amour. Charles V. disoit autrefois que le chant des Dames de Languedoc, & de Provence l'avoit charmé, & que leurs voix estoient un miracle dans la nature, d'où je concluds, que puisque les bonnes voix sont si communes, les personnes du sexe ne peuvent estre qu'heureuses en ce qui est du plaisir de l'ouye : dautant qu'elles peuvent se contenter elles-mesmes & trouver par le moyen de leurs fredons & de leurs instrumens, ce que l'on ne trouve que dans le Ciel & qu'on ne peut entendre que parmi les Anges.

Les hommes qui n'ignorent rien ne manquent pas de sçavoir faire cette union merveilleuse des tons, & de sçavoir gouverner leurs voix harmonieuses, selon les Regles de la musique; ainsi, comme il est certain que la civilité est naturelle à tous nos habitans, & comme le desir de plaire au sexe est extréme dãs les personnes qui sont nées en France, il arrive qu'ils s'attachent avec des soins particuliers à se faire entendre, & à composer des airs capables de charmer les Dieux. Ie ne veux que raporter icy le sentiment des Estrangers mesmes pour prouver ce que ie dis. Qu'on interroge les Italiens, & ils advoüeront eux-mesmes qu'ils ne sçavent que pleurer en chantant ; les Espagnols confesseront qu'ils qu'ils ne font qu'hurler & que crier en difant un air, & les Allemands diront tout haut que pas une nation ne peut difputer à la France l'avantage que je luy donne d'eftre le fejour de la mufique & le rendés-vous des meilleures voix du monde.

Les Inftrumens n'y font pas ny moins curieux qu'en Allemagne, ny moins communs qu'à Venife & qu'à Rome, qu'à Naples & que dans toute l'Italie; & je doute, fi on en a jamais veu de fi rares ny de fi nouveaux, de fi curieux ny en fi grande quantité que dans toutes les Provinces de noftre incomparable Eftat. Car, outre qu'on en fait porter de tous ces endroits, c'eft qu'on a là d'excellents Maiftres pour les faire.

CHAPITRE XI.

L'Odorat eft entierement fatisfait en France.

LEs fens ont un tel raport à l'homme, & l'homme eft tellement attaché aux fens, qu'il n'eft pas au pouvoir de celuy-cy d'eftre heureux que ceux-là ne foient entierement fatisfaits & contens. Ie diray pourtant, que quoy qu'il y aye une fi belle alliance entre les mefmes fens avec tout l'homme; elle n'eft pourtant pas fi grande entr'eux, que l'un ne puiffe eftre raffafié tandis que l'autre eft famelique: de forte qu'on voit pour l'ordinaire, que fi le gouft eft parfaitement fatisfait dans un feftin, l'odorat ou l'ouye n'y feront pas af-

souvis; parce que leurs objets sont different & la matiere de leurs delices est en quelque façon contraire. Cecy presupposé, je pretéds conclure que l'on ne trouve pas par tout dequoy se contenter quant à tous ses sens : & qu'ainsi, il faut estimer un Pays heureux, qui peut satisfaire entierement à toutes les inclinations de l'homme, & qui peut fournir dequoy donner un plaisir achevé à tous ses sens. Ces verités establies, je dis que nostre France est une parfaite image du Paradis terrestre en ce qui peut flater les sens; dautant qu'elle enferme tout ce qui peut les satisfaire; mais sur tout pour d'odorat: car si la quantité, si la diversité, & si la suavité des odeurs sont absolument necessaires pour assouvir ce sens, je dis que nostre illustre Estat ne peut estre qu'un lieu de delices pour toute sorte de personnes : mais sur tout pour celles du sexe qui sont les plus delicates & les plus difficiles à contenter en ce point : car à commencer par la quantité des odeurs, nous trouverons que la France est un parterre cõtinuel, où on voit tout ce qu'il y a de plus rare dans l'univers & de plus curieux dans le monde.
1. Les montagnes (comme j'ay déja dit) sont couvertes de Romarin & de fleurs; mille herbes odoriferantes couvrent ses campagnes; les prez sont émaillés de mille fleurs; & il n'est pas mesme jusques aux forets & aux buissons, qui ne donnent des senteurs merveilleuses au temps que la nature en peut offrir. L'aubespin & le serpolet, la fleur

de fève, de vigne, de pesche, & de mille autres fruitiers exalent des odeurs si suaves, que l'Arabie n'en a jamais senti de plus douces. Les Iardins sont remplis de roses & d'œillets de lis & de violetes, de jasmins & de tubereuses, & en un mot de tout ce qui peut donner quelque satisfaction à l'odorat. Nous voyons encore que la France est si delicieuse pour le sexe, que l'on fait des parterres des fenestres des maisons, des cabinets & des rüelles; jusques-là mesme qu'on s'ensevelit dans les fleurs d'oranges & de citrons; puis qu'on en parseme des lits & qu'on couche au dessus.

Les Delices vont bien plus avant; car outre l'avantage que l'on a de posseder tout ce qu'il y a d'odoriferant dans la nature, & qui ne donne point de peine à posseder, se trouve en France : mais encore, c'est qu'il n'y a rien dans les Pays estrangers & mesme inconnus à la moitié des hommes, qui ne se trouve dans nostre Empire : l'Arabie a du baume & du Musc, de l'encens & quelques autres senteurs extrémement precieuses : mais il semble que ce n'est que pour en faire homage à nôtre illustre portion de l'Europe : dautant qu'elle luy communique & luy donne ce qu'elle a de plus rare, & luy offre abondamment ce qu'elle ne peut avoir qu'avec peine & avec danger. En effet, voyons nous en aucun endroit du monde tant de Musc & d'Ambre qu'en France. Le grand Turc se vāte d'avoir l'arbre de vie dans ses terres, & il est si sot & si presomptueux de croire que Dieu luy a donné la garde du Para-

T ij

dis terrestre. Il se glorifie encore d'avoir l'arbre qui produit le baume, & qui est enfin le Roy de tout ce qu'il y a de plus charmant sur la terre ; mais ce n'est qu'un aveuglement déplorable & une presomption sotte ; parce qu'outre qu'il n'a qu'une moindre partie de l'Asie, c'est qu'il n'est pas Maistre de la France qui est le Paradis d'Eden, quoy qu'il ait le Royaume de ce nom : mais enfin, c'est que quand bien il possederoit tous ces advantages, il ne les auroit que pour l'usage de la France, & nous pourrions dire de luy qu'il est semblable à l'arbre fruitier, qui ne produit que pour les autres, & jamais rien pour soy : car il est vray que le Musc & la Civette semblent n'estre au monde que pour nostre Nation, n'y en ayant point qui sçache si bien goûter ces douceurs, ny qui en ait si grande abondance qu'elle.

Ie diray icy en passant, que comme il n'y a point de fleur ny de fruit rare dans le monde, que nos François ne transportent dans leur Pays : Il n'y a rien aussi capable de charmer l'odorat, qui ne s'y trouve dans toute sa perfection ; jusques-là mesme qu'on fera venir des fleurs de la Chine & des Indes, de Perse & de Turquie, & puis qu'on fera transporter en un mot les animaux mesmes qui donnent les senteurs pour sçavoir en toutes façons quel est le plus charmant & le plus doux. On trouve tant de moyens pour contenter ce sens en France, qu'il n'est pas possible de se l'imaginer. 1. On n'épargne rien pour avoir tout ce qu'on peut desirer en ce point. 2. On sait que les maisons sont de petits Paradis. Si vous mettés le nez à la fenêtre, vous y sentirés la douce odeur d'une Tubereuse ou d'un Oeillet, d'une Rose ou d'un Lis, si vous vous dérobés de la compagnie pour entrer dans une antichambre ou un cabinet, vous y trouvés une Arabie heureuse en senteurs ; si vous passés dans une ruelle, vous y découvrés des orangers qui vous offrent des fleurs & des fruits ; si vous vous jettés sur un lit, vous vous enseveliflés dans des coussins remplis de mille odeurs ravissantes ; si vous vous en allés parmi la campagne, tout y flaire si doux, qu'il n'est pas à mon pouvoir de l'exprimer ; si vous prenés place, vous trouvés que les chaires & les rubans, les coussins & tout ce qu'il y a dans la maison n'est que Musc & que Civette; aprochés-vous de quelqu'un, son corps n'exale que des senteurs admirables, & vous trouverés que ses habits & ses gans, son mouchoir & ses souliers mesme sont des magasins de senteur; si on vous prepare à manger, & si on vous offre des confitures ou la collation, le linge exale une odeur si douce & si charmante, qu'on est obligé de dire, qu'il n'y a rien au monde d'égal à la France. Si on donne à laver les mains, c'est avec de l'eau nasse, & on fait si bié que toute la maison est remplie de fumée & d'odeurs que causent les Pastilles & l'encens, comme si c'estoit un temple ou une Arabie, ou bien comme si c'estoit la demeure des Dieux. Nos

Dames sont si heureuses en ce point, qu'elles ne vont jamais dehors, ny ne sont jamais dans leurs maisons sans porter avec elles des parterres de fleurs dans leurs mains ou sur leurs seins, & l'attache qu'on prend pour les satisfaire dans ce rencontre est si grande, qu'on leur procure le plaisir d'avoir des fleurs pendant toute l'année, & même dans le plus fort de l'hyver; lors que la nature est le plus avare de ses faveurs. Enfin les odeurs y sont si communes, qu'elles causent des maux de teste tout à fait grands par un trop grand usage; ce qui a fait dire à beaucoup de Medecins que nos Dames abusent des advantages qu'elles ont, en ne se moderant pas dans la joüissance des biens que Dieu leur donne. Aussi est-il vray de dire que leur excés est extréme en ce point: puisqu'elles ne se contentent pas de porter la Deesse Flore sur leur sein & entre leurs mains: mais encore d'en charger leurs laquais & de les accabler de mille bouquets pour mieux satisfaire leur odorat: ainsi je croy avoir raison de dire, que la France est un Paradis de delices pour les femmes; parce qu'elles y ont tout ce qui peut contenter le sens dont elles recherchent si fort la satisfaction.

CHAPITRE XII.

La France est le magazin des objets qui peuvent contenter la veuë.

C'Est une question fort curieuse parmy les sçavans; sçavoir lequel est le plus noble de tous les sens & le plus difficile à contenter. Pour moy je laisse à part la decision de cette affaire, ne m'estimant pas assés capable de la resoudre, pour dire que la veuë peut justement disputer le prix avec tous les autres, soit que nous considerions la necessité, ou que nous remarquions les biens qu'elle nous procure, ou bien soit que nous portions nostre veuë sur les contentemens qu'elle nous donne, & les douceurs dont elle remplit une ame; puis que selon le sentiment d'un grand Docteur & d'un grand S. tout ensemble, la veuë de Dieu fait les bien-heureux dans le Ciel. Quoy que je sois de ce sentiment avec le plus subtil de tous les Docteurs Scot; & quoy que je croye avec luy que l'amour fait la beatitude formelle des SS. je ne nie pourtant pas que la veuë de l'essence divine ne soit une condition absolument necessaire pour parvenir à ce bon-heur, tandis que les autres sens semblent estre inutiles & ne faire rien que procurer le repos & le plaisir au corps. Cela estant donc de la sorte, je tire cette consequence de ces principes, que la veuë est en quelque façon plus spirituelle que les autres sens: parce qu'elle a plus de rapport & plus de conformité avec l'ame : c'est pourquoy, j'estime qu'il est absolument necessaire que la France possede des objets capables de satisfaire ce sens, autrement je luy attribuerois improprement le nom que je luy donne: puis donc, que c'est une necessité, je dois faire voir que cette illustre qualité ne manque pas à nostre Estat; & c'est ce qui me sera facile, si vous faites reflection avec moy, que si pour bien contenter une veuë, il luy faut faire voir de beaux objets, des choses curieuses & en grande quantité; nostre aymable Empire sera le Paradis de la veuë; puisqu'il enferme tout ce que l'art & la nature ont de plus charmant & de plus beau: & puisque le nombre & la rareté des objets qui s'y presentent y sont presque infinis en tout.

Si nous commençons par les objets que la nature nous fournit, je dis qu'il n'y a peut-estre pas de Pays au monde qui puisse estre comparé au nostre: car outre la beauté de nos païsages, l'agreable verdure de nos campagnes, & le charmant spectacle que nous donnent tant de belles rivieres, de fontaines, & de ruisseaux; c'est que les plus riches thresors de Flore paroissent avec pompe & avec éclat dans les moindres de nos villages.

Sortons de grace pour un moment & parcourons un peu la moindre de nos campagnes; montons sur un petit côteau de vigne & considerons attentivement la beauté d'un de nos valons, & vous verrés en 1. lieu des petites colines les unes touffuës de mille arbrisseaux qui servent de retraite aux chardonnerets, aux rossignols, & aux linotes. 2. vous verrés que leurs panchans sont chargés de vignes, de peschers & de figuiers, d'un autre costé vous découvrirés de petites forests de buys ou de chaisnes verts qui servent d'azile à mille lapins & à mille lievres, ou bien vous verrés de grands bois de haute futaye qui servent de fort à mille dains, & à mille sangliers, à une infinité de chevreüils & à tout autant de Cerfs & de Biches. Que si cét objet divertissant vous ennuye, détournés vos yeux de ces lieux élevés pour admirer ces champs couverts de toute sorte de moissons, arrousés de mille sources de Christal & de mille canaux remplis de toute sorte de poissons. Voyés ces prés couvers d'un verd gay qui réjouit & qui plaist à mesme temps; voyés cette diversité d'animaux domestiques, gardés par des petits enfans qui les voyent paistres en repos, ou qui s'égayent entr' eux par des combats innocens ; remarqués ces fleurs qui émaillent ces prairies, ces jardins clos, ces allées à perte de veuë, ces maisons de plaisance & ces parterres remplis, & vous verrés qu'il n'y a rien au monde de si charmant. Que si vous découvrés par rencontre quelque rocher qui vous semble affreux, ne craignés pas de le considerer: parce que bien loin de vous déplaire; c'est qu'outre la forme grotesque que la nature luy a donné, vous le verrés chargé de mille fleurs & de mille fruits au dessus, & vous serés ravi de voir sortir de son sein quelque belle fontaine qui réjalit sans cesse, & qui ne tarit pas mesme dans les plus ardantes chaleurs de l'esté; allés vous en Touraine ou en Anjou, en Provence ou en

Poitou, en Languedoc ou en Xaintonge, en Guienne ou dans quelque autre Province de France, & vous dités qu'il ne se peut rien trouver de plus charmant au monde, ny de plus agreable à la veuë qu'est nostre Paradis de delices.

Revenons à la Ville, & rentrons dans ces rendés-vous des hommes, & nous découvrirons à même temps quatre choses remarquables. La 1. c'est que la disposition en est ordinairement si admirable, que l'on voit du milieu de la place les quatre portes de la Ville, & l'on a le plaisir de voir cette foule continuelle de peuple qui va & qui viét, qui sort & qui entre dans les beaux lieux. La 2. c'est que les maisons y sont extrémement superbes & tout à fait regulieres. La 3. c'est que les edifices publics aussi bien que les particuliers & les domestiques y sont remplis de tout ce qu'il y a de rare dans le monde, tant pour les miracles de la nature que pour les prodiges de l'Art. Et la 4. enfin, c'est que les hommes y sont tres-bien faits, les femmes fort belles, & tous ensemble également bien ajustés. Quant au premier point, l'on sçait bien que nos villes sont ordinairement fort grandes & fort peuplées, & que l'air y estant bon & les maisons fort bien airées, l'on ne sçauroit qu'y être fort sain & fort guay: on n'a qu'à voir toutes celles à qui nous donnons le nõ de ville, pour dire avec moy que la splendeur & la beauté sont jointes ensemble dans tous ces lieux. On n'a qu'à visiter Richelieu ou Carcaſſonne & mille autres places de noſtre Eſtat pour avoüer ce que je dis. Quant à ce qui eſt du 3. on ſçait la regularité de nos maiſons, & la magnificence avec laquelle on les baſtit. La moindre de nos Provinces peut ſe vanter d'avoir des palais & des bâtimens auſſi ſuperbes que pouvoient eſtre autrefois ceux des anciens Romains. Les Egliſes y ſont des miracles en ſtructure & en cimetrie, les ornemens des maiſons y ſont ſi beaux qu'on n'y voit reluire qu'or & argent, que tapiſſerie de haute lice, que Clinquans, & que broderie, que tableaux & que figures; les manteaux de cheminée ne ſont que des pieces curieuſes des plus grands hommes du monde pour le pinceau, ou le cizeau. On ne voit que du Iaſpe ou du porfire, ou du moins du marbre du plus fin; les tapis ſont de Turquie, les vaſes de Porcelaine, les meubles d'argent ou de vermeil doré; les Iardins ſont remplis de caſcades ou de napes, de Gerbes ou de mille autres jeux divertiſſans que l'eau fait aller par une invention merveilleuſe, des monſtres terreſtres & marins qui regorgent l'eau par toutes les parties de leurs corps, des Nymphes d'albaſtre qui nagent dans des fontaines, & des Atletes de buys ou de bronze, comme auſſi mille autres figures qui ſont des miracles de l'induſtrie humaine. Tous ces miracles, dis-je, venant à ſe preſenter à nos yeux avec la diverſité des compartimens qu'on a repreſenté dans ces parterres remplis de fleurs, ne sont-ils pas capables de charmer les plus insensibles & de ravir les plus indifferentes. Les Cabinets entourés d'eau qui semblent des Isles flottantes, ces canaux couverts de signes & de canes d'Inde qui fleurent le Musc; Ces volieres remplies de tout ce que l'air a de plus riche & de plus pretieux, & ces labirinthes & ces estoiles, ces bois, ces allées couvertes, & ces parterres remplis ne sont-ce pas des objets capables de ravir d'admiration & de satisfaire la veuë. Les cabinets demandent-ils d'estre remplis de tout ce qu'il y a de rare dans les autres Pays? faut-il avoir des poissons volans, des aigles Royales, des monstres marins, des austruches, & de tout ce que l'Afrique & l'Asie possedent, & avoir mesme des Cameleons, qu'on aille en France, & on verra que de simples Bourgeois peuvent donner la satisfaction aux Curieux de voir de semblables raretés.

Le 4. advantage qu'a la veuë en France; c'est que les hommes y sont tres-bien faits. Personne n'a jamais douté que la beauté des hommes & des femmes, ne soit un des plus grands contentemens que puisse recevoir la veuë: Car comme l'homme est le chef d'œuvre de la Divinité, il faut aussi que son plus bel ornement soit la chose du monde la plus agreable; ainsi sa beauté doit estre le plus divertissant de tous les objets. Cecy supposé, je dis que la France doit estre heureuse en ce point: puisqu'elle est si riche en hommes bien-faits, & puisque les personnes qui naissent dans son sein sont si aimables & si belles. Ie ne doute pas que les Anglois ne me disputent cette gloire, & qu'ils n'apportent pour favoriser leur sentiment, ce mot de S. Gregoire Pape, lequel avoit accoustumé de dire ces paroles à la gloire de cette Nation, *Angli* quasi *Angeli*, les Anglois sont des Anges en beauté : mais ils ne prouveront pas que les souverains Pontifes, ny les autres grands hommes qui ont esté, ayent dit autrement de nostre Nation : au contraire, ils entendront dire par tous les endroits de la terre, que les François ne sont pas seulement spirituels & bien-faits : mais encore qu'ils ont une certaine grace & un air si particulier & si doux, qu'ils se font aimer mesme de leurs ennemis. Ie me souviens d'avoir entendu dire à de nos Gentils-hommes, qu'estant à Rome & à Madrid, pendant le temps qu'on tenoit les Chapitres generaux des Ordres de S. François & de S. Dominique, ils avoient pris plaisir de voir que les Italiens & les Espagnols ravis de voir tant de grands hommes, s'appliquoient à considerer les François par preference aux autres, & qu'ils n'avoient pas beaucoup de peine à les reconnoistre, veu l'air qui leur est propre, comme aussi la bonne grace qui les suit & qui leur est si naturelle : enfin les jeux & les divertissemens, les comedies & les tragedies, les spectacles & les tournois, les quadrilles & les balets sont si charmās & si beaux en France, que rien ne peut égaler ce Païs, jusques-là mesme que les reveuës generales des troupes de l'Estat qui sont si peu agreables dans les autres Royaumes, le sont infiniment dans le nostre, à raison de l'adresse de nos braves François, lesquels sçavent si bien se faire à tout, que quoy qu'ils soient des foudres de guerre dans l'assaut ou dans le combat, ils paroissent neantmoins des Cupidons armez & des Adonis revestus en Mars : lors qu'il faut paroistre en reveuë & se faire voir au Prince ou aux Dames. Ie n'oublieray pas de mettre icy une particularité assez considerable de la complaisance de nostre invincible Monarque pour ces personnes-là : ce qui fait bien voir le bon-heur que possedent nos Dames : c'est que pour mieux satisfaire leur veuë, on a fait faire des Forts de bois, fortifiez à la moderne, afin qu'elles eussent le plaisir de voir la façon qu'on assiege les Places, de quelle maniere on les attaque & on leur donne l'assaut, & comment on se deffend & on repousse : de sorte qu'elles ont par ce moyen la satisfaction de voir tout ce qui peut recréer la veuë & satisfaire l'esprit : Enfin je remarque que les murailles & les plafonds, les rideaux & les cieux des lits, les ruelles & les pavez de leurs chambres sont chargez de tapisseries ou de peintures riches & curieuses: de mignature ou de figures miraculeuses, & que tout ce qui peut divertir ce sens s'y trouve dans l'abondance & dans la perfection.

CHAPITRE XIII.

Le goût est entierement satisfait en France.

IL n'est pas fort difficile à croire que le goût trouve ses satisfactions & ses plaisirs en France, puisque nous voyons que cette Reyne de l'Europe & du monde a tant d'avantages pour contenter ce reste de l'homme, & puisqu'elle est si soigneuse de luy procurer tous ces contentemens. Je n'ay que deux mots à dire pour prouver évidemment que nostre illustre Estat est le climat le plus propre pour satisfaire le goût, & qu'on n'en sçauroit trouver un semblable dans tout le reste de l'univers.

Pour en venir à la preuve, il faut considerer que deux choses flatent extrémement ce sens : sçavoir, les viandes & les sauces qu'on leur donne : de sorte que quand on a des mets delicats & en grande abondance, & lors qu'on les assaisonne dans toute la perfection possible, je dis que ce sens est pour lors dans le comble de ses plaisirs, & qu'il n'a rien plus à desirer. Voila en peu de mots les advantages de nostre incomparable France, & les privileges qu'elle a sur toutes les autres Nations : car en premier lieu, elle a tous les mets qu'on peut desirer, & que les hommes recherchent le plus, comme les chapons & les dindons, les becasses & les perdrix, les ortolans & les faisans, les sangliers &

les cerfs, les chevreüils & les dains, le mouton & le chevreau, la figue & la prune, la pesche & le pavie, la framboise & le muscat, l'abricot & la fraize, la cerise & le damas, la pomme & la poire, la perche, l'anguille, le brochet & la carpe, la loutre & le canard, la loche & le grondin, le merlus & la sole, le saumon & le barbeau; & en un mot tout ce qu'il y a sur la terre & dans l'eau, dans l'air & dans la mer: tout cela, dis-je, se trouve si abondamment en France, qu'il y en a pour fournir à tout un monde; & je puis dire qu'il n'y a rien de rare & de curieux, de bon & de delicat (si vous en ostez le Phenix, qui est un oyseau invisible & imaginaire) qui ne se trouve dans nostre Estat: au contraire, j'estime que nous avons des choses si particulieres & si agreables au goût, que pas une autre Nation que la nostre n'en a, comme les truffes dont le goût est si charmant & si salutaire, qu'il n'est rien au monde d'égal. Ie ne dis rien des pigeons ny des poulets, des plumiers & des tours, des alloüettes & de mille autres oyseaux qui servent de mets ordinaires à la Gascogne & aux autres Provinces de cet Estat, pour dire que nous ne manquons pas de limons & de citrons, de capres & d'olives, & de tout ce que les autres Païs croyent avoir de plus rare & de plus precieux, & dont la quantité en est si grande, que nos jardins en sont remplis, & que nos maisons en regorgent: c'est pourquoy nous voyons tant de profusion dans les banquets, & tant de prodigalité

digalité dans les collations & les regales que le moindre Bourgeois, & mesme le moindre Artisan donne à ses amis.

Quant au second poinct, qui a jamais douté que les meilleurs Cuisiniers du monde ne soient en France : ne sçait-on pas que les Italiens & les Espagnols, les Allemands & les Anglois, les Polonois, & mesme les Moscovites & les Turcs, sont obligez de se traiter à la Françoise, quand ils veulent faire un bon repas? Ignore-t'on que les sauces les plus delicates ne se trouvent en ce Païs, & n'est-on pas convaincu, qu'une soupe ou un ragoût de France vaut mieux que tout ce qu'on sçauroit manger ailleurs, puisque dans toutes les meilleures Villes de l'Europe on tasche de traiter à la mode, c'est à dire à la Françoise, & d'avoir des Cuisiniers de nostre Nation? où trouvera-t'on, de grace, des aloyaux de bœuf si bien apprestez qu'à Paris, & dont le ragoût soit si delicat, qu'on le prefere aux perdrix que dans nostre Estat? où mangera-t'on des mets & des viandes si propres & si bien assaisonées : & où est-ce en un mot qu'on trouvera des fruits si verds au milieu de l'hyver, des herbes en tout temps, & de tout ce qu'on desire (lors qu'il semble qu'il n'y en doit plus avoir) que dans nostre Empire? n'est-ce pas icy où tout abonde, & où les services & les desserts sont dans toute leur perfection? pour ce qui est des confitures, on en a de toutes façons & des meilleures : parce qu'on choisit le meilleur de tous les fruits, & parce que l'on

a le sucre en abondance aussi bien que l'a-
dresse de les sçavoir faire. Les gelées & les
compostes, les syrops & les pâtes y sont si delicates & si propres, que je défie d'en trouver
de meilleures. C'est dans nostre Estat où on
trouve les meilleurs consommez & les meilleurs ragoûts : c'est nostre Royaume qui a
appris aux autres le secret de faire nourrir
des vaches avec un soin que je n'ose dire, afin
d'avoir des veaux dont la chair est prefera-
ble à l'or potable : enfin, c'est Paris qui a découvert le moyen aux hommes de charmer le
goût d'une façon qui tient de la fable & du
miracle, de boire le vin à la glace, & de composer des boissons aussi delicieuses que le Nectar des Dieux dont parlent les Poëtes. On
ne parle que de faire des pâtez de langues de
carpe, de cygne, de paon & de rossignol ou de
creste de coq; & c'est la France qui a donné
la façon de faire des ragoûts & des sauces
capables de redonner la vie à ceux qui sont
sur le poinct de mourir. Enfin, il faut dire
que les festins des Marcs-Antoines & des
Cleopatres, des Assuerus & des Baltazards, ne
sont rien en comparaison de nos regales, où
sont servis l'ambre & le musc, & où le Nectar
ne manque mesme pas; puisque les meilleures
boissons du monde s'y rencontrent aussi bien
que les perles, puisqu'on fait gloire de les
mettre en poudre pour les mesler dans les liqueurs du rossolis & de l'hipocras, de l'eau de
cedre, de canelle ou clairette qui sont presque
aussi communes que le vin : ainsi il ne faut pas

s'étonner si un Ambassadeur étranger disoit autrefois à un grand Seigneur de France qui le traitoit selon la coustume & la somptuosité du Pays, qu'il avoit tort de donner tant & de si delicates viandes à manger, s'il ne vouloit pas donner tout autant de ventres qu'il y avoit de plats : car en effet les mets y sont si bons & si delicats, les viandes si bien apprestées, & les sauces si bien faites, qu'on se veut mal de ne pouvoir pas en manger davantage : c'est pourquoy nos Cuisiniers ne s'attachent maintenant qu'à trouver le secret de faire en sorte que tous les invitez puissent manger long-temps sans dégoût, & que pas un de leurs mets ne leur soit renvoyé. C'est une merveille de voir qu'au milieu de l'hyver on trouve à Paris & dans les autres villes du Royaume tout ce qu'on sçauroit desirer, & je croy que c'est l'unique au monde qui peut se vanter de faire naistre l'Automne & le Printemps au mois de Novembre ou de Ianvier par la beauté de ses fruits & l'abondance de toutes choses. Enfin pour n'estre pas plus long & pour mettre fin à ce Chapitre, je diray que les viandes les plus delicates & les meilleurs Cuisiniers qui soient au monde sont en France, & se forment dans le Pays.

CHAPITRE XIV.

L'attouchement n'est pas moins satisfait en France que les autres sens.

QVoy que l'attouchement puisse estre satisfait en tous les endroits du monde, quoy que tous les Païs puissent le chatoüiller en quelque façon; il faut dire neantmoins que comme tous les climats ne sont pas égaux en perfection, il y en a quelques-uns qui sont plus riches en objets pour satisfaire les sens que les autres. Ie ne veux pas m'amuser à prouver une verité qui est aussi visible que le Soleil, & que l'experience nous fait voir cent fois le jour, pour dire que nostre aimable France est si heureuse que d'estre le centre du bon-heur de l'attouchement: je n'ay que deux raisons pour prouver la proposition que j'avance. La 1. c'est que nous avons tout ce qui peut flater & chatoüiller ce sens; & la 2. c'est que nous avons des adresses toutes particulieres pour en augmenter le plaisir & les delices. Quant à la 1. je vous prie de remarquer que nous avons les meilleures & les plus fines toiles du monde, & en si grande quantité, que la Bretagne seule peut fournir tous les Royaumes étrangers: quant aux peaux, j'avoüe que la Moscovie & la Suede, le Dannemarc & la Pologne, en ont de plus belles que nous: mais aussi nous avons cet avantage, qu'outre qu'ils semblent ne les avoir que pour nous:

c'eſt que nous en avons de noſtre nouvelle France de plus rares & de plus precieuſes que les leurs: car les Hermines & les Loutres, &c. ſont ſi communes en France qu'il n'eſt pas poſſible de le croire : c'eſt pourquoy on eſt maintenant comme en peine de fourrer de nouveau les manteaux Royaux de nos invincibles Monarques, veu la quantité des riches peaux que nous avons, & l'uſage continuel qu'on en fait dans l'Eſtat. Outre cet avantage, nous avons encore celuy-là d'avoir la ſoye en ſi grande quantité, que nous en avons beſoin pour faire des draps & des ſatins, de veloux & de toutes ſortes d'ouvrages ; juſques-là meſme qu'on en fait des linceuls & des matelas : je puis dire que j'ay veu pluſieurs femmes de condition mettre en campagne des milliers d'enfans pour amaſſer dans des paniers de cette bourre qui ſort des joncs à la fin de l'Eſté, dont la delicateſſe ſurpaſſe infiniment celle de la ſoye pour en faire des matelats extrémement rares & doux, & pour les renouveller tous les ans. On porte bien ſi avant le plaiſir de ce ſens, qu'outre les avantages que la nature nous donne, en nous fourniſſant tout ce qui peut flater l'attouchemét; c'eſt qu'on ne ſe contente pas de toutes ces graces qu'elle nous fait : mais encore on veut augmenter ſes faveurs & adoucir ſes delices : voyez en la preuve, de grace, dans les lits ou dans les biens, & dans toute ſorte d'occaſions, & vous direz qu'il n'eſt rien au monde de ſi charmant que la France : commençons, par le plus familier, & disons que la coustume est maintenant venuë en France de ne donner plus de chaises ny de fauteüils rembourez de coton ou de laine, comme si cela estoit trop rude ou trop dur : mais on vous presente une demy douzaine de carreaux pour vous asseoir, afin de vous ensevelir dans le plaisir. La maxime estoit de vous faire dormir sur des lis de repos faits de cordes & couverts de quelque tapis de Turquie ou de quelque bon matelas, mais ce n'est plus maintenant la mode : car il faut faire des lits de fleurs, de soye, ou de coton. C'estoit la coustume qu'on portoit des habits & des robes de chambre fourrées de quelque bonne peau; mais maintenant il faut avoir des hoüeres & des hermines, des peaux de renard, de chat d'Espagne, de loutres ou de quelque beste precieuse : & ce qui est bien plus, c'est que ces peaux qui ont fait pendant tant de siecles les delices des Empereurs & des Rois, des Princes & des Monarques, ne servent plus maintenant qu'aux gens du commun : de sorte qu'il faut aller foüiller les entrailles de la terre, & écorcher cent mille taupes pour pouvoir doubler des robes de chambre & fourrer les habits. Ce n'est pas tout, il faut envoyer des navires exprés dans les Indes & dans le Iapon pour porter dequoy faire des fourrures extrémement precieuses & tout à fait douces. Apres tant de soins qui devroient rassasier les plus fameliques de plaisirs; il faut encore que les herbes & les fleurs, les fruits & les eaux de senteur contribuent à faire des lits flotans & des bains pour mieux contenter ce sens ; bien davantage, je remarque que la mode est nouvellement venuë de faire des lits suspendus par des cordes de soye, afin de faire en sorte qu'un doux mouvement flate les corps & chatoüille tout l'homme pendant son sommeil. On a trouvé encore l'invention de faire des matelas de crin, afin qu'à chaque moment que l'on se roule & l'on se tourne dans le lit, l'on trouve une couche nouvellement faite ; parce que c'est le propre du crin de ne prendre jamais de forme, & de tenir incessamment un lit bouffi, lors que la pesanteur du corps ne l'affaisse point. Enfin on a porté si haut le plaisir de ce sens, qu'on ne couche maintenant que sur les roses & sur les lis, que sur les fleurs de jasmin & d'orange, & qu'on ne touche que des choses capables de charmer les Dieux. On nous represente ordinairement les Divinitez chargées de couronnes, tenant des fleurs & des fruits en leurs mains : mais, de grace, où est-ce que nous trouverons plus parfaitement l'image de ces Deesses qu'en France, où on voit en tout temps & en toute saison des citrons ou des oranges, des pommes ou des abricots ou des bouquets miraculeux de fleurs entre les mains de nos Dames, où toutes ces graces abondent, & où rien ne manque pour le plaisir des sens. Finissons ce Chapitre par la remarque qu'ont fait les Etrangers en venant en France, & avoüons qu'ils ont eu raison de dire que nous excedons en quelque façon dans la joüissance de ces plaisirs, & qu'il y a mesme sujet de craindre que nous ne deveniōs extrémement sensuels; ce que je ne ferois pas difficulté de croire, si je ne connoissois pas l'humeur de nostre Nation, qui preferera toûjours l'honneur & la gloire, la modestie & la raison à la passion & au déreglement, à la sensualité & à cette humeur animale, qui abrutit par trop les hommes en leur donnant du plaisir ; ainsi je conclus que c'est avec raison que j'appelle la France le Paradis des delices de l'Europe : & qu'il est vray que les personnes du sexe ne sçauroient trouver un Pays si delicieux pour elles que celuy-cy : puisque c'est l'unique qui flate plus les sens & qui donne plus de plaisir. C'est pourquoy j'estime que s'il faut donner aux filles & aux femmes une Abeille pour emblême: parce qu'elles succent & goûtent mieux les plaisirs & les douceurs de la vie que les hommes ; il faut dire aussi que la France est le Parterre du monde, où Dieu a renfermé tout ce qu'il y a de plus rare, de plus beau & de meilleur dans l'univers, tandis que les autres Estats ne sont que les jardins potagers pour servir au commun, afin que ce sexe delicat & mignard joüisse en repos & goûte à longs traits les douceurs que Dieu y a mis par preference à tout le reste du monde.

CHAPITRE

CHAPITRE V.

Quelques douceurs particulieres que la France donne aux personnes du sexe.

Nos Dames s'estimeroient encore malheureuses avec tous leurs plaisirs, si elles n'avoient pas part à tout ce que les hommes font, & s'il y avoit la moindre satisfaction à prendre, dont elles ne joüissent pas: ainsi, comme les hommes sont extrémement complaisans pour elles dans nostre celebre Empire, ils sont aussi les premiers à les inviter d'estre de la compagnie pour en gouster avec eux. Vous sçavés que ce n'est pas la coustume que les femmes aillent à la chasse, ny qu'elles s'occupent à cét exercice innocent, & à cette guerre plaisante que l'on fait aux lievres ou aux chevreüils, aux Daims & aux Cerfs; & moins encore aux sangliers, à cause du danger qu'il y a pour elles, à raison de leurs cotillons & de leurs robes. Vous n'ignorez pas que c'est (ce semble) contre la nature, de voir que des filles & des femmes qui n'ont jamais touché que l'aiguille ou le fuseau, le canavas ou la soye, soient chargées d'un cuirre, suivies d'une meute de chiens, entourées de mille laquais qui tiennent des levriers en lesse, montées sur de beaux chevaux avec un oyseau sur le poing, ou bié qui sont habillées en cavaliers, armées de brassards & de gros gands de Cerf, un chapeau couvert de plumes, le visage masqué, avec des habits tres-commodes, & une

TOME I. X

fierté martiale, courir comme les vents, relever les deffauts, appeller les chiens, animer les Coureurs, passer à travers des forets & des bois, traverser les rivieres, & estre plûtost à la mort du cerf ou du sanglier que pas un de la compagnie; c'est ce que font pourtant nos illustres Heroïnes. J'avouë que les autres Peuples n'ont jamais voulu permettre ces libertés à leurs femmes; Je ne sçay pour quelle raison, & qu'il n'y a que la France qui soit si peu scrupuleuse: c'est pourquoy, elle ne permet pas seulement qu'elles aillent à la chasse de l'oyseau, & à celle des chiens courans pour le lievre: mais encore, elle fait que les hommes les invitent d'estre de la compagnie pour courir un cerf, & on leur donne mesme quelquefois un cor pour leur marquer qu'on ne veut avoir rien de particulier avec elles; de sorte que, bien loin de trouver mauvais qu'elles se mélent de tout cét attirail innocent, on croit qu'elles ont meilleure grace, si elles portent un oyseau, si elles appellent des chiens, ou enfin, si elles donnent un coup de démi pique ou lancent un Javelot: parce qu'on les prend pour des Dianes veritables, & pour des Deesses familiarisées avec les hommes. Il semble que jamais un parti de chasse n'est ny agreable ny doux, si les Dames ne s'y trouvent: mais comme leurs corps ne sont pas toûjours faits à la fatigue d'un exercice si violant que la course d'un Lievre, d'un Sanglier, ou d'un Cerf, on trouve le moyen de satisfaire leur curiosité & de leur faire voir par les ordres qu'on met, qu'estant à l'ombre d'un arbre ou mesme dans leurs carosses, elles voyent passer devant elles les bestes qu'on poursuit, ou les oyseaux que l'on chasse ; & je puis dire que j'ay veu fondre bien souvent les Faucons & les Tiercelets, les Vautours & les Espreviers aux pieds des Dames. On les mene quelquefois sur le haut des montagnes, ou sur quelque eminance ; afin qu'elles ayent le plaisir de voir ruser un lievre, & d'admirer l'adresse des chiens à découvrir ses finesses innocentes, & pour considerer la vitesse d'un levrier qui pour estre trop ardant & trop viste, passe mille fois sur le ventre de sa proye sans en pouvoir attraper que quelque bouchée de bourre ou de poil : cela n'est-il pas bien doux pour des femmes, de voir un renard aculé qui meurt de peur, & qui se deffend comme un enragé, brûlant de sa fiente & de son urine les chiens qui l'abordent, comme si c'estoit de l'eau boüillante : Quelle satisfaction pour des personnes qui ne sont faites que pour demeurer dans la maison, de voir fumer un foin où un blaireaux, de tenir le sac à l'embouchure d'un trou de lapins, attendant de prendre en vie ces petits animaux que le furet fait sortir par force, ou d'estre sur le bord d'un ruisseau qu'on a desseiché, ou prés d'une rivere qu'on tramaille, ou dans laquelle on jette le filet pour voir prendre les poissons qu'il y a, & pour avoir la satisfaction d'en considerer toutes les diverses artifes ayant cependant le pouvoir, de donner la vie & la liberté à ceux que l'on veut, se reservant les autres qui agréent le plus & qu'on estime davantage: pour moy je puis dire, que c'est tout ce que peut desirer une femme, que de voir plonger un homme en caleçons dans le plus profond d'une riviere, lequel n'en sort qu'avec des poissons à la bouche & aux mains, & je ne fais pas difficulté de dire, qu'il n'est rien de si charmant que de voir luitter un pêcheur avec un saumon, & de voir qu'il renvoye d'un seul coup de queuë à deux pas de luy cét ennemy de sa vie & de son repos. Enfin, il n'y a point de plaisir égal à celuy que nos Dames reçoivent en se déguisant, en dansant des balets, en representant des Pastorales, & en se donnant des rendez-vous dans des bois ou des jardins, dans de rases campagnes, ou dans des maisons de plaisance pour s'y divertir, & pour y prendre les plaisirs innocens de la vie. Voila pourtant l'exercice de nostre sexe, & les emplois ordinaires de nos Dames, qui semblent n'estre au monde que pour goûter tous les plaisirs de la nature, & qui ne cessent jamais d'en prendre de nouveaux, quand quelqu'un les ennuye.

Ie pourrois en mettre icy une infinité d'autres qui ne sont pas moins doux que les precedans: mais comme je n'aurois jamais fait si je les voulois tous deduire, je me contente de dire que la France est le Paradis des femmes & des filles, & que c'est dans cét Estat qu'elles joüissent des plaisirs les plus purs; parce qu'outre l'abondance des contentemens qui s'y trouvent, c'est que nous y voyons des industries merveilleuses pour en augmenter la douceur & le plaisir, & des nouveaux secrets pour passer plus doucement ses jours.

CHAPITRE XVI.

La France est un Pays de liberté pour toute sorte de personnes.

TRois choses rendent un homme heureux en ce monde, sçavoir la douceur de l'entretien, les mets delicats, & la liberté entiere & parfaite. Nous avons veu comme quoy nostre illustre Royaume a parfaitement satisfait aux deux premiers; ainsi qu'il ne reste maintenant qu'à montrer que le troisiéme ne luy manque pas, & que la liberté n'y est pas moins que les deux advantages precedans. La chose vous paroistra d'abord veritable, si vous considerés attentivement le nom de nostre Estat, le sujet de sa fondation, & sa pratique ordinaire: car on remarque d'abord que ce mot de France ne signifie autre chose que Franchise & liberté, conformement au dessein des fondateurs de cette Monarchie, lesquels ayant une ame noble & genereuse, & ne pouvant pas souffrir l'esclavage ny la moindre servitude, se resolurent de secoüer le joug de toute sorte de captivité, & d'estre

X iij

aussi libres que des hommes le peuvent estre: c'est pourquoy, ils s'en vinrent dans les Gaules qui estoit un Pays dont les Peuples n'étoient pas ny moins belliqueux ny moins jaloux de leur franchise qu'ils le pouvoient estre. Quant au second point, nous sçavons qu'outre les inclinations & les desseins qu'ils ont eu en fondant cét Estat, d'estre toûjours maistres d'eux-mémes; c'est qu'ils ont donné des loix à leurs Souverains, qui (limitant leur pouvoir) les maintient dans leurs privileges: de sorte que quand on les en veut priver, ils deviennent furieux, & courent aux armes avec tant de vitesse que rien ne peut les retenir, quand il s'agit de ce point; quant au troisiéme, je dis que la France est si amoureuse de la liberté, qu'elle ne peut pas souffrir un Esclave: de sorte que les Turcs & les Mores, bien moins encore les peuples Chrestiens, ne peuvent jamais porter des fers ny estre chargés de chaisnes, estant dans son pays: aussi arrive-t'il, que quand il y a des Esclaves en France, ils ne sont pas si-tost à terre, qu'ils s'écrient pleins de joye; Vive la France avec son aymable Liberté; & je puis dire que j'ay veu estant dans une Ville du Royaume une More à la suitte d'une Dame Portugaise, laquelle ne fut pas si-tost hors du vaisseau que se jettant à terre, elle la baisa tendrement, haussant ensuitte les bras vers le ciel, & criant à pleine teste; Vive la France, je suis libre; vive la France, je ne suis plus Esclave.

Je sçay bien que la Hollande & beaucoup d'autres qui taschent d'imiter cette coustume genereuse de nostre Estat : mais on sçait bien aussi que la France leur en a inspiré le sentiment, & que c'est à son exemple qu'ils le font : au reste, il faut considerer les motifs qui les engagent à le faire, & on trouvera qu'ils sont bien differents de ceux de nostre Nation; ainsi c'est un avantage qui luy est propre, quoy qu'il soit vray qu'elle n'en joüit pas elle seule.

Je prevois que les Etrangers qui n'aimeront pas ma nation, diront que la chose n'est pas si fort en faveur de nostre Empire comme je dis, & que quand bien cela seroit ainsi, il y auroit deux points bien differents à ceux-là; sçavoir que la France ne donne point la liberté de conscience, & qu'elle donne trop de liberté aux Nobles, & trop peu d'appuy aux Païsans, aux Marchands & aux Bourgeois. Pour répondre à cecy, j'estime qu'il faut prendre garde à deux choses. La 1. sçavoir en quoy on gesne les consciences, & 2. si la seconde objection est veritable. Pour commencer par la premiere, je dis que la France donne la liberté à deux Religions, qui sont la Catholique & la Pretenduë Reformée, que le vulgaire appelle Huguenote. Et j'avoüe qu'elle ne souffre point toutes les autres Sectes qui taschent de ruiner la doctrine de l'Evangile par leurs sottes explications; ny les autres Religions qui nient ou qui sont contraires à Iesus-Christ, & j'estime qu'elle donne mieux la liberté en ne donnant pas l'entrée à toutes ces maudites opinions que si elle leur en permettoit l'exercice dans son sein. La raison que j'en donne est celle du grand S. Aug. qui soutient, que c'est une des grandes graces que le Ciel puisse faire à un homme de luy oster les moyens de faire du mal & de devenir méchant & abominable: ainsi, comme toutes ces opinions ne font que déchirer l'Eglise, & rompre la robe de I. Christ à l'exemple d'Arrius; j'estime que la France fait plus de grace en chassant toutes ces sortes de gens, que si elle les recevoit: au reste, je dis que quand bien l'interest de Dieu ne luy deffendroit pas cette odieuse liberté; c'est que sõ interest propre ne peut pas ny ne doit pas souffrir en aucune façon tous ces divers sentimens de Religion. 1. Parce que les principaux de ces Sectes estans pleins de jalousie les uns contre les autres, & fâchés bien souvent de ce que leur parti n'est pas si fort favorisé qu'ils voudroient bien, de dépit & de rage, prennent bien souvent l'occasion au poil, & sont cause de plusieurs seditions ou du moins les fomentent ou les entretiennent secretement, attendant le moyen de se rendre maistres de l'Estat par la faveur de quelque mécontent ou de quelque puissance estrangere, qui leur promet tous les advantages qu'ils peuvent esperer, & qu'ils sçauroient attendre. Nous en avons veu l'experience dans l'Allemagne & dans l'Angleterre qui a failli à estre depeuplée d'hommes, qui a veu son Roy sur un échafaut entre les mains d'un Bourreau, & son gouvernement dans des mains estrangeres, & enfin dans la France, laquelle s'est veuë sur le point de perdre sa couronne & de devenir une republique comme d'autres Estats, à raison de la diversité de sentimens : mais quand bien il seroit vray que tous ces divers bonnets ne seroient pas capables de troubler les Estats par leurs menées secrettes : c'est qu'il est impossible de pouvoir déraciner du cœur de tous ces partisans opposés les haines cachées, & les aversions extrémes qu'ils ont les uns contre les autres ; d'où je concluds, qu'il est mieux de ne pas souffrir toutes ces opinions, pour éviter tous ces desordres & ces mal-heurs.

Il faut remarquer pourtant, que la contrainte n'y est pas si grande qu'en Italie ou en Espagne, ny la licence si grande qu'en Angleterre & en Hollande : en quoy l'on reconnoist un milieu qui fait la vertu & la perfection de toutes choses : dautant que l'on ne vous condamne pas au feu pour avoir des sentimens differents de la veritable Religion, ny on ne vous fait pas pourrir en prison pour un mot échapé ny une parole innocente ; pourveu que vous ne fassiés pas profession de choquer Iesus-Christ ny la doctrine de l'Eglise son espouse : ainsi soyés Turc, ou More, Iáseniste ou Reformé, Anabaptiste ou Lutherien, Coacre ou Trembleur, Armenien ou Socinien, Idolatre ou Iuif & quoy que vous ne croyés ny Dieu ny Diable : pourveu que vous ne fassiés pas parade de tous ces sentimens damnables & odieux aux gens de bien, on vous laissera vivre, & vous serés aussi libre dans le Royaume que vous le pourriés estre dans le fonds d'un desert. Ne m'opposés pas de grace la violence qu'on pretend estre faite contre les Calvinistes dans toutes les Provinces du Royaume, ny les punitions que l'on prend des Apostats de l'Eglise Catholique: parce qu'outre qu'on n'oste pas le moyen aux Mrs de la Religion de vivre dans les sentimens qu'ils ont succé avec le lait; c'est qu'on ne s'en prend ny à leurs biens ny à leurs vies: & qu'on ne fait que leur refuser les graces qu'on peut acorder sans engagement, ou dénier sans injustice. On leur refuse de posseder les charges, il est vray: mais le Roy n'est pas obligé aussi de leur donner ces dignités. On punit les Prestres & les Apostats qui ont quitté leur Religion pour en prendre quelque autre, je l'avouë, mais c'est apres les avoir avertis: mais c'est contre les Privileges accordés; je le confesse: mais qui doute aussi que selon les sentimens mesme des plus habiles reformés on peut & on doit casser les graces accordées par force & les Privileges qui sont contre l'Estat. Ie n'en dis pas davantage pour m'arrester sur ce point que la France imite l'Eglise en ce qu'elle ne touche rien aux actes interieurs de la liberté, & qu'elle ne punit que les exterieurs & les visibles: ce qui est tres-sagement fait; veu que l'Espouse du S. Esprit luy en donne l'exemple & luy inspire un semblable sentiment.

Venons maintenant à la liberté des corps, & disons qu'elle est parfaite tout autant qu'on la peut desirer; puis qu'on ne peut jamais devenir esclave ny captif de qui que ce soit; quand ce seroit même d'un Prince. La coûtume estoit autrefois, que les Gentils-hommes faisoient les Souverains & les absolus sur leurs Emphiteotes; de sorte que ces pauvres gens n'avoient ny poulle ny œuf, oyson ny chapon, chevreau ny mouton, vache ny veau qui fut à eux; mais nostre invincible Monarque voyant que cét abus s'estoit glissé insensiblement dans ses Provinces, y a mis un si bon ordre, que personne n'ose groüiller depuis que les grands jours ont fait sauter la teste de quelques principaux, & que cette chambre de Iustice a puni de mort tous les coupables de ce crime : ainsi, voila les paysans à couvert de ces attantats & de ces insolences : de sorte que chacun vit en repos sans chagrin, sans inquietude, & sans estre molesté de personne.

CHAPITRE XVII.

Trois raisons convainquantes qui prouvent comme quoy toutes sortes de gens peuvent estre heureux & contens en France.

TRois choses peuvent rendre la vie odieuse aux Peuples & les obliger de s'estimer mal-heureux sous le gouvernement d'un Monarque: 1. Lors qu'on est surchargé d'imposts; 2. lors qu'on est obligé de prendre les armes par force ou de fournir des gens à sa place; ou bien lors qu'on n'est pas maistre chez soy, & qu'on court risque de sa vie par la grande quantité des voleurs & des brigands: voilà les trois maux qui affligent presque tous les Pays, & qui font qu'il n'y a point d'Estat ou de Republique au monde qui ne s'estime mal heureuse en quelqu'un de ces trois points. L'Italie se voit inquietée par ses Bandits, l'Espagne par ses guerres, le Pays bas par les grandes charges, l'Allemagne & la Pologne par ses coureurs & ses brigands, & l'Angleterre par tous les trois; de façon qu'il n'y a que la France seule exempte de ces trois maux pour le present: car pour en venir à la verité; je vous prie de considerer que l'on a mis si bon ordre dans les villes & les Province de l'Estat, qu'on peut aller maintenant par tout sans craindre d'estre volé. Ie puis dire que le soin de nostre invincible Roy est si grand, qu'il a purgé son Royaume de tous ces brigands, qui s'en prenoient mesme aux Princes du Sang, & il a si bien fait, qu'on peut aller par tout Paris sans aucun danger, & porter son chapeau plein de diamans & de Perles, d'or ou d'argent, sans que pas un vous demande qui vous estes ny où vous allés, en quoy l'on admire la puissance redoutable de nostre Souverain, sa sagesse admirable & son zele à rendre bien-heureux ses Peuples: dautant qu'on avoit cru que c'estoit une chose impossible de pouvoir chasser les filoux de la capitale du Royaume, aussi bien que des Provinces, où ils avoient étably leur sejour & leur Empire: mais on voit par experience que rien n'est impossible à ce Monarque, apres un coup de cette nature.

Les soldats estoient insolens à ce poinct, qu'ils croyoient avoir la liberté de tout faire, parce qu'ils estoient au service de sa Majesté, & il s'en est trouvé de si insolens & de si temeraires que de commettre des cruautez inouyes à l'endroit de leurs hostes : parce qu'ils croyoient que leurs attentats seroient impunis ; jusques-là qu'ils vivoient à discretion dans le Païs, & demandoient des choses impossibles à trouver, pour mieux plumer la poule & se faire donner de l'argent ; que s'ils n'avoient pas ce qu'ils desiroient, ils brisoiét, cassoient & brûloient tout, égorgeant les chapons & les oysons, les porcs, les moutons, le bœuf, &c. Et bien souvent mesme devenoient les boureaux de leurs hostes, apres avoir tâché (par un comble de crimes) de violer leurs femmes & leurs filles; tous ces desordres, dis-je, faisoient que la France s'estimoit malheureuse, & l'estoit en effet; mais maintenant il n'en est plus de mesme sous le regne & le siecle d'or de nostre illustre Dieu donné Loüis XIV. Puisque le moindre de ses Soldats, ny le plus grand de tous les Officiers de ses armées n'oseroit faire la moindre insulte à un paysan, ny souffrir qu'on inquietât le moindre enfant. La juste punition que le Roy prit à Compiegne, faisant la reveuë generale de ses troupes, d'un Soldat qui avoit volé une poule en passant dans un village le faisant pendre haut & court, fait bien voir la verité de ce que je dis, & montre que ce n'est pas sans raison qu'on dit par tout que la modestie & la sagesse accompagnent les troupes de France, & qu'il est vray (comme je l'ay veu moy-mesme) que les marchez se tenoient dans le Camp; que les paysans estoient ravis de voir qu'ils pouvoient porter leurs œufs & leurs fromages dans le milieu de l'armée pour les vendre, & qu'ils pouvoient enfin rester dans leurs maisons sans crainte d'aucun mauvais traitement. Ce qui avoit esté inouy jusques alors: & ce qui n'estoit pas mesme pratiqué par les gens de leur party, qui tuoient & voloient, pilloient & saccageoient aussi bien les sujets du Roy d'Espagne que ceux de France, sans en excepter mesme les chariots & les postes publiques, ny mesme les Religieux. L'ordre est si beau maintenant en France touchant les gens de guerre, qu'ils semblent des agneaux hors du choc; quoy qu'ils soient à la verité des foudres de guerre dans le combat. Les voleries & les assassins sont des crimes si noirs, si rigoureusement punis, & si soigneusement recherchez par les Prevosts des Villes & des Provinces, qu'à peine peut-on dire qu'on aye volé une pomme ny un chou. Les violens & les temeraires, les insolens & les quereleux sont si bien chastiez, que pas un n'ose plus

DE LA FRANCE.

faire le fat ny le sot. Les batteries y sont si rares, si vous en ostez quelque coup de poing que les païsans se donnent dans quelque foire ou à quelque jour de feste de village (car il faut remarquer icy en passant que l'usage detestable des coûteaux & des poignards n'est du tout receu en aucune Province de nostre Empire) qu'on n'en entend point du tout parler. Pour ce qui est des duels & des combats si funestes à l'Estat, & si dangereux pour les familles, lesquels estoient si ordinaires parmy les nobles & les gens de moindre qualité, qu'ils faisoient tous les ans des millions de vefves, une infinité de pupilles & de peres sans enfans, on n'en parle plus, depuis le soin & le bon ordre que nostre invincible Monarque a pris d'en defendre l'usage, sous des peines infamantes qui couvrent de honte ceux qui les souffrent, & qui leur font perdre enfin la vie; de façon que ces fanfarons & ces bravaches, ces brouillons & ces fiers à bras qui recherchoient si fort de verser le sang humain, & qui portoient le trouble & la confusion dans les familles, se voyent bridez par des saintes loix qui retiennent leur fureur & repriment leur insolence. Ie diray icy par occasion, que le Roy prevoyant les abus que cette deffense pourroit causer, a étably une Iustice pour ordonner les satisfactions que les personnes grevées peuvent & doivent pretendre justement, & a nommé Messieurs les Mareschaux de France pour prononcer là dessus; de sorte que si un Gentilhomme a receu un coup de baston ou un coup de pied, un soufflet ou un dementy, ou bien quelque autre affront, on faite comparoistre l'agresseur, & on luy ordonné ou de souffrir la mesme chose qu'il a faite à sa partie, ou de luy demander pardon, ou bien d'estre puny par une main étrangere selon l'exigence de son attentat; de façon que la justice & l'exactitude de nostre invincible Dieu-donné a redonné la Paix aux familles, l'asseurance aux particuliers, & le siecle d'or à ses Estats,

Il faut encore n'estre pas contraint ny de prendre les armes pour aller à la guerre, ny n'estre pas obligé de donner des gens à sa place pour aller deffendre les frontieres ou gagner du pays, comme en beaucoup d'autres endroits: parce qu'outre la peine que l'on a de faire les choses par force, c'est qu'on est gesné jusques dans l'excés, lors qu'on doit quitter sa femme ou ses enfans, ou qu'on doit donner de gré ou de force des hommes difficiles à trouver, & les payer dix fois davantage que s'ils y alloient de leur inclination & sans priere: voila le 2. avantage que la France a sur les autres Pays, puis qu'elle a plus de monde qu'il ne luy en faut pour lever une armée capable de conquerir toute la terre. On voit venir un nombre sans fin de jeunes cadets bien faits au moindre coup de tambour, lesquels sont ravis de trouver occasion d'exercer leur courage & de tenter fortune par le moyen des armes, cependant que les peres
de

de famille & les Marchands, les Bourgeois & les Artisans jouïssent d'un profond repos dans leurs maisons, trafiquent doucement & à leur ordinaire, & tandis que les femmes & les enfans n'ont plus le sens glacé de la crainte qu'ils ont de perdre leur tout & leur appuy. Enfin, pour le dire en un mot, personne n'est obligé d'aller à la guerre s'il ne veut, & on n'a peut estre jamais veu en France, qu'on aye mesme caressé personne pour venir au service de son Prince, tant il y a de gens de bonne volonté pour ce sujet : ainsi, voilà un grand avantage pour nostre Estat d'estre à couvert du plus grand mal qui puisse arriver à une famille.

Venons à la troisiéme raison qui me donne sujet de croire que la France est le centre de toutes sortes de biens; & disons qu'elle ne sçauroit manquer d'estre heureuse: puisque son Monarque pretend la décharger de tous ces imposts, & luy donner un siecle d'or en partage. Ie me souviens d'avoir leu & d'avoir entendu dire mille fois, que si nostre illustre & incomparable Empire pouvoit estre un peu moins chargé d'imposts qu'il n'est pas, il seroit le plus heureux du monde, & s'il pouvoit revenir dans le mesme estat qu'on l'a veu sous le regne de l'invincible Henry le Grand : mais que dira-t'on maintenant à la veuë de tant de douceurs qui comblent nostre Patrie de bon-heur, de tant de diminutions & de tant de graces accordées ? voyons de grace les moyens que prend nostre invincible

Louys pour faire revivre le siecle d'or dans ses Estats, & nous trouverons qu'il n'est pas possible que la chose soit autrement que je la dis : car en 1. lieu, il a presque diminué les Tailles de plus de deux ou trois millions tous les ans. Il donne les arrerages qui luy sont deûs, il supprime les offices qui sont superflus & inutiles, il casse toutes ces charges qui ne font que succer le peuple & ruiner l'Estat, il pretend oster la Gabelle, ou du moins en diminuer les tributs immenses qu'il en tiroit, comme il a déja fort heureusement commencé. Il casse toute cette race d'aubereaux ou de Gentilshommes soy-disans, & les met à la Taille pour soulager le paysan qui portoit le fardeau de tout, cependant que ces gros Messieurs farcissoient leur ventre du bien & de la sueur de ces pauvres innocens. Il a cassé toutes ces vieilles chicanes qui rendoient les procez eternels & engraissoient les Advocats & les Procureurs, les Sergens & les Notaires, les Iuges & les Conseillers, les Presidens & toute la sequelle du Palais & des Cours souveraines, & a fait un Code Loüis, par lequel on est dans six mois hors de cour & de procez.

Autrefois la faveur & l'argent, les brigues & les sollicitations emportoient les causes de haute lute, & l'on ne pouvoit jamais se fier sur son bon droit : mais maintenant l'ordre est si juste, qu'on casse ces Iuges iniques, & on les prive de leurs charges sans remission, ou du moins on leur impose des amandes qui leur font porter justement la peine de leurs injustices.

Deux abus extrémes s'estoient glissez dans l'Estat qui donnoient en quelque façon occasion aux personnes qui occupoient ces offices de commettre ces desordres; c'est qu'on les vendoit, & c'est que pas un ne prenoit soin de voir si on estoit équitable dans les jugemens qu'on prononçoit; mais maintenant, il n'en est pas de mesme : car outre qu'on a supprimé toutes les pauletes, & qu'on espere de voir bien-tost qu'on ne donnera les offices qu'aux plus doctes & aux plus gens de bien; c'est qu'ō espie de toutes parts les actions des Iuges, & l'on est extrémement clair-voyant pour voir les injustices que l'on commet.

Enfin pour finir ce Chapitre, je dis que la France ne sçauroit jamais estre qu'extrémement heureuse, veu l'invention que le Roy a pris pour soulager son peuple. En voicy trois fort considerables qui meritent un Chapitre particulier.

CHAPITRE XVIII.
Trois inventions merveilleuses que la France a trouvées pour rendre son peuple heureux & content.

LEs choses que je viens de dire dans le Chapitre precedent, montrent évidemment que l'Estat present de nostre illustre Empire doit estre extrémement heureux : puis qu'on a pris de si bons moyens, & de si belles inventions: neantmoins, comme il n'y a point de bien en ce monde qui ne puisse estre toûjours perfectionné; Nostre invincible Monarque a crû estre de son devoir de luy procurer le dernier bon-heur qu'elle peût desirer & qui peut la mettre dans le comble de sa beatitude : ainsi il s'est servy de trois moyens tout à fait admirables pour bien reüssir.

Le 1. est qu'il a retiré son domaine. Le 2. c'est qu'il a fait rendre gorge aux Partisans de son Estat; & le troisiéme, c'est qu'il éloigne toutes ses armées de son Estat le plus qu'il peut, faisant regner cependant la justice dans tous les coins de son Royaume. Tous ceux qui penetrent les desseins de sa Majesté de son sage Conseil, prevoyent bien qu'il ne fait toutes ces choses que pour estre un Jupiter, & afin de faire pleuvoir dans la suite du temps des rosées d'or & de biens sur tous ses peuples : car pour en venir à la preuve, il est certain que sa Majesté n'a pretendu en racheptant son domaine que de rendre ses Estats moins foulez, & luy mieux en estat de faire des conquestes, & de maintenir ses Provinces dans la Paix ; comme il y a bien de l'apparence que la chose le doit estre ainsi, estant hors de doute que les revenus de son domaine seront assez grands pour entretenir sa famille avec une armée de dix mille hommes, comme il le pretend (selon que l'on l'a sceu par des voyes certaines.) Ainsi comme la principale charge de l'Estat, c'est l'entretenement de la Maison du Roy, on sera déchargé d'un grand fardeau par le moyen de ces revenus qui seront toûjours employez pour cet effet. Au reste il y a une deuxiéme raison qui a meu le Roy d'arracher tous ces biens d'entre les mains des particuliers: c'est que ces personnes faisoient trop les maistres, & sucçoient les paysans jusqu'aux os, ne se contentant pas de leurs rentes ny de leurs dixmes: de sorte que s'estimans les maistres de ces revenus, dont ils n'avoient la jouïssance que pour un temps, ils faisoient les petits Souverains, commandoient en Rois, & se faisoient craindre en Tyrans, ce qui rendoit les peuples extrémement malheureux : à quoy sa Majesté a remedié, en disant qu'il ne vouloit pas d'esclaves dans ses Estats. Le 2. profit qui en revient aux peuples ; c'est qu'il faut des Officiers pour prendre soin de tous ces revenus ; & ainsi voila une infinité de places à pourvoir, qui feront subsister des millions de familles, sans parler que le paysan ne craindra point que Monsieur ny Madame luy enlevent l'agneau ny le chevreau, la poule ny l'œuf, son beurre ny son fromage, ny qu'on l'arrache par force de sa maison pour venir servir un jour ou deux de la semaine au Chasteau, ny qu'on l'oblige de donner ses bœufs pour le service du Seigneur, où on les écorne, où on les creve bié souvent, ou du moins, où on les amaigrit, si on ne les fait pas mourir de faim.

On dira pour annuller ces raisons, que des Fermiers ne seront pas moins tyrans ny moins severes : au contraire qu'il y a apparence qu'ils seront plus avides, plus insatiables, & plus insolens que les Seigneurs : parce qu'ils voudront s'engraisser dans le peu de temps qu'ils y doivent demeurer : mais tout cela n'est pas de valeur en ce que ces Fermiers ne seront pas des gens de condition, ny de grande authorité, & en ce que les Commissaires deputez pour recevoir les plaintes passeront tous les ans pour voir leurs deportemens: ainsi, comme les païsans & les personnes de qualité des Bourgs & des Parroisses verront qu'ils n'ont à faire qu'à un homme qui leur est en quelque façon égal, ou qui du moins n'a pas beaucoup d'authorité ny de pouvoir, se resoudront sans peine à luy resister dans la justice, & de luy refuser ce qu'il voudroit avoir injustement : qui est bien davantage, les Fermiers mesmes n'oseroient faire les violens, quand ils en auroient le pouvoir & l'envie : dautant qu'ils craindroient la touche ; & parce qu'ils apprehenderoient de se faire des ennemis irreconciliables qui se vangeroient cruellement des affronts & des injustices qu'on leur auroit fait, quand bien les païsans ne seroient pas assez hardis pour s'en aller eux-mesmes porter leurs plaintes aux deputez pour les recevoir. On répondra à tout cecy, que si la crainte devoit tenir le monde dans leur devoir, les Gentilshommes devroient par la mesme raison rester dans les bornes de leur obligation ; parce qu'il y a aussi bien des deputez contr'eux, qu'il y en aura contre des Fermiers ou des Receveurs : mais je dis à tout cela, qu'il n'en est pas de mesme : parce que les païsans n'osent pas irriter un Seigneur qu'ils sçavent devoir estre toûjours maistre; quand bien ils seroient assez libres pour parler aux Intendans, ce qui n'est pas; n'osant pas mesme parler à des personnes d'une si importante charge, & d'une qualité si relevée; mais pour ce qui est des autres, ils esperent de dire leurs raisons à qui il faut, & quand bien ils ne seroient pas écoutés, ce qui n'arrivera jamais; c'est que dans l'esperance qu'ils ont d'estre enfin delivrés de leur ennemy (apres un certain temps) ils se resolvent de luy faire teste, & de luy refuser ce que la justice ne luy permet pas ny de demander ny d'obtenir : ainsi je conclus hardiment, que les païsans & les Bourgeois seront heureux ensuite de cette retiration de Domaine, & que tout le Royaume sera fleurissant par les raisons que je viens de dire.

La seconde source du bon-heur de l'Estat, c'est que sa Majesté a fait rendre gorge aux personnes qui s'estoient engraissées de son bien. Les yeux interessez ou chassieux blasment ce procedé, ou du moins taschent d'en diminuer la justice par cette raison foible & ridicule, que ce n'est que tirer l'argent d'entre les mains des particuliers qui pouvoient secourir les uns & les autres, pour le transporter dans les coffres du Roy, d'où on n'en tirera aucun profit : pour moy je laisse à part les raisons que l'on a eu de faire ce qu'on a fait, pour dire que les personnes qui ont parlé de la façon que vous avez veu, sont fort peu intelligentes &

tres-mal éclairées en matiere d'Estat : car pour en parler comme il faut, j'estime que deux raisons font voir évidemment comme quoy c'est l'avancement du Royaume, & le profit des particuliers : Voicy comme je raisonne. La France a cette necessité commune avec tous les autres Estats qu'elle a besoin d'argent pour fournir à ses necessitez & aux frais indispensables qu'elle est obligée de faire. Ce fondement posé, dis-je, qu'il n'y a que deux moyens pour pouvoir avoir de l'argent, sçavoir est, ou de le tirer des coffres du Roy, ou d'obliger le peuple à le donner; comment voulez-vous que cela se fasse, puis que les coffres de sa Majesté sont épuisez, & que le peuple est ruiné : il est impossible de tondre sur un œuf, & de tirer de l'argent d'où il n'y en a point : il faut donc pour le bien de l'Estat en prendre là où il y en a lors que la justice l'ordonne. Il est vray, direz-vous ; mais le Royaume n'en sera pas plus soulagé; vous vous trompez en cecy, d'autant que le Roy ayant ses coffres remplis (sans que le peuple en soit incommodé) il sera moins avide qu'il n'est ; parce qu'il sera moins necessiteux. Au reste, je soûtiens que quand bien sa Majesté ne seroit pas portée d'inclination à soulager son peuple comme elle est, il est absolument impossible que les Provinces n'en reçoivent du profit par la raison qui suit. Vous sçavez que quand l'Estat a esté en peine par le passé, on a esté obligé d'avoir recours à l'emprunt, & de vendre par avance les revenus

nus de la Couronne ; ce qui estoit cause que les creanciers se prevalant du besoin de l'Estat, ne donnoient leur argent qu'avec des conditions tres-avantageuses : de sorte que bien souvent ils y trouvoient un gain qui les enrichissoit dans deux ou trois ans, & la methode a esté pendant un long-temps de vendre les Tailles à des Partisans, qui pour recompense de leur prest, obtenoient la liberté d'imposer le double des sommes qu'ils avoient prestées : ce qui ruinoit cependant les pauvres paysans, lesquels estoient obligez de porter tout le fardeau, & de fournir bien cherement aux necessitez de l'Estat, remarqués de grace, que ces sangsuës des Provinces avoient des inventions si diaboliques pour attirer l'argent du peuple, qu'il estoit presque impossible de trouver un sol dans les meilleures Villes du Royaume : & je puis dire que si cela eut duré 2. ans davantage, on auroit esté contraint de quitter le pays, il faut cependant remarquer que le Roy n'estoit pas plus riche de toutes ces exactions, & que ses coffres n'estoient pas plus remplis pour toutes ces impositions excessives des Tailles ; au contraire, il sembloit qu'il devenoit tous les jours plus disetteux, & ses peuples plus pauvres, à cause que les larrons publics ne luy avançoient leur argent qu'avec des conditions odieuses & tyranniques : mais maintenant que le Roy a puny leurs injustices, & s'est vangé de ce qu'ils s'estoient prevalus de sa disette, il ne tire que moins de Tailles & avec moins de

Tome I.   Z

violence, de frais & d'exactions, & il en reçoit tous les deniers, remplissant par ces moyens ses coffres sans incommoder ses Provinces, & ruiner ses Estats : ce qui fait bien voir la sage conduite de nostre Prince, & les infaillibles moyens dont il se sert pour rendre ses sujets heureux.

Venons enfin à la troisiéme raison qui prouve la beatitude infaillible de la France, & soûtenons hardiment que c'est l'unique de tous les Estats du monde qui sera le plus heureux par le soin que l'on prend de le purger de faineans & de vauriens, par l'attache que l'on a de porter la guerre hors de ses frontieres, crainte qu'elle ne s'introduise dans le cœur du Royaume, & par le zele que l'on a de bien rendre la justice à un chacun. On ne doute pas que la trop grande quantité du monde, le grand nombre des faineans & des fripons, les guerres civiles, & la negligence à rendre la justice, ne soient les sources de tous les malheurs qui arrivent dans toutes les Monarchies & les Republiques, & l'on a esté toûjours de ce sentiment, que de remedier à ces desordres, c'estoit combler un Estat de bonheur : ainsi, comme je vois que le Roy purge les Provinces de faineans qui ne font que manger le pain inutilement ; comme il porte la guerre hors de son Pays, & comme il est exact & zelé à faire rendre la justice, je dis qu'il ne peut pas estre autrement que son Estat ne soit un Paradis de Delices ; veu que quand bien les choses que je viens de dire ne seroient pas veritables comme elles sont, il y a un si bon ordre pour faire droit à un chacun comme il faut, qu'il est impossible que la chose ne soit pas ainsi.

CHAPITRE XIX.

L'Ordre que l'on tient en France pour rendre la Iustice, & de combien de sortes de tribunaux il y a pour la rendre.

L'Ordre de la Iustice est si beau maintenant en France, qu'on aura beaucoup de peine à le croire, après avoir veu & entendu les grandes prolongations des procez qu'on faisoit dans les cours. Ie serois trop long, si je voulois mettre icy toutes les formalitez qu'on a cassées comme inutiles, comme aussi celles qu'on a introduites de nouveau : c'est pourquoy je me contenteray de dire que l'on a fait deux choses remarquables en France. La 1. c'est qu'on a abregé les procez qui estoient eternels dans les familles, & on a si bien fait que les plus grands chicaneurs ne sçauroient prolonger maintenant le jugemét de leurs affaires au delà de six mois ; en quoy il faut admirer la sagesse de nostre invincible Monarque, qui a trouvé le secret d'empescher que ces sangsuës du Palais, & ces esprits de broüillonnerie ne peuvent plus ruiner les familles, en les minant insensiblement, ny garder injustement le bien que la mauvaise foy leur avoit acquis. La seconde, c'est que comme le Royaume est extrémement grand,

& comme ses affaires sont infinies en toutes sortes de matieres, on a pourveu à tout, en leur determinant des tribunaux pour en connoistre & pour les decider. Pour commencer par les plus bas, il faut sçavoir que les Villes ont des Eschevins ou des Iurats, des Capitouls ou des Consuls pour le reglement de la Police: c'est à eux de prendre garde qu'on ne fasse point d'injustice dans les ventes des denrées, & d'ordonner ce qui est le plus important pour le bien de la Ville ou du lieu où ils sont: car il faut sçavoir qu'il y a de simples villages qui en ont, & qu'il n'y a point de Bourg qui en soit dépourveu. Ces personnes ont tant d'authorité quand elles sont en charge, qu'un homme courroit risque de se faire pendre ou d'estre ruiné, s'il avoit battu, donné un soufflet ou fait violence à quelqu'un de ces Officiers, sur tout s'il est en robe, ou s'il porte les marques de son office; aussi representent-ils non seulement toute la Ville; mais encore la personne de celuy en vertu de qui ils sont faits, & dont ils ont le pouvoir. Leur devoir est de mettre ordre aux seditions, d'avertir le Roy quand il se passe quelque chose contre l'Estat, & d'en répondre pour tous quand il se fait quelque chose; comme quand les villes se revoltent ou qu'on fait des insultes aux ordres des Parlemens, des Gouverneurs & du Roy. C'est à eux d'imposer les Tailles sur les particuliers, apres avoir receu la quotité qu'on a mise sur le détroit de leur puissance d'entre les mains des Intendans, de sortir au dehors de leur Ville pour presenter les clefs au Roy, & de répondre à toutes les occasions qui se presentent.

Les meilleures villes de France comme Paris, Lyon, Toulouze, Bordeaux, Poitiers, la Rochelle, Orleans, Angers, Tours, Troyes, Rennes, Rohan, Rheims, Bourges, &c. ont une justice particuliere & privilegiée pour les Marchands: afin de terminer tous les differends qui peuvent survenir dans le commerce. On appelle ces Iusticiers les Iuges de la Bourse, ou bien les Consuls des Marchands, lesquels peuvent juger diffinitivement jusques à la concurrence de cinq cens livres.

Le commun a des Iuges nommez pour rendre la justice, & c'est à eux d'écouter les plaintes qu'on leur fait, & de terminer les procés qui se forment dans leurs détroits. Il faut remarquer, que quoy qu'il y en aye de deux sortes; sçavoir de Royaux ou de Pedanées ou Banerets, ils ont pourtant le mesme pouvoir, & ne different en rien pour l'authorité; il est vray qu'on leur donne divers noms, selon la diversité des Provinces: car on les appelle Vicomtes en Normandie, Prevosts en France, Viguiers ou Chastelains en divers endroits & Iuges generalemét par tout.

Les villes principales du Royaume ont un Bailliage ou une Senéchaussée, ou bien si elles sont fort considerables un siege Presidial. Les Bailliages ne sont autre chose que certains Iuges moyens, à qui on appelle des sentences des Iuges subalternes, soit Pedanées ou

Royaux. Il en est de mesme des Senéchauslées desquelles on appelle, aussi bien que des Bailliages aux Cours Souveraines. Il faut sçavoir que ces deux sortes de justices sont occupées & renduës par des personnes de Robe courte, & portāt épée en qualité de Gentilshommes, lesquelles pour ne commettre point d'injustice ont des Lieutenans de Robe longue qui prononcent les Arrests avec le consentement & de l'avis de certain nombre de Conseillers, d'Assesseurs, d'Avocats & de Procureurs du Roy, &c. Les Presidiaux sont des Cours composées d'un President qui porte la robe d'écarlate, & d'un certain nombre de Conseillers; leur pouvoir s'étend jusques-là, qu'ils peuvent prononcer disinitivement & sans appel, jusques à une somme determinée, & peuvent mesme condamner à mort sans appel quelques crimes; leur authorité s'étend encore sur les vagabonds & les gens sans aveu, sur les voleurs de chemin, & les faux Monnoyeurs, &c.

Il y a eu jusqu'à present des Chambres myparties, autrement de l'Edit en France, afin de terminer les affaires de Messieurs de la Religion Pretenduë Reformée, laquelle estoit composée d'un President, d'un Advocat General & de six Conseillers Catholiques & autres six de la Religion; mais il y a apparence que sa Majesté ne continuëra plus de leur donner ce privilege: puisqu'il a déja cassé celle de Roüen & qu'il travaille à en faire de mesme de celles de Paris, de Toulouze, de Bordeaux, de

Grenoble, &c. Messieurs des Parlemens estant assez équitables pour leur rendre la Iustice quand on la leur demandera.

Enfin la France a des Cours Souveraines qu'on nomme Parlemens, pour resoudre toutes les affaires d'importance, & pour prononcer en dernier ressort tant des appels que des causes qui leur sont reservées, & donnent des sentences de mort sans appel, touchant toute sorte de crimes, sans exception aucune : je pourrois dire icy beaucoup de choses à la loüange de ces augustes Assemblées ; mais comme je serois trop long, je me contenteray de remarquer que jamais les Senats des Areopages ny des Romains n'ont esté si augustes, & si majestueux qu'ils le sont, ny mesme si équitables : c'est pourquoy il ne faut pas s'étonner si les Empereurs, les Princes Etrangers & les Etats éloignez ont fait gloire de soûmettre autrefois leurs differends au jugement de ces meilleures testes de l'univers.

Quoy que toutes ces Iustices soient tressagement instituées : si est-ce pourtant qu'il y en a encore d'autres qui sont moins rares, & qui neantmoins ne sont pas moins necessaires pour le bien de l'Estat: du nombre desquelles sont, premierement les grands jours, qui prennent connoissance de tous les crimes enormes que les plus grands ont commis, & qui punissent tous ceux qui sont trouvez coupables de quelque condition qu'ils soient, ou qu'ils puissent estre. Elle n'a qu'un Presidēt, un Maistre des Requestes, & un certain nōbre de Conseillers deputez par ordre du Roy; de façon qu'il est presque impossible que toute sorte d'affaires ne soient pas terminées. Les punitiõs qu'on fait souffrir ordinairement aux criminels sont celles qui suivent : Le bannissement, le soüet pour les personnes viles, & les crimes infames, l'impression & la marque de la fleur de lis, le gibet, la gesne & la torture, les galeres, la roüe, & les criminels de leze-Majesté tirez à quatre chevaux. On a encore accoustumé de brûler les Sorciers, les Athées, les Sodomites, & les pechez de bestialité. On a veu tenailler des hommes, & on parle de faire revivre l'ancienne coustume qui condamnoit les faux Monnoyeurs à estre jettez dans une chaudiere d'huile boüillante, & de brûler à petit feu ceux qui ont commis des crimes dignes de ces peines. Les executions plus ordinaires sont de couper la teste aux gens nobles, & de pendre ou de roüer les voleurs & les assassins.

L'Eglise a ses Cours particulieres, & ses tribunaux à part, où toutes les causes Ecclesiastiques sont debatuës & decidées. Le nom qu'on leur donne est pour l'ordinaire la Cour de l'Officialité; que s'il arrive que les parties ne soient pas contentes de la Sentence qu'on y a donné, elles peuvent recourir au Primat, où on reçoit une Sentence sans appel.

Enfin il y a des Iustices subalternes, pour les salines & les gabelles, pour les decimes & les imposts, pour les titres de nobles & pour les peages; & en un mot pour tout ce qui peut souffrir quelque difpute, & l'ordre en eſt ſi beau, que quoy qu'il ſemble que tant de Cours devroient cauſer de la confuſion & apporter du deſordre, il n'eſt rien au monde de mieux reglé ny de ſi bien ordonné; voyons la Police generale de l'Eſtat pour en admirer d'autant mieux la conduite, & pour en remarquer plus clairement la douceur & la beauté.

CHAPITRE XX.

La Police generale de France & les maximes ordinaires de l'Eſtat.

LA Police de noſtre Royaume eſt quelque choſe de ſi miraculeux qu'il eſt impoſſible de la pouvoir conſiderer ſans reſter tout étonné de voir une ſi ſage conduite, & ſans dire à meſme temps qu'il faut bien que cette Monarchie ſoit dirigée par le Ciel; puiſqu'elle a un ſi bon ordre dans ſon gouvernement. Vous ſerez ſans doute de mon ſentiment, ſi vous conſiderez attentivement ſes maximes. Commençons par la 1. qui eſt la principale, & qui regarde Dieu, & nous verrons que c'eſt un de ſes principaux points de ne ſouffrir que la veritable Religion dans ſes Provinces, & de fermer la porte à toutes les fauſſes doctrines des heretiques & des infidelles. La 2. c'eſt de n'admettre jamais aucune fille pour le gouvernement de l'Eſtat, & de ne recevoir que des maſles hardis & genereux, ſages & pleins de reſolution, pour porter le ſceptre & la couronne; parce qu'en effet une telle charge demande quelque chose de plus ferme & de plus constant, de plus fort & de plus sage que la teste d'une femme. Voila les deux principales & les deux universelles, qui font qu'on dit communément que la France n'aime point le fuseau ny la quenoüille, qu'elle est l'appuy de la Religion, & le soûtien des Papes, ce qui a merité la gloire à ses Monarques de porter justement le titre de Rois tres-Chrestiens, & de Fils aisnez de l'Eglise.

Ses maximes particulieres pour son gouvernement sont, ou par rapport au Roy, ou par rapport à ses Provinces, ou bien par rapport aux particuliers. Par rapport au Roy, elle observe tres-étroitement ces points: premierement elle veut que ses Monarques s'appellent Empereurs, ne reconnoissant autre Superieur que Dieu pour le temporel: c'est pourquoy ils portent la Couronne fermée; je laisse à part les raisons qu'il y a pour cela, pour dire qu'ils ont des privileges tres-particuliers par preference à tous les autres Monarques du monde, comme d'estre sacrez, de pouvoir communier sous les deux especes, de ne pouvoir pas estre excommuniez par aucun Prelat de leur Royaume, d'estre du corps de plusieurs Eglises Cathedrales, en qualité de Chanoines ou de Prebendiers, de pouvoir nommer ceux qu'il leur plaist aux Eveschez, aux Abbayes, &c. à faire les loix dans leur Estat, de donner les graces & les pardons, naturaliser les Etrangers, & legitimer les bâtards, ériger les Colleges, les Universitez, les Cours & les

Compagnies de justice, créer les Officiers, faire les Nobles, créer les Ducs & Pairs, les Marquis & les Mareschaux, &c. & eriger les terres en ce qu'il leur plaist. Elle veut encore que les fils aisnez succedent à la Couronne de leurs peres, avec l'agrément des Parlemens & des peuples, à faute dequoy le plus proche succede : on appelle cét aisné Monseigneur le Dauphin, par la donation de Humbert dernier Dauphin de Viennois & de ses autres terres du Dauphiné à Philippes de Valois Roy de France, sous cette condition que les fils aisnez de France porteroient le nom de Dauphin, & les armes écartelées de France & des Dauphins de Viennois. Elle ordonne que les armes seront toûjours 3. fleurs de lis d'or en champ d'azur, ce qui est tres-juste; puisque le Ciel luy en a fait le commandement en les luy donnant pour cét effet avec une Ampoule sacrée pour le couronnement de ses Rois. J'aurois tort d'oublier de mettre icy les particularitez de ce tresor sacré, & de ne raconter pas ce qui se passe dans le sacre de nos Monarques; puisque c'est une faveur singuliere du Ciel : & puisque c'est l'unique ceremonie de cette nature qui se fasse au monde.

Pour commencer donc une chose si particuliere, je dis que l'Ampoule dont on se sert est un present du Ciel fait à Clovis il y a prés de 1187. ans, apres s'estre fait Chrestien, à la sollicitation de sainte Clotilde sa femme. On pourroit douter de cette verité, si tous les Historiens n'en faisoient foy, & si le miracle continuel de cette Ampoule, qui fournit inceſſamment autant de matiere qu'il faut pour le ſacre de nos Monarques, ne nous faiſoit voir que cela ne ſçauroit eſtre ſans une faveur ſinguliere de Dieu, & ſans un effet de la puiſſance divine: comme ce prodige viſible fut accordé à la France du temps de S. Remy Archeveſque de Reims, ce precieux treſor luy fut confié, avec le pouvoir à luy & à ſes ſucceſſeurs de faire la ceremonie du ſacre de nos Monarques : c'eſt pourquoy ils ſont tous obligez d'aller dans cette Ville pour y eſtre oints de la façon que vous allez voir.

Le Roy eſtant venu dans l'Egliſe, on depute quatre Chevaliers de la ſainte Ampoule créez par Clovis IV. afin d'aller chercher ce ſacré dépoſt dans l'Abbaye de S. Remy, & de la porter ſous un beau daix en grande ceremonie dans l'endroit preparé pour faire la ſolemnité, & où ſont les habits Royaux, & les douze Pairs ; ſçavoir ſix Eccleſiaſtiques & ſix Seculiers, qu'on nomme l'Archeveſque & Duc de Reims, l'Eveſque & Duc de Laon, l'Eveſque & Duc de Langres, l'Eveſque & Comte de Beauvais, l'Eveſque & Comte de Châlons, l'Eveſque & Comte de Noyon, le Duc de Bourgogne, le Duc de Normandie & le Duc de Guyenne, le Comte de Toulouze, le Comte de Flandres, & le Comte de Champagne : Vous ſçaurez que comme les quatre derniers ne ſont plus, & que leurs biens ſont reünis à la Couronne, on choiſit des Seigneurs François pour tenir leur place ; apres quoy Monſieur l'Archevesque de Reims fait le sacre de sa Majesté, & l'oint à l'exemple des Roys d'Israël, en observant les choses accoûtumées que je laisse à part pour n'estre pas trop long.

La maxime de l'Estat veut encore, que comme les Roys sont des personnes publiques, d'où dépend le bien ou l'infortune de l'Estat, on prenne soin de conserver leur vie & de les mettre à couvert des insultes de leurs ennemis : c'est pourquoy elle ordonne qu'il y ait des gardes pour sa conservation ; aussi bien que pour faire voir la grandeur de sa personne, & la Majesté de son Estat. La chose étant ainsi, vous sçaurés donc que les gardes du Roy sont composées de deux Nations estrangeres, & de la Françoise; sçavoir de l'Escossoise & de la Suisse. La 1. de ces deux est la plus ancienne, & la plus privilegiée, comme on voit en ce que son Capitaine precede les autres, qu'il commence l'année à servir; & puis qu'ils peuvent prendre le premier logis: aussi a-t'elle la garde du corps de sa Majesté. Elle fut composée premierement de cent Gentils-hommes ou Soldats choisis, dont les 24. sont appointés & privilegiés, lesquels ont le premier homme de France en Teste qui fait le 25. On les appelle ordinairement Archers de la garde, ou bien Hoquetons du Roy: parce qu'ils portent des casaques blanches couvertes d'écailles d'argent doré.

Les gardes Françoises sont trois compagnies qui changent de devise, & prennent les couleurs & les livrées des Rois regnans. Les

Exempts precedent les Archers, ne portent ny hoqueton ny casaque, conduisent les gardes au deffaut des Chefs, & portent un Baston pour marque de leur pouvoir & de leur charge. Les Cent-Suisses portent la livrée du Roy avec la halebarde, & sont habillés à leur mode. Les Capitaines de ces quatre Compagnies sont les plus grands Seigneurs du Royaume. Il y a outre cela deux Regimens qui gardent le Roy, sçavoir le François & le Suisse, lesquels ont leurs Officiers & leur Maistre de Camp, & l'on peut dire que ny les Ianissaires des Turcs ny les Legions Romaines n'ont jamais égalé leur force & leur valeur : aussi sont-ils la terreur des Nations estrangeres, & une des plus illustres portions des armées du Roy : Enfin la maison Royale est si accomplie, qu'elle est une armée complete de dix mille hommes ; de sorte qu'elle a ses Mousquetaires & sa Cavalerie, ses Regimens & ses Officiers, comme les plus grandes armées du monde.

La politique de l'Estat veut que quand nos Rois sont Mineurs, & qu'ils n'ont pas encore 14. ans, on leur donne des Regens & des Tuteurs ; c'est pourquoy les Estats du Royaume ou le Parlemēt de Paris s'assemblent pour cét effet ; afim d'en nommer un qui est pour l'ordinaire le plus proche de sa Majesté, ou la Reyne Mere comme ont esté de leur vivant Catherine de Medicis & Anne d'Austriche Mere de nostre invincible Monarque, dont le nom & la vertu vivront eternellement dans la memoire des hommes: mais sur tout dans le souvenir des veritables François: & l'ordre est tel, qu'on donne tous les Arrests, & qu'on fait tous les commandemens au nom du Roy & de la Reyne, ou du Tuteur, ou du Regent. Ie diray icy en passant, que la gloire de la France est si grande, que quoy que ce ne soit pas la coustume de couronner des Reynes, on ne suit pas cette maxime dans cét illustre Estat: car outre qu'on les couronne publiquement bien souvent; c'est qu'on les sacre & on les oint à l'exemple les Roys; quoy que d'un autre créme que de celuy de la S^{te}. Empoule, comme on l'a veu en la personne de Catherine de Medicis sacrée à S. Denis par la Cardinal de Ioyeuse. La coustume ancienne estoit de les appeller Reines blanches quand elles estoient vefves: mais ce n'est plus la maxime depuis quelques siecles: je ne sçay pour quel sujet.

L'Estat ne souffre plus, depuis long-temps, que les Rois donnent des terres en Souveraineté aux fils de France pour leur appanage: parce qu'outre que cela demembreroit le Royaume dans peu de temps: c'est qu'on voit par experience le mal que cela a causé, & cause encore tous les jours à nostre illustre Empire. Car si on n'avoit pas donné la Flandre, la Bourgogne, & les autres Pays qu'on a baillés aux Enfans de nos Rois; on ne seroit pas maintenant en peine de resister à tant de Nations qui sont ennemies de la France, ny de faire tant d'armées pour en avoir la joüissance, comme on est obligé de faire : c'est pourquoy, ayant reconnu ce mal que nos devanciers ont fait, on se contente de donner des terres portant ce titre de Comté ou de Duché, côme sont celles d'Orleans, de Chartres, d'Anjou, de Valois ou les Comtés de Blois, de Limours, de Mont le Heri, &c. Ces Princes peuvent avoir, & ont toûjours les mêmes Officiers que le Roy : pour ce qui est des filles, on ne leur donne maintenant que de l'argent pour leur dot. C'est à elles seules qu'apartient le nom de Dame, comme celuy de Damoiselle sans queuë aux filles aisnées des Puisnés de France. Les Princes du sang ont leur rang selon leur naissance, & le gardent toûjours; quand bien ils seroient Ecclesiastiques. Les fils naturels de nos Monarques sont excluds de la succession de la couronne, & n'ont rien de fixe & de determiné pour leur entretien que ce qu'il plaist à sa Majesté de leur bailler : on leur donne toutefois pour l'ordinaire certaines terres, d'où ils prênent le nom, s'il n'ayment mieux porter celuy de la Race d'où ils sont sortis: comme Mr. de Longueville celuy d'Orleans, Mr. d'Angoulesme, celuy de Valois; parce qu'ils sont sortis, le 1. de Louïs Duc d'Orleans frere de Charles VII. & le 2. de Charles IX. Mr. le Duc de Vandôme porte ce nom de la terre que son Pere Henri IV. luy donna.

La 1. charge de la maison du Roy ; c'est celle de Grand Maistre, que Mr le Prince possede, & dont Mr. son fils a la survivance. C'est à luy de recevoir le serment de tous les Officiers, qui luy doivent tout ponctuellement obeïr. Il y a encore un premier Maiſtre d'Hoſtel, & un autre qu'on appelle premier Maiſtre d'Hoſtel ordinaire, & pluſieurs autres ſervants par quartier, leſquels portent un baſton couvert d'argent doré aux deux bouts, pendant qu'ils ſont en office. Ils precedent tous les Gentils-hommes ſervants; lors qu'ils portent les viandes au Roy.

Le 2. eſt le grand Prevoſt de France ou de l'Hoſtel. Cette charge eſt fort ancienne, & fort conſiderable. Il a ſes Officiers, deux Lieutenants pour rendre la juſtice, & 50. Archers reveſtus de caſaques de livrée qui le ſuivent par tout; & pourſuivent les criminels à ſix lieuës de la Cour. Il a le droit de taxer les vivres & de donner le prix au pain, au vin, à la chair, au foin, à l'avoine, &c. quand le Roy marche. C'eſt à luy de faire le procés des criminels tant des Officiers & des Domeſtiques de la maiſon Royale, que de ceux qui ſuivent la Cour.

La 3. eſt celle de grand Chambellan, qui eſt fort ancienne, fort honorable, & fort privilegiée, elle eſt maintenant entre les mains de Mr. le Duc de Boüillon Prince de Sedan, &c. Neveu du plus grand Heros de nôtre ſiecle; ſçavoir Mr. de Turenne. Son office eſt d'eſtre Sur-Intendant de la Chambre du Roy, de ſes meubles, & de ſes habits. Il eſt couché aux pieds de ſa Majeſté; lors qu'elle eſt dans ſon lit de juſtice, ou aux Eſtats Generaux du Royaume.

La 4. est celle de quatre Gentils-hommes de la chambre servants par quartier, de Maistre de la Garderobe, de Maistre des Ceremonies, & de Conducteur des Ambassadeurs : il y a d'autres Gentils-hommes de la chambre: mais sans gages.

La 5. c'est celle de grand Panetier, qui ne sert qu'aux festes solemnelles. Il y a un premier Escuyer tranchant, & plusieurs autres sous luy, qui servent par quartier, & qui font l'épreuve des viandes qu'on sert au Roy.

La 6. c'est celle de grand Bouteiller ou Eschanson avec ses Officiers servans par quartier, lesquels doivent faire l'essay du vin qu'on presente au Roy (celle-cy est vacante depuis quelque temps.)

La 7. est celle des Escuyers qui doivent les uns assister le Roy quand il monte à cheval, & les autres prendre soin des chevaux. Le 1. Escuyer est de la petite Escurie, & doit ayder le Roy à se mettre à cheval: mais le grand Escuyer est celuy qui a soin de tous les Officiers qui regardent les deux. Et a la sur-Intendance sur tous les offices & les charges des Gentils-hommes & des suppots. Il sert aux jours solénels, & porte l'épée au fourreau de velour azuré, & couvert de fleurs de lis, penduë à un Baudrier fait de la méme sorte devant sa Majesté.

La 8. est celle de grand Veneur, & des Gentils-hommes de la Venerie qui sont establis pour le fait de la justice & de la chasse ; il a aussi ses Lieutenans & ses Capitaines de chasse & ses autres Officiers comme Veneurs, Fauconniers, Fureriers, Perdrilleurs, Oyseleurs, Archers, Valets de Chiens, &c. Il y a encore une autre charge tres-considerable dans la venerie, sçavoir celle de grand Fauconnier.

La 9. charge est celle des Herauts, qui ne sont autre chose que les Faisceaux des anciens Romains, dont le Principal est appellé Roy d'Armes. C'est à eux à porter la cotte d'armes parsemée de fleurs de lis d'or, à denoncer la guerre dans les terres de l'ennemi, & a assister lors que la Paix est publiée. Ils somment les villes de se rendre, &c. On leur donne les noms de certaines Provinces comme de Guienne, de Normandie, de Bretagne, de Bourgogne, l'Orleans, & d'Alançon, &c.

La 10. est celle de grand Aumosnier, lequel a la sur-intendance de toutes les Maladeries & de tous les Hospitaux du Royaume, & ordonne toutes les lettres des aumosnes. Cét office a encore sous luy, le premier Aumosnier & les autres servans par quartier, le Maistre de l'oratoire ou chapelle du Roy qui a ses Maistres & surintendans de Musique, de Compositeurs, de Chantres, &c.

La 11. est celle de Maistre des Ceremonies, qui sert aux actions solemnelles.

La 12. est celle de grand Mareschal des Logis & une infinité d'autres de moindre importance, que je passe sous silence pour dire quelque chose des funerailles de nos Monarques: côme estant une chose tres-curieuse à sçavoir.

Pour commencer donc à dire quelque chose de la pompe funebre de nos Souverains;

je dis en premier lieu que le Roy eſtant mort on éleve ſon effigie dans un lit d'honneur, où elle eſt ſervie pendant pluſieurs jours (comme ſi ſa Majeſté eſtoit en vie) par les Officiers de ſa maiſon, cependant qu'on tâche de ſoûlager ſon ame par les prieres publiques, & par les Stſ. Sacrifices de la Meſſe qu'on celebre dans tous les endroits du Royaume. Le jour du convoy eſtant venu, l'on va à Nôtre-Dame, & le lendemain à S. Denis, où ſe trouvent tous les Officiers de la maiſon, toutes les gardes, & tous les ordres de Paris. Les Offices eſtant achevés Mr. le grand Maiſtre comme le principal Officier rompt le baſton devant tous les autres pour montrer qu'ils n'ont plus d'Eſtat: mais qu'il les recommandera au Roy. Il faut remarquer icy en paſſant, que la couleur violette eſt celle qui ſert aux Rois pour porter le deüil, & que le Chancelier ny le Conneſtable ne ſe trouvent point aux funerailles des Roys ny ne portent point le deüil; parce qu'ils ne ſont pas Officiers de la maiſon, mais du Royaume.

CHAPITRE XXI.

Les Officiers qui regardent la Couronne de France.

L'Eſtat ne ſonge pas ſeulement à fournir ſon Monarque de tous les Officiers qui luy ſont neceſſaires pour maintenir ſa qualité, & ſervir à ſa perſonne: mais encore il ſonge pour luy-mesme, ne voulant pas se depoüiller entierement de son droit ny de son authorité, pour en faire le transport à celuy qu'il a choisi pour estre le maistre de ses Provinces : c'est pourquoy, nostre celebre Empire a ses charges & ses offices qui sont mesme plus considerables que ceux de la maison de son Monarque : en voicy le denombrement selon l'ordre & le rang qu'ils tiennent. Le 1. est celuy de Connestable, lequel avant d'être cassé estoit le Chef des armées & le Lieutenant General du Roy, avec un plein pouvoir sur toutes les charges & les Officiers tant de l'armée, que des Provinces & des Places du Royaume. Il gardoit l'Espée du Roy & la portoit toute nuë, comme il l'avoit receuë, lors que sa Majesté estoit dans son lit de Justice, ou qu'elle faisoit son entrée dans quelque Ville de Parlement. Il n'exerçoit jamais son office qu'apres avoir presté le serment de fidelité dans le Parlement de Paris. Il avoit son Prevost qui le suivoit par tout avec ses archers & sa justice ordinaire avec un Lieutenant dit de la Connestablie qui a son ressort à la table de Marbre. Cette importante charge avoit sous elle les Mareschaux de France, lesquels on estime si fort ; quoy que le nombre en soit beaucoup plus grand qu'anciennement, lesquels ont pouvoir sur toutes sortes d'affaires militaires, de condamner par eux ou par leurs Lieutenans, leurs Prevots des Mareschaux, ou de Camp tous les vagabonds & les deserteurs, &c. Ils portent un bafton pour marque de leur authorité, & ont maintenant beaucoup plus de pouvoir qu'ils n'avoient fous les Connestables: leur siege de justice est encore à la table Marbre.

Le Colonel de l'infanterie Françoise qu'on a supprimé depuis la mort de feu Monsieur d'Espernon estoit encore une des charges publiques du Royaume: mais comme les pensions estoient excessives, on a jugé à propos de la casser pour n'incommoder pas l'Estat: je diray pourtant, que son pouvoir s'estendoit sur toutes les armées de pied du Roy; qu'on rendoit la justice en son nom par un Prevost des bandes; qu'il nommoit les Capitaines au Roy, & créoit les sergens Majors, les Prevosts, les Mareschaux des logis, & les autres Officiers des Compagnies.

La Cavalerie a conservé encore son Colonel General: à cause (sans doute) que Mr. le Mareschal de Turenne en est pourveu.

La mer a son Admiral, lequel est chef & Lieutenant General de toutes les armées du Roy sur cét element. Il a ses Vice-Admiraux, & rien ne se fait qu'à son nom, il juge de tous les differends maritimes ou survenus en greves, il interine les remissions des crimes commis sur mer ou sur les costes. Sa justice est à la table de Marbre de Paris, de Rouën, de Rennes, & de Marseille, &c. Il pourvoit à toutes les charges de la Marine, ou donne leurs attaches aux pourveus par le Roy ou ses Lieutenans generaux. Il est obligé de prester le serment de fidelité au Parlement de Paris, avant que d'exercer sa charge.

Il y a un grand Maistre de l'Artillerie, lequel a ses Officiers particuliers, & à qui appartient le droit de faire fondre, éprouver, & monter l'Artillerie, & de faire faire les poudres dans tous les magazins du Royaume. Il a un Lieutenant General, un Garde General, & divers autres Officiers qui agissent par ses ordonnances, & payent sur ses mandemens. Il exerce la justice, & a son logement dans l'Arsenal à Paris.

Le General des Galeres a pouvoir sur tous les Officiers & les forçats aussi bien que sur les Galeres de France.

Il y a encore un Grand Maistre du commerce qui est le Sur-Intendant general du commerce & de la Navigation. Cét office fut erigé en faveur de Mr. le Cardinal Duc de Richelieu premier Ministre d'Estat: c'est à luy de faire toute sorte de traitez & entreprises de mer, & de donner le pouvoir de faire les voyages: le Roy se reservant le Droit de nommer les Officiers des armées navales. Voila les principaux offices du Royaume, si vous y adjousté celuy de Chancelier, lequel est le Chef de toute la justice, & un des principaux de l'Estat.

Je diray sur ce sujet que celuy qui en est pourveu preside en tous les Conseils du Roy, qu'il garde les sceaux: qu'il juge tous les differends de la Chancelerie, & qu'il scelle ou refuse toutes les lettres de justice, ou de finance. C'est pour l'ordinaire luy

qui fait ou qui conseille de faire les Edits, les ordonnances & les reglemens du Royaume; il est assis aux pieds du Roy quand il tient son lit de Iustice. Il parle pour luy, lors qu'il faut declarer ses intentions au Parlement, & aux Estats Generaux. Il a ce privilege qu'on ne peut pas le priver de sa charge qu'en suite de quelque crime; il est vray qu'on peut lui dôner un Garde des sceaux pour le rendre moins considerable, ou pour le priver d'un grand revenu, ou bien enfin pour le soulager; lors qu'il est fort vieux ou mal sain ou qu'il a trop d'affaires : c'est pourquoy on luy a donné quelquefois des substituts qu'on appelle Garde Sceaux. La coustume de la Chancellerie est de sceller les arrests irrevocables de cire verte & les autres de cire blanche, ou rouge pour les provisions concernantes le Dauphiné & la Provence, Ce Souverain de la Iustice a sous luy des Maistres des Requestes, lesquels assistent, lors qu'il met le sceau, & ont table chés luy, qui a estat & pension pour cét effet. Ils servent par quartier & jugent les causes que le Prevost de l'hostel a instruites, & plusieurs autres. Ils doivent prendre connoissance des affaires qu'on doit traiter dans le Conseil, en doivent faire le rapport, & en donner leurs avis. Ils sont Presidents nez au grand Conseil, ont seance dans le Parlement de Paris qui les reçoit, & dans les autres du Royaume avant le Doyen, ils president en tous les Presidiaux du Royaume, & sont les depositaires des Sceaux
de

de toutes les petites Chancelleries tant des Parlemens que des autres où ils se trouvent. Ils sont ordinairement Intendans de justice dans les Provinces & les armées.

L'Estat a un grand Conseil pour rendre la justice sur toute sorte de matieres, & dont les Arrests sont receus & executés par tout le Royaume, il y a des causes particulieres qui luy sont reservées. Mr le Chancelier en est le President & les autres huit Presidens sont Maistres des Requestes. Si le Roy a son Conseil, où on traite les affaires du gouvernement, l'Estat en aussi un qu'on appelle Conseil d'Estat composé des Princes du Sang, des Ducs & Pairs, des Cardinaux, des Evesques, des Chevaliers de l'Ordre du S. Esprit, des Gouverneurs des Provinces, des Mareschaux de France, des Secretaires d'Estat, & dont les autres sont esleus, & ont des appointemens pour servir ordinairement.

Le Roy a ses Secretaires en grand nombre, & l'Estat a les siens, lesquels ne doivent rien signer que par ordonnance du Prince, & selon leurs offices qui sont separez, les uns estant pour l'armée, ou pour les affaires étrangeres, ou pour les Provinces, ou pour la Maison du Roy; c'est à eux d'expedier toutes les lettres closes & cachetées du cachet du Roy, soit pour les provisions des Officiers de la Couronne, des Gouverneurs des Provinces & des Places, des Ambassadeurs, des Traittez de Paix, Edits, Dons, Naturalitez, Legitima-

Tome I.   B b

tions, Graces, Abolitions; & generalement pour toutes les affaires importantes de l'Estat.

Il y a encore un Sur-Intendant des Finances pour gouverner les deniers du Royaume, celuy-cy est accompagné de plusieurs autres Intendans qui ont chacun leur departement des Provinces du Royaume. Outre cela, il y a un Grand Maistre des Eaux & Forests, & des Tresoriers; une Cour pour les Monnoyes qui connoist des tresors du Domaine, & des droits appartenans à la Couronne. Elle est composée de quatre Presidens, & vingt-quatre Conseillers, & de plusieurs autres Officiers; comme Prevosts, Maistres Escuyers, Essayeurs, &c.

L'Estat veut que chaque Province ait un Gouverneur commis du Roy pour tout le temps qu'il luy plaira, leur pouvoir s'étend sur les armes, & ne se meslent point de la justice; quoy qu'ils ayent seance dans les Parlemens de leur ressort, où ils prestent le serment. Les Gouverneurs ont le mesme pouvoir qu'eux dans leur absence. Ces offices estoient anciennement plus considerables qu'ils ne sont à present; & il n'y a que celuy du Dauphiné qui a des privileges considerables, comme d'inscrire les Arrests du Parlement. La Coustume a esté depuis la fondation du Royaume, d'assembler les Estats, lors que les affaires sont importantes: C'est au Roy de les convoquer, & d'en envoyer l'acte aux Parlemens, qui les envoyent ensuite aux

Iuges Subalternes : afin que chaque Province
dreſſe ſon cahier, & des informations qu'on
recueille toutes en trois ; ſçavoir, l'une pour
le Clergé, qui eſt le premier membre de cette
auguſte aſſemblée. La ſeconde, pour la Nobleſſe; & la troiſiéme pour le Tiers Eſtat. Les
cahiers contiennent les plaintes & les re-
monſtrances faites au Roy, lequel ſe trouve
aux Eſtats, y harangue luy-meſme, ou bien
ſon Chancelier touchant les ſujets de la con-
vocation, & fait répondre à tout ce qu'on
luy a propoſé. La politique veut encore qu'il
y ait des conditions differentes dans le
Royaume; c'eſt pourquoy il y a des Nobles
& des Barons, des Marquis & des Comtes, des
Ducs & Pairs & des Princes. Les Rois de noſtre illuſtre Eſtat ont deux ſortes de Chevaliers dans leur Cour; ſçavoir ceux de S. Mi-
chel, fondez par Louys XI. & ceux du S. Eſprit établis par Henry III. On dit que ſa
Majeſté parle d'en inſtituer un troiſiéme,
qu'on nommera de S. Lazare, à qui il donnera deux Iſles, l'une dans la mer Mediterranée,
& l'autre dans l'Ocean, à cette condition
qu'ils combatront pour la Foy, & qu'ils ſe-
ront toûjours engagez aux intereſts de la
France, Dieu veüille que ce ſoit comme on
le deſire, & qu'on puiſſe dire d'eux le meſme
que de ceux de Malthe ; qu'ils ſont le boulevard de la Chreſtienté, & la deffence du nom
& de la gloire de Ieſus-Chriſt. Enfin la France veut que les Provinces libres ayent leurs
Eſtats, ſelon les conditions qu'elles ſe ſont

données & unies à la Couronne: de sorte qu'on peut dire que c'est la plus belle chose du monde, & qu'on n'a jamais veu un si bon ordre qu'il y a dans cette Monarchie. Venons maintenant aux maximes qu'elle a pour le regard des peuples & des nations.

CHAPITRE XXII.

La conduite de la France touchant le gouvernement des peuples, & par rapport à ses Sujets.

C'Est une erreur qui s'est glissée dans les Pays étrangers, que la maxime de la France est de rendre son peuple malheureux, & de faire qu'il soit reduit à l'extremité, afin de le rendre plus soûmis & plus porté à servir son Prince & son Roy, & pour faire qu'il soit moins capable de revolte. Ie sçay qu'on a voulu imposer à Monsieur le Cardinal Duc de Richelieu cette maxime, qu'il falloit succer le sang du païsan, & luy oster les deux tiers de son pain pour le rendre souple aux ordres qu'on luy donne, & pour le contraindre à prendre party chez le Roy quand ils en trouvent l'occasion: mais la vertu, la douceur, la sagesse & la debonnaireté de cette image vivante de la politique sont assez connuës pour croire qu'il n'a jamais eu de si tyranniques pensées que celle-cy: Au reste on sçait bien que la pratique est tout à fait contraire à cecy: puisque l'on tâche de soulager les peuples en toute façon, & qu'on n'a d'autres pensées que de les enrichir par toutes sortes de voyes. On les a foulez jusques à l'extréme, & on les a succez jusqu'aux os : il est vray ; mais on sçait bien que ce n'est que par violence & par contrainte, & que la longueur des guerres a causé ces desordres contre les maximes ordinaires de l'Estat, & contre l'inclination de nos Monarques : car tout le monde est persuadé que les Loix fondamentales du Royaume sont de rendre les peuples heureux, & de leur procurer une vie douce & delicieuse. Nous en voyons les effets par le bon ordre qu'on a mis à faire rendre la justice à un chacun, à fournir les tribunaux de gens sages, equitables & incorruptibles, à punir les meschans, à terminer promptement les procez, à favoriser les sciences, à faire en sorte que toutes les Provinces soient pourveuës de bons Maistres en toutes sortes d'Arts, que les voleurs soient chassez, que le trafic s'établisse, & que tout le monde vive doucement ; les loix de l'Estat veulent qu'il y aye des Nobles pour defendre le Pays, & pour aller faire la guerre contre les Turcs ou contre les ennemis de la France; & c'est la coustume établie depuis la fondation de la Monarchie de ne faire des Nobles que lors qu'ils ont fait de belles actions à l'armée, ou qu'ils se sont rendus dignes de cét honneur par leur science ou leurs vertus, qu'on tâche de recompenser par des privileges qu'on leur accorde, & par des exemptions qu'on leur donne. L'ordre est encore de faire en sorte que l'argent ne sorte point du Royaume, & que celuy d'Espagne, d'Allemagne & des Pays-Bas y vienne en abondance. La charité est si grande dans toute son étenduë, qu'il n'y a point de ville où il n'y ait des Hospitaux pour les pauvres, des Maisons riches pour les orphelins, des Manufactures pour toute sorte de personnes, & des aziles pour toutes sortes de gens, lors qu'ils sont dans le besoin. L'Estat ne souffre point que deux sortes de Religions, sçavoir la Catholique & la Pretenduë Reformée ; son zele est si grand à l'endroit du S. Siege, qu'il reçoit ses ordres avec soûmission, & s'employe ardemment pour maintenir son authorité, & le defendre de l'oppression de ses ennemis : il luy a donné des terres tres-considerables pour son appanage, & tasche de l'enrichir en toute façon. Il ne souffre ny Iuif, ny Lutherien, Coacre ny Anabaptiste, Iansenisse ny Armenien, Trembleur ny Sossinien. Il n'est pas moins exact à faire que son Roy soit Catholique, qu'il est attaché à ne vouloir pas souffrir que pas une fille monte sur le trône; & on a veu que Henry IV. ne seroit jamais parvenu à cet honneur de porter sa Couronne, s'il n'avoit renoncé à ses erreurs, comme il le disoit luy-mesme, s'il n'eust embrassé la veritable doctrine de l'Evangile, & s'il ne fût devenu orthodoxe en se soûmettant au Vicaire de Iesus-Christ : aussi avoit-il accostumé de dire que tous ses canons & toutes ses troupes, sa valeur & son courage, son bon-heur & sa fortune n'auroient jamais pû le faire Roy de France, s'il n'avoit eu la Messe de son costé : car en effet, c'est une Loy inébranlable de cette Monarchie, que les Rois seront Chrestiens & Catholiques, autrement qu'ils seront troublez dans leur regne : & on a remarqué qu'ils sont presque les seuls lesquels n'ont jamais erré dans la foy ; ainsi c'est avec raison qu'on leur donne le titre de Rois tres-Chrestiens, & de Fils aisnez de l'Eglise, comme j'ay déja dit dans les Chapitres precedens.

La politique principale de la France est de tenir ses peuples en exercice, & de leur donner de l'employ pour la guerre, si elle ne veut pas les voir en trouble dans son sein; c'est pourquoy il faut qu'elle porte la guerre chez ses voisins pour vuider son Pays de la trop grande quantité de gens, & pour donner de l'employ à leurs humeurs martiales & guerrieres, qui n'en trouvant pas chez eux, s'en vont chez les Princes étrangers pour y donner des marques de leur valeur.

La seconde maxime, c'est d'abatre la Maison d'Austriche, ou du moins de l'emporter sur elle ; c'est pourquoy elle tasche de la tenir toûjours en haleine, & de la miner insensiblement par le moyen de ses alliez : ainsi, comme ce dessein est une affaire de tres-grande importance, & tres-difficile à executer, il faut avoir les Anglois pour amis, les Portugais & les Hollandois, les Suisses & le Cercle du Rhin pour alliez, & donner de l'argent à la Suéde pour lever des armées qui tiennent l'Empereur en allarme.

Les desseins de la France, sont de posseder tous les Pays-bas qui appartiennent à l'Espagne; afin de mettre Paris au cœur du Royaume, & de faire en sorte qu'elle ne soit pas si prés des frontieres qu'elle est : mais comme c'est un Proverbe receu generalement de tout le monde, qu'il faut avoir les François pour amis, & non pas pour voisins; il faut croire que quoy que Louys XIV. soit le plus grand Monarque qu'on aye veu, quoy q̃ ce sa force & ses richesses soient fort grandes, & quoy que les meilleurs soldats & les plus grands Capitaines du monde soient dans son Royaume, il aura de la peine de venir à bout de ses desseins, si Dieu qui est le Tuteur des Rois ne veut ruiner celuy d'Espagne, & s'il ne trouve moyen de triompher de tous ceux qui s'opposeront vigoureusement à luy pour borner ses conquestes. Ie sçay tres-bien que la France n'a jamais esté si puissante qu'elle est : mais on n'ignore pas aussi que tous ses voisins ne se disposent à mettre des obstacles à ses pretensions, & qu'ils ne s'unissent ensemble pour s'opposer à l'effort de ses armes. Les plus intelligens en matiere d'Estat, disent que ces alliances sont fort secretes, & que ses desseins sont fort grands : on avance bien plus; mais comme ce sont des mysteres inconnus pour moy, je me contente de sçavoir ce que l'on en dit sans passer plus outre, demandant à Dieu la paix & le repos pour toutes sortes d'Estats. Et en disant seulement que la France tasche d'entretenir le Portugal pour estre une épine au pied de l'Espagne, la Suéde & les Protestans d'Allemagne contre l'Empereur, & de donner par ce moyen de l'exercice à ces deux puissances, afin qu'elles soient moins capables de luy resister. Il y a quelque temps que la Suéde a rompu l'alliance qu'elle avoit faite depuis long-temps avec elle : mais je croy qu'elle changera de pensée dans la suite du temps, & qu'elle regretera elle-mesme d'avoir quitté un si fort appuy : aussi dit-on qu'elle a déja changé de resolution.

La France a fait depuis peu alliance avec les Moscovites & le Dannemarc, & a passé des traittez avantageux pour le commerce avec eux : elle est toûjours bien avec le Portugal, & tres-bien unie avec les Suisses ; Elle a les Estats & les Princes du Rhin pour alliez ; & on dit encore qu'elle songe à faire un traité de commerce avec l'Angleterre, & qu'elle a achepté toutes les pretensions des Anglois dans les Pays maritimes, afin de l'engager, à ce qu'on dit à son party ; mais on n'en peut rien dire d'asseuré : de sorte qu'il n'y a que le temps capable de découvrir la verité de tous ces secrets.

Enfin la France fait si bien ses affaires, qu'elle porte la terreur chez tous ses ennemis, qu'elle fait trembler les Turcs, les Algeriens, & tous leurs voisins, lesquels ne se contentent pas de restituer tout ce qu'ils ont volé ; mais qui empalent mesme les Pyrates qui les ont pris; & qui établit si bien son commerce, qu'elle promet d'en devenir bien-tost le centre; ce qui ne sçauroit manquer, apres avoir permis à la Noblesse de trafiquer, apres avoir donné des Arrests si authentiques pour favoriser le trafic: & puisqu'elle fait travailler incessamment six mil hommes à faire le Canal qui doit unir les deux Mers; ouvrage qui sauvera mille Navires d'entre les mains des Pyrates, & qui épargnera des sommes immenses, que le transport des marchandises auroit coûté aux Royaumes Chrestiens. Voila à peu prés l'Estat present de la France, & les maximes generales de sa politique & de son gouvernement, qui a trouvé le secret d'établir les Postes, & qui a mille inventions admirables pour la commodité de ses habitans aussi bien que des Etrangers. C'est assez parlé du general; venons aux choses particulieres qui concernent ses Villes & ses Provinces.

Fin de la troisiéme Partie.

www.ingramcontent.com/pod-product-compliance
Lightning Source LLC
Chambersburg PA
CBHW071340150426
43191CB00007B/803